I0041400

MANUEL DES AGENS ET ADJOINTS MUNICIPAUX,

SUIVI

D'UN Recueil chronologique des Lois, Arrêtés, Instructions et Lettres ministérielles, concernant leurs fonctions.

A PARIS,

CHEZ RONDONNEAU, au Dépôt des Lois, Place du Carrousel.
BAUDOUIN, Imprimeur du Corps législatif, même Place.

ET chez tous les Imprimeurs des Administrations de Départemens.

AN VII DE LA RÉPUBLIQUE.

EXTRAIT

DU DÉCRET DE LA CONVENTION NATIONALE,

Relatif aux droits des propriétés des Auteurs.

Du 19 Juillet 1793.

ART. III. Les officiers de paix seront tenus de faire confisquer, à la réquisition et au profit des Auteurs, compositeurs, . . . et autres, leurs héritiers ou cessionnaires, tous les exemplaires des éditions imprimées, ... sans la permission formelle et par écrit des Auteurs.

ART. IV. Tout contrefacteur sera tenu de payer au véritable propriétaire, une somme équivalente au prix de trois mille exemplaires de l'édition originale.

ART. V. Tout débitant d'édition contrefaite, s'il n'est pas reconnu contrefacteur, sera tenu de payer au véritable propriétaire, une somme équivalente au prix de cinq cents exemplaires de l'édition originale.

Je n'avoue que les exemplaires revêtus de ma signature, et je déclare que j'userai du droit que me donne la loi ci-dessus, contre tout contrefacteur.

Rondonneau

CONSEIL DES ANCIENS.

OBSERVATIONS

FAITES

PAR P. A. LALOY,

En présentant au Conseil un exemplaire du Manuel des Agens et Adjoints Municipaux, *publié par les soins du citoyen Rondonneau et de ses collaborateurs.*

Séance du 26 Frimaire an VII.

CITOYENS REPRÉSENTANS,

L'UTILITÉ des recueils et des compilations a été sentie, et depuis long-temps elle est reconnue; mais les compilations exactes, mais les bons recueils ont toujours été rares, et quand il en paraît de cette qualité il est important de les répandre et de les accréditer : ce sont des livres (pour ainsi dire) élémentaires, propres à l'instruction comme aux connaissances acquises; ils facilitent l'étude aux uns et diminuent la fatigue des recherches pour les autres; ils épargnent à tous la perte d'un temps qu'on ne saurait trop apprécier; ils guident ceux qui les consultent; ils sont capables de rassurer ceux qui essaient leurs premiers pas dans la carrière à laquelle les appelle la confiance de leurs concitoyens.

C'est peut-être dans un gouvernement naissant et à la suite des tourmentes inséparables de l'effet d'une grande et salutaire révolution, d'une révolution qui, en substituant la liberté au despotisme, a tout changé pour mettre à la place une législation, des administrations, des institutions nouvelles, qu'il serait à desirer que l'on trouvât beaucoup de citoyens assez courageux pour s'occuper du soin de rassembler toutes les lois, d'en diviser la masse, de les classer, et de réunir ensuite sous un seul aspect, sous un point de vue simple toutes celles qui appartiennent à un objet particulier, à tel genre de fonctions publiques, à telle administration, à telle institution, et d'en former autant de recueils séparés où chaque fonctionnaire pourroit trouver sans beaucoup d'efforts et de frais, et dans l'instant où il en aurait besoin, toute la législation, toutes les règles relatives à ses fonctions.

Je ne sais; mais c'est parce que j'avais formé ce vœu, qui, sans doute, est le vôtre, représentant du peuple; c'est parce que j'étais pénétré de la nécessité de son accomplissement; c'est parce que tous les fonctionnaires en témoignaient le desir après en avoir éprouvé le besoin, que j'ai été plus vivement frappé à la lecture *du Manuel des Agens et Adjoints municipaux*, dont je viens aujourd'hui vous offrir un exemplaire. Je ne me suis cependant décidé à vous en faire hommage que parce qu'il m'a paru digne de votre attention, et devoir essentiellement contribuer à faciliter la connaissance et l'exécution d'une partie importante de vos lois.

Publié à cette tribune, il sera plus généralement connu, i réunira plus de confiance; et l'accueil que vous aurez la justice de lui faire, puisqu'il est déja répandu, et entre les mains de la plûpart d'entre nous, sera tout à la fois la récompense morale à laquelle ont dû prétendre les auteurs et les compilateurs, et un encouragement non-seulement pour ceux qui ont pris la peine de l'établir, mais encore pour tous ceux qui s'occupent de ces sortes de compilations, et qui n'en auraient peut-être pas rendu les recueils publics : ce travail, dis-je, donnera de la force à l'exemple, dont la République ressentira bientôt les bons effets.

Le *Manuel des Agens et Adjoints Municipaux* ma paru présenter, sous un ordre alphabétique, une conférence aussi claire qu'elle est abrégée, non-seulement des articles de la constitution relatifs à cette sorte de fonctions, mais encore des lois nouvelles et de l'ancienne législation quant aux dispositions qui n'en sont pas abrogées; elle est accompagnée de l'application des instructions émanées du Corps législatif, des arrêtés du Directoire exécutif, et même des circulaires des ministres; elle ne laisse presque rien à desirer aux fonctionnaires auxquels elle est destinée, jusqu'au moment ou elle a paru; elle leur trace une marche aisée à suivre pour l'avenir; elle leur indique l'ordre dans lequel ils devront ranger la législation que les circonstances pourront nécessiter.

C'est un extrait du grand nombre de nos lois, dont tout le monde n'a pas la faculté de recueillir ni de posséder la collection complète; c'est le rapprochement des dispositions particulières de ces lois applicables à tels ou tels cas, à tels ou tels objets attribués à telles ou telles fonctions; c'est le rapprochement de ces dispositions éparses dans la législation entière.

Ce recueil est composé de manière que si le fonctionnaire veut vérifier l'analyse qu'il a sous les yeux, s'il veut s'assurer de l'exactitude de cette analyse par la comparaison des dispositions textuelles des lois et des actes cités dans le corps de l'ouvrage, la seconde partie lui en offre le texte même : veut-il les rechercher, et voir la loi toute entière, elle lui en présente l'indication?

Son étude, ses recherches deviennent faciles, et, dans le cours de ses opérations, en consultant ce recueil il a sans cesse sous ses yeux les principes et les règles qui doivent le guider dans sa conduite administrative, dans l'application des lois et dans la manière de les exécuter.

Il y trouve jusqu'à la définition des fonctions qui lui sont confiées et le caractère, l'étendue, la compétence de sa jurisdiction.

En un mot il y trouve présentés sous un seul point de vue ses droits et ses devoirs.

Je n'ai pas prétendu que cet ouvrage ne laissa rien à desirer, et j'aurais aimé qu'on y consacrât quelques pages de plus à des formules, à des modèles d'actes, afin de rassurer les différens fonctionnaires qui n'ont pas encore l'habitude des opérations, afin d'introduire dans les détails de cette partie une uniformité à laquelle il faut aspirer ; mais je ne doute pas que ceux qui ont fait et publié ce recueil ne m'entendent, et ne s'occupent de ce soin dans le supplément qu'ils promettent.

Puisque je vous parle, et des compilateurs et des éditeurs, permettez-moi, représentant du peuple, de saisir cette occasion, et de vous entretenir du dépôt où se sont formés, d'où partent et où se sont conservés ces recueils; c'est le dépôt du citoyen RONDONNEAU et de ses colloborateurs.

C'est dans ce dépôt particulier, et connu depuis si long-temps, que se trouvent des copies imprimées de toutes les lois et des arrêtés du Directoire exécutif : de là elles se déversent continuellement dans la société qu'elles doivent instruire et régler, et elles s'y répandent à un prix si modique, qu'elles passent presque gratuitement et très-facilement entre les mains de tous les citoyens qui peuvent avoir besoin d'y recourir.

Ce n'est pas seulement un dépôt, c'est pour ainsi dire, une école primaire de législation ; là, les lois ne sont pas simplement entreposées pour être vendues ; elles y sont rassemblées avec autant de soin que de respect et d'intelligence ; elles y sont rangées chronologiquement, et classées dans l'ordre le plus méthodique ; elles y sont étudiées pour être expliquées gratuitement à tous ceux que le besoin appelle pour les consulter et les appliquer à leurs contestations ; c'est encore un bureau gratuit et public de consultations.

C'est de cette source féconde que l'on a vu sortir presque tous ces codes particuliers formés des parties détachées de votre immense et importante législation ; là se sont formées des tables alphabétiques et chronologiques qui n'exigent qu'un peu plus de perfection.

Ce dépôt est plus précieux encore sous un dernier aspect, c'est qu'à l'appui des lois dont il renferme toute la collection, on trouve les rapports, les discours, les opinions des législateurs qui ont pris part à la discussion dont elles sont le résultat. En un mot, c'est dans ce dépôt que tous les jours s'aglomèrent toutes les pièces importantes qui sont relatives à l'histoire de la révolution française et à la législation républicaine : ces matériaux y sont disposés avec autant d'ordre que de clarté ; et le cabinet qui les renferme est sans cesse ouvert aux savans, aux amateurs qui sont curieux de les consulter.

Je devais à cette belle entreprise ce tribut d'éloges que se sont acquis les bons citoyens qui en sont les auteurs : il est bien juste de les encourager. Certes, des hommes qui sacrifient ainsi leurs veilles au bien de la chose publique doivent être rangés dans la classe de ceux qui ne cessent de bien mériter de la patrie.

Voilà, représentans du peuple, les motifs qui m'ont déterminé à vous entretenir de ce recueil : je vous le présente donc avec la confiance que m'inspirent ces efforts, et encore parce que je suis convaincu qu'il sera très-utile dans ces momens où le Corps législatif va s'occuper du soin de ramener toutes les lois dans des cadres simples, pour en former autant de codes particuliers que cette matière pourra supporter de divisions ; je vous le présente, parce qu'étant connu et dans toutes les mains, et notamment dans les vôtres, il pourra abréger votre travail, soit dans la formatiou du code proposé, soit dans la discussion à laquelle son examen donnera lieu ; enfin, il pourra marcher ensuite de ce code nouveau, parce que ce recueil n'est composé que de maximes tirées de la constitution et des lois : je pense donc qu'il doit être répandu, et je souhaiterais qu'il fût entre les mains de tous les agens et adjoints municipaux. Je ne doute pas que le gouvernement, qui entendra ce vœu, ne le réalise un jour, et peut être serait-il bon d'adresser ce recueil à titre de récompense, à ceux de ces fonctionnaires qui se seraient distingués ; ce léger encouragement produirait bientôt les meilleurs effets : en tout cas, il faut l'indiquer à tous, en le faisant insérer dans le Bulletin décadaire.

Je demande donc qu'il soit fait mention au procès-verbal de l'offrande faite au Conseil des Anciens, de l'exemplaire déposé sur le bureau, du *Manuel des Agens et Adjoints municipaux*, *suivi d'un Recueil chronologique des lois, instructions, arrêtés et lettres ministérielles concernant leurs fonctions*, publié par les soins du citoyen Rondonneau et de ses collaborateurs.

Que cet ouvrage soit renvoyé à la bibliothèque du Corps législatif,

Et qu'extrait du procès-verbal soit adressé au citoyen Rondonneau, pour lui et pour ses collaborateurs.

EXTRAIT
DU PROCES-VERBAL
DES SÉANCES
DU CONSEIL DES ANCIENS.

Du 26 Frimaire an VII.

Le citoyen Rondonneau et Compagnie font hommage au Conseil du *Manuel des Agens municipaux.*

Un membre fait sentir l'utilité des compilations, sur-tout dans une législation nouvelle ; il donne des éloges à celle qui est offerte au Conseil. Elle présente, dit-il, sous une forme alphabétique, une conférence exacte de tout ce qui peut intéresser les Fonctionnaires qu'elle concerne, et indique même le classement des changemens qui peuvent survenir dans la suite.

L'orateur saisit cette occasion pour faire appercevoir les avantages du *Dépôt* d'où l'Ouvrage dont il s'agit est sorti ;

Il demande la mention de l'hommage au procès-verbal, le dépôt du livre à la bibliothèque du Corps législatif, et qu'extrait du procès-verbal soit envoyé au citoyen Rondonneau.

Ces propositions sont adoptées, et le Conseil ordonne l'impression du discours.

Le 3 nivose, an VII de la République française.

Perrin, *président ;*

Simont, Arnoul, Brostaret, Pilastre, *secrétaires.*

DISCOURS PRÉLIMINAIRE.

L'INSTITUTION des *Agens municipaux*, n'est pas une de ces institutions soumises à la versatilité des circonstances; sa durée est garantie par la *Constitution* même, dont elle tient son origine.

L'Agence municipale, qui, au premier aspect, ne présente qu'une magistrature faible et subalterne, acquiert beaucoup plus d'importance par l'examen approfondi de ses fonctions.

D'abord, *l'Agent municipal* est investi des fonctions de *Commissaire de police*, aux termes de la *Constitution*: ensuite elle en fait un *Représentant* nécessaire de *l'Administration municipale*, dans les *Communes* dont la population est au-dessous de 5000 habitans.

Bientôt après, elle le déclare un des élémens de cette même *municipalité*, qui ne se compose que de *la réunion des Agens municipaux du canton;*

De manière que les *Agens municipaux* se trouvent tout à la fois *commis* et *committans*, puisqu'étant reportés sur leurs *Communes respectives*, ils *exécutent*, en leur qualité d'*Agens*, les *arrêtés* et *délibérations* qu'ils ont pris eux-mêmes, comme membres de *l'Administration municipale*.

Leurs fonctions *constitutionnelles* n'ont pas tardé à s'accroître successivement de plusieurs autres. Elles embrassent l'*état civil* des citoyens, la *naissance*, les *adoptions*, le *divorce*, la *sépulture*, la *répartition* des *contributions*, les *patentes*, les *droits d'entretien de routes*, la *salubrité*, la *tranquillité*, la *marque sur les ouvrages d'orfèvrerie*, le *timbre*, la *chasse*, la *pêche*, l'*exercice du culte*, etc. etc.

Les attributions de l'*Agent municipal* s'étendent même au-delà des fonctions administratives, pour participer aux fonctions *judiciaires*.

C'est ainsi, qu'en matière de droits *d'entretien de routes*, la loi lui confère la jurisdiction suffisante pour décider les contestations qui s'élèvent aux *barrières*, sur l'exécution du *tarif*. Il jouit de la même compétence au sujet des altercations qui ont lieu entre les *voyageurs* et les *postillons*, avec pouvoir d'envoyer ceux-ci, de sa propre autorité, en prison pour *trois jours*.

Sur des matières plus graves, telles que les attaques de voitures sur les routes ou voies publiques, ou de vols commis avec effraction, ou escalade dans les maisons habitées, ou de rassemblemens séditieux, il partage avec le juge de paix le droit de décerner des *mandats d'amener*.

C'est encore ainsi, qu'en matière de fabrication et de distribution de *fausse monnaie*, il est autorisé à faire toutes les perquisitions et recherches, à saisir les pièces de *conviction* et à faire mettre les prévenus en *état d'arrestation* : sa compétence s'étend même au-delà des limites de son territoire, et il lui est permis de continuer au-dehors les opérations qui ont commencé dans sa *commune*.

Des fonctions aussi multipliées le tiennent perpétuellement en *rapport* avec d'autres *fonctionnaires publics*, tels que le commissaire du Directoire exécutif près de la municipalité, le juge de paix du canton, le directeur du jury, les officiers de la gendarmerie nationale, les gardes champêtres et forestiers, l'agent particulier des contributions directes, les commissaires répartiteurs de la contribution foncière de la commune, le jury d'équité de la contribution personnelle, les employés au bureau de garantie de la marque des ouvrages d'or et d'argent, les administrateurs de l'hospice civil le plus voisin, etc.

C'est, par conséquent, un devoir indispensable pour l'*Agent municipal* d'être parfaitement instruit de la *compétence* respective de chacun de ces *fonctionnaires*, et de connaître la ligne de démarcation qui les sépare. Il doit connaître ce qui lui est défendu par la loi aussi bien que ce qui lui est ordonné; les cas où il doit agir comme ceux où il doit rester dans l'inaction; enfin les démarches qui sont de stricte obligation, et celles qui sont laissées à sa prudence et à l'indication des circonstances.

La FONCTION d'*Agent municipal* est donc un état de vigilance perpétuelle pour le bien de la chose publique. Nous pourrons même ajouter, pour son intérêt personnel; car cette fonction n'est pas exempte des risques de la *responsabilité;* et à côté des témoignages de confiance que la loi lui prodigue, se trouvent fréquemment la *des-*

titution, l'*amende* et l'*emprisonnement*, et même la *peine des* FERS pour cause de *contravention* ou de *négligence*.

Nous avons senti la nécessité d'un ouvrage *élémentaire*, qui rassemblât tout ce qui est relatif aux fonctions *d'Agent et d'Adjoint municipal*.

L'ordre *alphabétique* a paru préférable, afin que le lecteur eût la facilité de trouver sans peine *l'article* qui l'intéresse.

On y a joint les dispositions textuelles des lois *citées* dans l'ouvrage, pour assurer la marche de *l'Agent et de l'Adjoint municipal*, en le mettant à portée de vérifier les *citations*, et de les transporter lui-même, au besoin, dans ses *procès-verbaux*.

Les *Instructions* émanées *du Corps législatif*, les *Arrêtés du Directoire*, les *Circulaires des Ministres*, sont encore une portion précieuse de cet ouvrage.

Enfin, l'objet de ce travail ayant été l'utilité *des Agens et Adjoints municipaux*, rien n'a été épargné pour atteindre cette destination, et nous espérons qu'il pourra prendre place parmi les *ouvrages élémentaires*, qui, dans le cours de cette année, auront bien mérité de la chose publique.

TABLE

Des mots compris dans le Manuel alphabétique.

ABSENCE, page 9
Accidens, 10
Actes, 11
Actions juridiques, 12
Administration municipale, 13
Adoption, 14
Adultère, 15
Affiches, ibid.
Agence, 18
Agriculture, 21
Amende, ibid.
Animaux furieux et malfaisans, 23
Animaux morts, 24
Annuaire républicain, ibid.
Apothicaire, 25
Are, ibid.
Arbre de la liberté, ibid.
Argent, 26
Arrestation, 27
Assistance, 29
Attroupemens séditieux, 32
Aubergistes, 34
Avances et déboursés, ibid.
Avis, 35
Ban de moissons, vendanges, etc. ibid.
Barrières, 36
Bâtimens menaçant ruine, 37
Bêtes à cornes, ibid.
Blé en verd, 38
Bois . 39
Boissons, ibid.
Bouchers, ibid.
Bruits nocturnes, 40
Cabarets, Cafés, ibid.
Cadavres, 41
Calendrier républicain, p. 41
Carte civique ou de sureté, 42
Certificats, ibid.
Chasse, 44
Cheminées, 46
Chemins, ibid.
Chiens de garde, ibid.
Clubs, 45
Coalition, ibid.
Colporteurs, 47
Comestibles, ibid.
Commissaires de police, 05
Commissaires répartiteurs, 51
Communes, 59
Compte, 32
Confiscation, ibid.
Conscription militaire, ibid.
Contributions, 54
Convocation, 61
Correspondance, ibid.
Culte, 62
Décès, 71
Déclarations, 73
Défenseurs de la patrie, 75
Délais, ibid.
Délits, 76
Dénonciation, 77
Déserteurs, 80
Destitution, ibid.
Divorce, 82
Dommages et intérêts, 90
Drogues et médicamens, 91
Droit de suite, 92
Echenillage, 93
Emeutes populaires, 94
Emprisonnement, 95

Enchères, *page* 96
Enfans abandonnés, ibid.
Enfans exposés, 97
Enfans naturels, ibid.
Enfouissement, 98
Epizootie, 99
Etat civil, 101
Evasion de prisonniers, 104
Fausse monnaie, ibid.
Fenêtres, 106
Fers, (peine des) ibid.
Fêtes décadaires, 107
Feu, 108
Flagrant délit, ibid.
Foires et Marchés, 109
Force armée, 110
Fours, ibid.
Gardes champêtres et forestiers, ibid.
Gendarmerie nationale, 112
Gens sans aveu, 120
Grains, 121
Gramme, ibid.
Hectare, 123
Héritiers absens, ibid.
Incendie, ibid.
Inhumation, 124
Inondation, 125
Instruction publique, ibid.
Jeux prohibés, 126
Jours de repos, ibid.
Jury d'équité, 128
Juridiction, ibid.
Kylomètre, 129.
Lieux publics, 130
Litre, ibid.
Location, 131
Loups, 133
Main-forte, 134
Maisons de jeux, 136
Mandats d'amener, ibid.
Marchandises anglaises, 137
Mariages, 138
Mendicité, 139
Mesures républicaines, 140
Mètre, *page* 149
Myriamètre, ibid.
Monnaie, ibid.
Naissances, 150
Naufrage, 151
Noms, prénoms et surnoms, 152
Noyés, ibid.
Obéissance à la loi, 156
Officier de l'état civil, ibid.
Ouvages d'or ou d'argent, 157
Ouvriers, ibid.
Passeports, 158
Patentes, 159
Pêche, 160
Peines, 164
Perquisitions, ibid.
Pillage, 165
Poids et Mesures, 166
Police, ibid.
Postillons, 175
Prisons, 176
Qualifications, ibid.
Questions, ibid.
Rassemblement, 177
Remplacement, ibid.
Respect, ibid.
Responsabilité, 177
Saisie, 185
Secours, ibid.
Sépultures, ibid.
Serment, 186
Scellé, ibid.
Sociétés populaires, 187
Stère, ibid.
Subsistances, ibid.
Surveillance, 188
Suspension, 189
Tableau de population, 190
Timbre, ibid.
Visa, 191
Visites, ibid.
Visites illicites, 193
Voyageurs, ibid.
Voierie, ibid.

MANUEL
DES
AGENS ET ADJOINTS
MUNICIPAUX.

INTRODUCTION.

L'AGENCE municipale est le premier *degré de l'échelle administrative.* Le dernier et le plus haut *degré* se termine au *Directoire Exécutif.* Entre les deux extrêmes se trouvent, les *municipalités*, les *départemens*, et le *ministère.*

L'agence municipale prend son principe dans l'art. 179 de la *Constitution.*

Elle est composée de deux personnes seulement, *l'Agent* et son *Adjoint.*

Sa destination est de remplir, dans la *commune*, l'office de la municipalité, pour les cas qui lui sont attribués. C'est une espèce de *subdélégation.*

La nomination de *l'Adjoint* a pour objet de doubler *l'Agent* et de le remplacer, soit à la *munici-*

palité du canton, soit dans le lieu de sa *résidence*; dans les cas d'absence ou de tout autre empêchement momentané. *Loi du 21 Fructidor, an III, art.* 2.

L'Adjoint peut même, sur *l'invitation de l Agent*, concourir avec lui dans tous les *actes de police* qui intéresseront particulièrement leur commune. *Art.* 3, *même Loi.*

En certains cas même, *l'Adjoint*, sans aucune invitation, et par les droits de sa place, est appelé aux mêmes fonctions que *l'Agent municipal*, pour les exercer *conjointement.*

Puisqu'il y a une corrélation aussi intime entre *l'Agent* et *l'Adjoint*, il est aisé de voir que, ce que nous allons dire de l'un, doit toujours s'appliquer à l'autre.

A la tête des opérations nécessaires pour la formation de *l'Agence municipale*, il convient de placer l'assemblée *communale*, puisque c'est dans le sein d'une pareille *assemblée* que doit s'opérer la nomination de *l'Agent* et de *l'Adjoint.*

Ier. Tous les ans, le premier décadi, qui suit la clôture des assemblées primaires, chaque *commune*, se forme en assemblée dite *communale* dans le lieu qui a dû être indiqué d'avance par *l'administration centrale.* — *Const. art.* 28.

II. Les séances de l'assemblée devant s'ouvrir à 9 heures du matin, aux termes de la loi du 28 Pluviose, an VI, il est à propos que le local soit prêt et ouvert pour cette heure, et c'est à *l'Agent municipal* à se charger de ce soin.

Aucune séance ne peut être prolongée au-delà de 7 heures du soir, excepté pour achever un appel nominal, ou un recensement commmencé. --- *ibid.*

III. A l'ouverture de la première séance, ceux des citoyens présens qui sont âgés de 60 ans et plus et qui savent écrire, se réunissent au bureau et reconnoissent les 4 plus agés d'entre eux. -- *Const. art.* 20, *et Loi du* 25 *Fructidor, an III, tit.* 2.

Aussitôt, celui qui est reconnu pour le plus âgé de tous, prend la place de président, et fait connoître les noms des trois citoyens les plus âgés après lui, & qui doivent par cette raison remplir provisoirement les fonctions de *scrutateurs.*

A défaut d'un nombre suffisant de sexagénaires présens et sachant écrire, les opérations précédentes auroient lieu entre les citoyens âgés de cinquante ans, quarante ans.

Le président d'age invite ensuite à se rendre près du bureau, ceux des citoyens présens sachant écrire, qui ne sont pas âgés de 25 ou 30 ans; celui d'entre eux qui est reconnu pour le plus jeune, est secrétaire provisoire.

IV. Aussitôt que les scrutateurs et le secrétaire provisoire sont installés, le président d'âge déclare que l'assemblée n'étant pas encore définitivement constituée, on ne peut s'occuper d'aucun autre objet que de l'élection des président, secrétaire et scrutateurs définitifs; et qu'en conséquence le secrétaire va faire immédiatement *l'appel nominal* des citoyens qui doivent concourir à cette nomination. *Const. art.* 21. *Loi du* 25 *Fructidor, an III, tit. II, art.* 3.

En ce moment, *l'Agent municipal ou l'Adjoint* doit s'approcher du bureau et y déposer la liste des citoyens qui ont droit de voter dans l'assemblée. Cette liste où les noms sont rangés par *ordre alphabétique*, peut seule servir pour le premier appel dont il vient d'être parlé.

L'élection du président, du secrétaire doit être faite par la voie du scrutin *individuel* et à la *pluralité absolue* des suffrages, et celle des trois scrutateurs par un seul scrutin de liste. *Loi du* 18 *Ventôse, an VI.*

Aussitôt que le résultat du scrutin a procuré l'élection du président et du secrétaire définitif, ces deux élus prennent sur-le-champ place au bureau, avant qu'il soit procédé à la nomination des trois scrutateurs.

Ensuite chacun d'eux, individuellement prête *devant l'assemblée le serment de haine à la royauté et à l'anarchie, de fidélité et d'attachement à la Répu-*

blique et a la Constitution de l'an III, aux termes de l'art. 11 de la loi du 19 Fructidor an V.

Après cette formalité, le président annonce à l'assemblée qu'il va être procédé à la nomination de trois scrutateurs définitifs, et que les *scrutateurs provisoires* continueront jusques-là à en exercer les fonctions durant cette élection.

Le secrétaire fait *l'appel nominal* sur la liste dont il a été fait mention ci-dessus ; chaque membre appelé approche du bureau pour écrire ou faire écrire son bulletin, mais auparavant il doit prêter individuellement, à haute voix, le serment déjà prêté par le président et le secrétaire, et dont la formule est affichée en caractères lisibles, après quoi il dépose son bulletin.

Les *scrutateurs* nommés, le président doit lire à haute voix l'article VII du titre premier de la loi du 25 Fructidor an V, lequel est ainsi conçu :

» Les président, secrétaire et scrutateurs sont
» personnellement responsables de tout ce qui se
» feroit dans les assemblées primaires, communales ou
» électorales, d'étranger à l'objet de leur convocation
» ou de contraire à la Constitution ».

Après avoir fait cette lecture, le président doit déclarer, que durant le cours de l'assemblée, il ne mettra aux voix aucune proposition étrangère à la nomination d'un Agent municipal et de son Adjoint, ou contraire à la Constitution ou à toute autre loi quelconque.

Le secrétaire prend ensuite la parole, et déclare également qu'il ne consignera dans le procès-verbal aucune motion ou délibération qui auroit le même vice.

Ensuite le président doit ordonner un appel nominal, à l'effet, par les assistans, de prêter chacun individuellement, avant de voter, le serment de *haîne à la royauté et à l'anarchie, de fidélité et d'attachement à la République et à la Constitution*, conformément à l'article XI de la loi du 19 Fructidor, an V.

Après ces formalités, l'assemblée doit s'occuper des réclamations et des discussions qui peuvent s'élever sur les exclusions proposées de tel ou tel individu, sur le motif qu'il n'auroit pas les qualités requises pour exercer les droits de citoyen.

V. Sur la police qui doit être tenue dans *l'assemblée communale*, les moyens de prévenir ou d'arrêter le désordre, de punir les délinquans, comme aussi sur la manière de former le scrutin, de le dépouiller et d'en proclamer le résultat, voyez à la fin de cet ouvrage l'instruction du 18 Ventôse an VI, où l'on trouvera les détails les plus satisfaisans.

VI. Nul ne peut être élu Agent municipal ou Adjoint, s'il n'est âgé de vingt-cinq ans au moins. *Art. 175 de la Constitution.*

S'il n'est domicilié dans la commune, *art.* 17.

L'Agent et son Adjoint ne sont nommés que pour le cours de deux ans, *art.* 185 *de la Constitution.* Mais ils peuvent être réélus une fois sans intervalle, *art.* 186.

Nul ne peut être *Agent municipal*, ni *Adjoint* pendant plus de quatre années consécutives, *art.* 187.

La qualité *d'Agent* et celle *d'Adjoint*, sont considérées en cette occasion, comme ne formant qu'une même fonction, de sorte que celui qui a été deux ans *Adjoint* et deux ans *Agent*, n'est plus éligible à la fonction *d'Agent* ni *d'Adjoint*, à l'expiration de la quatrième année.

Mais *l'Agent* et *l'Adjoint* peuvent être réélus après un intervalle de deux années entre les deux nominations.

VII. Le père et le fils, l'oncle et le neveu, ou les alliés au même degré, ne peuvent être réunis dans les fonctions *d'Agent* ou *d'Adjoint*, et même l'un ne peut succéder à l'autre, qu'après un intervalle de deux ans, *art.* 176.

Mais les *cousins-germains* sont éligibles. *Loi du* 14 *Thermidor an VI, art.* 1.

La nomination de l'*Agent*, et de l'*Adjoint*, est notifiée à la municipalité du canton, par l'envoi qui lui est adressé, du *procès-verbal* qui est ensuite envoyé par celle-ci à *l'administration centrale*, qui la fait passer au *Ministre de l'intérieur.*

Par ce moyen, la nomination de *l'Agent et de l'Adjoint* acquiert le degré d'authenticité convenable à l'exercice de leurs fonctions.

Si cette nomination paroît irrégulière elle peut être annullée par les formes constitutionnelles.

IX. Il n'y a aucun costume particulier pour *l'Agent et son Adjoint*. Ces deux officiers n'ont d'autre distinction dans l'exercice de leurs fonctions, que *l'écharpe tricolore. Loi du 3 Brumaire, an IV*.

X. Ils sont obligés de résider dans le lieu de leur établissement, pendant la durée de leurs fonctions, sous peine d'être regardés comme démissionnaires. *Loi du 12 Septembre 1791. Arrêté du Directoire Exécutif, du 12 Frimaire an VI*.

XI. A l'égard des *fonctions* qui sont déférées aux *Agens et Adjoints municipaux*, elles sont si variées, qu'elles ne peuvent être exposées que par *l'ordre alphabétique*.

NOTA.

Toutes les fois que l'Agent municipal est indiqué, il faut sous-entendre l'Adjoint.

ABSENCE.

C'est un devoir imposé par l'humanité, de veiller à la *culture* des terres, et à la conservation de la *récolte*, appartenant aux *absens*; cette obligation *naturelle* a été convertie en une *obligation civile*, par la loi sur la police rurale. Ce soin qui originairement étoit attribué à la *municipalité* du lieu, est aujourd'hui du ressort des *Agens et Adjoints municipaux. Loi du* 28 *Septembre.* — 6 *Octobre* 1791, *tit. II, sect. V, art.* 1.

Il est du devoir des *Agens municipaux*, dans les *communes* où ne résident pas des *juges de paix*, de prévenir les *vols* et la *dilapidation* des effets laissés à des *pupilles*, à des *mineurs* et à des *absens*, par leurs parens décédés; vols et dilapidations qui se commettent journellement dans les communes, par le défaut d'apposition de scellés sur les effets des défunts.

Par cette considération, *l'Agent municipal* d'une commune où ne réside pas un Juge de paix, est tenu de donner avis, sans aucun délai, au Juge de paix résidant dans le canton, ou à son défaut à son *assesseur* le plus voisin, de la mort de toute personne de son arrondissement, qui laisse pour héritiers des *pupilles*, des *mineurs* ou des *absens. Arrêté du Directoire Exécutif du* 22 *Prairial, an V, art.* 1.

Les *Agens* ou *Adjoints municipaux* qui négligeront cette partie importante de leurs devoirs, seront *dénoncés* à *l'administration centrale* de leur département, pour être procédé à leur égard; conformément à l'article 93 de l'acte constitutionnel. *Ibid*, *art.* 2. Voyez *Suspension*.

Nota. (Cet arrêté a dû être envoyé à chacun des *Agens municipaux* de la République).

Par la loi du 6 Brumaire an V, les propriétés des défenseurs de la patrie et des autres citoyens absens pour le service public, sont mises sous la surveillance des *Agens et Adjoints municipaux* de chaque commune; il leur est enjoint, *sous leur responsabilité* personnelle, de dénoncer au *Commissaire* du *Directoire Exécutif*, près l'administration municipale de canton, les atteintes qui pourroient être portées à ces propriétés; et le commissaire du Directoire Exécutif est tenu de poursuivre en indemnité devant les tribunaux, les *communes* qui n'auroient pas prévenu ou repoussé ces atteintes, conformément aux lois existantes. *Loi du 6 Brumaire an V*, *art.* 7.

ACCIDENS.

On entend ici sous le nom d'*accidens*, toutes les espèces d'événemens désastreux, fléaux, calamités, qui compromettent la sûreté et la propriété de l'universalité des habitans d'une commune; tels que *incendie*, *inondation*, *écroulement des terres*, *chûte d'édifices*, *invasion des brigands ou des ennemis*, *épizootie*, *épidémie*, etc.

C'est dans cette occasion que *l'Agent municipal*, usant de tous les droits qu'il tient de sa double qualité *d'Officier municipal et de Commissaire de police*, doit développer toutes ses forces, et faire preuve d'activité, de zèle et de courage.

Son devoir est d'accourir à la première nouvelle du danger, de provoquer tous les secours que les circonstances et les localités peuvent fournir; d'appeler au salut de la chose commune, l'assistance des citoyens qui sont en état d'être utiles, et d'exercer sur leurs talens et sur leurs forces, une espèce de réquisition autorisée par la loi.

Mais lorsqu'il a paré aux premiers dangers par des dispositions préparatoires, se rappelant qu'il n'a été dans toutes ces opérations, que le délégué de *l'administration municipale*, il doit lui adresser des *procès-verbaux* détaillés avec soin, afin de mettre cette *administration* à portée de remplir de son côté ses fonctions, conformément à l'art. 3, du tit. XI de la Loi du 16 --- 24 *Août* 1790.

L'Agent municipal doit en même-tems faire mention dans son procès-verbal, des individus qui ont *refusé* d'apporter du *secours*, afin que le *Commissaire du Directoire Exécutif* auprès de la municipalité, exerce contr'eux l'action que la loi a introduite en pareil cas. *Loi du* 10 *Vendémiaire an IV*, *tit. V*, *art.* 2. Voyez *Secours*.

Il doit également dénoncer au Commissaire du *Directoire Exécutif*, les individus qui, par l'infraction des réglemens de police, auroient été la cause de l'accident. Voyez *Animaux furieux*.

ACTES.

Les *Agens municipaux*, en leur qualité d'*officiers de l'État civil*, reçoivent, chacun dans son arrondissement, les actes de *naissance*, de *divorce*, de *décès* et *d'adoption*; ils ont aussi occasion de recevoir des *déclarations*, de délivrer des *certificats*, de rédiger des *procès-verbaux*, etc.

Dans tous ces actes, ainsi que dans les *expéditions et extraits* qu'ils délivrent, il leur est défendu de désigner les citoyens, autrement que par le nom de *famille* et sans aucun *surnom* qui puisse rappeler des *qualités féodales ou nobiliaires*, sous peine de *destitution*, *et d'une amende* égale au *quart de leur revenu*. *Lois des* 8 *Pluviôse et* 6 *Fructidor*, *an II*, *art.* 4.

Il leur est également défendu d'insérer dans la *rédaction* de leurs actes, et sur les registres, aucunes *clauses*, *notes* ou *énonciations*, autres que celles contenues aux *déclarations* qui leur seront faites, à peine de *destitution*. *Loi du* 20 *Septembre* 1792. *Tit. III*, *art.* 21. Voyez *État civil*.

Toutes personnes sont autorisées à se faire délivrer des *extraits* des actes de *naissances* de l'État civil, sur les registres courans, qui se trouvent entre les mains de l'*Agent municipal*; les extraits doivent être sur papier timbré. *Même Loi*, *tit. II*, *art.* 18.

L'*Agent municipal* est responsable de la conservation de ces registres. *Même Loi*. -- *art.* 21. -- Voyez *Déclaration*, *État civil*.

ACTIONS JURIDIQUES.

Le droit de suivre les actions qui intéressent uniquement les *communes* au-dessous de cinq mille habitans, est confié aux *Agens* de ces communes, et à leur défaut à leurs *adjoints*. *Loi du* 29 *Vendémiaire an V*.

Les *Agens ou leurs Adjoints* ne peuvent suivre aucune *action* devant les *autorités constituées* sans y être préalablement autorisés par l'*administration centrale* du département, après avoir pris l'avis de *l'administration municipale. Même Loi, art.* 3.

ADMINISTRATION MUNICIPALE.

Tout *Agent municipal* est membre élémentaire de l'*administration municipale* du canton, puisque les municipalités de canton ne sont composées que des *Agens municipaux réunis.*

Lorsqu'un *Agent municipal* fait exécuter dans sa *commune* un *arrêté* de la municipalité, c'est son propre ouvrage qu'il exécute, ou au moins un ouvrage auquel il a concouru par son suffrage; ce qui doit fournir aux *agens municipaux* un nouveau motif de veiller, avec activité, à l'exécution des réglemens de police.

D'un autre côté, il seroit repréhensible de montrer de la tiédeur et de l'insouciance pour l'exécution *d'arrêtés* ou de mesures administratives qui auroient été adoptées contre son avis; il doit soumettre sa volonté à la *majorité* des suffrages, et son opinion particulière doit se confondre dans celles de la *pluralité.*

C'est le département qui fixe les *époques périodiques* des assemblées des municipalités de canton, qui doivent être de *trois*, au moins, par mois. *Loi du* 21 *Fructidor, an III, art.* 6.

Sauf les *assemblées extraordinaires* qui sont à la disposition de la municipalité.

La présence de *chaque Agent* est d'*obligation* aux jours indiqués. *Même Loi, art.* 7.

ADOPTION.

L'ADOPTION est une déclaration authentique, par laquelle un citoyen *majeur* reçoit dans sa famille un individu, pour y jouir de la qualité et des droits d'enfant adoptif.

Les effets de cette ADOPTION ne sont pas encore déterminés par la loi, & ce sera dans le *code civil*, que cette matière sera développée; mais en attendant, il est reçu en principe que l'ADOPTION doit avoir lieu. *Lois des* 13 *Prairial an II, art.* 13, *et du* 16 *Frimaire an III.*

La *déclaration* doit s'en faire à l'*officier public* de l'*État civil* du lieu, lequel est tenu d'en rédiger l'acte en la forme ordinaire.

C'est donc aux *Agens municipaux* que cette fonction appartient dans les *communes* où il n'y a pas de municipalité. Et comme le cas n'est pas fréquent, il nous paroît utile de leur fournir ici le *modèle* d'un pareil acte.

» L'An de la République &c.
» le

» Est comparu pardevant nous
» accompagné de (ici les noms, prénoms, qualités &
» demeure de l'adopté) lequel a déclaré qu'il est dans
» l'intention d'adopter, comme de fait il adopte par le
» présent, le C. ou la C. (Ici répéter les pré-
» noms, noms, âge, qualité, demeure de l'*adopté*)
» ici présent & acceptant, pour par ledit
» jouir de tous les droits et avantages qui seront
» appliqués aux enfans adoptifs, par les lois a in-
» tervenir sur cette matière; de laquelle déclaration

» je leur ai, au nom de la loi, donné acte, pour leur » servir ce qu'il appartiendra, et ont lesdites parties » signé avec moi, aux registres, lesdits jour et an » que dessus.

Nota Une expédition de cet acte d'adoption doit être délivrée à chacune des parties; et la notice en doit être envoyée au Commissaire du Directoire Exécutif près de la municipalité, pour être proclamée dans la célébration de la *prochaine fête décadaire.* Voyez *Fêtes décadaires*

ADULTÈRE.

L'*Agent municipal* doit-il recevoir la *déclaration* d'une femme mariée qui s'accuse d'*adultère*? Voyez *Déclaration.*

AFFICHES.

Lorsque l'*Agent municipal* a reçu de l'administration municipale, le *mandement* qui contient la fixation de la *quote part* de la commune dans les contributions *personnelle*, *mobiliaire* & *somptuaire*; il doit aussitôt le faire publier, et en faire *afficher* une copie à la porte de la maison commune ou autre lieu apparent. *Loi du 14 Thermidor an V, art.* 6.

L'*Agent municipal*, en sa qualité de *commissaire de police*, est chargé de veiller à ce que l'*annuaire républicain* soit ponctuellement et uniquement observé dans les *affiches* de toute espèce et dans les *écriteaux* annonçant les maisons à *louer.*

Il lui est même enjoint de faire arracher les *affiches*, et enlever les *écriteaux* qui porteroient l'indication de l'*ancien calendrier.*

En cas de négligence de sa part, il sera dénoncé au *Ministre de la police* générale. *Arrêté du Directoire Exécutif, du 14 Germinal, an VI, art.* 15. *Loi du 23 Fructidor, an VI, art.* 4.

Il doit aussi veiller à ce que les *affiches* des particuliers soient timbrées et imprimées sur papier de *couleur*; le papier *blanc* étant réservé pour les *affiches* des actes émanés des autorités constituées ; et, en cas de contravention, dresser *procès-verbal*, et dénoncer les délinquans au Commissaire du Directoire Exécutif près la municipalité. *Lois du* 22 -- 28 *juillet* 1791. *et* 9 *Vendémiaire an VI, art.* 56.

Au surplus une loi des 10, 18 -- 22 Mai 1791, art. 11, ordonne qu'il y ait, dans chaque municipalité, des lieux exclusivement destinés à recevoir les *affiches* des *lois et actes émanés de l'Autorité publique*: c'étoit à chaque municipalité qu'il appartenoit d'indiquer les endroits; mais depuis l'institution des *Agens municipaux*, cette désignation paroît être une de leurs attributions ; néanmoins, il est plus convenable qu'ils prennent à cet égard le consentement de l'administration municipale.

Toute *affiche* imprimée doit porter le nom de l'auteur et l'adresse de l'imprimeur, à peine d'un emprisonnement correctionnel de six mois. *Loi du* 28 *Germinal an IV. art.* 2.

L'*Agent municipal* qui trouve des *affiches*, sans nom d'auteur et sans adresse de l'imprimeur dans l'étendue de son arrondissement, est donc autorisé à les *arracher*, et à les envoyer au *Commissaire du Directoire Exécutif* auprès de la municipalité.

A plus forte raison, doit-il user de la même surveillance à l'égard des *affiches et placards*, *imprimés* ou *manuscrits*, qui seroient injurieux au Gouvernement,

nement, ou qui contiendroient une provocation à la révolte, ou au meurtre, ou au pillage. *Loi du 17 Juillet* 1791 ; ou qui même présenteroient le caractère d'une *coalition* entre ouvriers, pour hausser le prix de leurs travaux, avec menaces contre ceux qui refuseroient de s'y joindre. Voyez *Coalition.*

L'*Agent municipal* est encore tenu de faire enlever toutes *affiches* qui annonceroient la vente de *marchandises angloises*, et de *dénoncer* cette contravention au Juge-de-paix du canton. *Loi du* 10 *Brumaire, an V, art.* 6. Voyez *Marchandises angloises.*

Tout ministre du culte est tenu de prêter, entre les mains de l'*Agent municipal*, SERMENT de *haine a la royauté et à l'anarchie, d'attachement et de fidélité à la République et à la Constitution de l'an III*, prescrit par l'art. 25 de la loi du 19 Fructidor an V.

Une copie de ce serment, *certifiée conforme*, par l'*Agent municipal* et signée de lui, ou de son *Adjoint ;* ainsi que du *déclarant*, écrite en *gros caractères* et *très-lisibles*, doit rester constamment *affichée* dans l'intérieur de l'édifice. *Loi du 7 Vendémiaire an IV, art.* 5.

Le défaut de cette *affiche* autorisera *l'Agent municipal* à considérer le rassemblement des citoyens dans cet édifice, comme un rassemblement illicite, et à user des moyens de répression qui lui sont indiqués en pareil cas.

Il est obligé d'user de cette mesure, sous peine de deux *années de fers*; suivant l'art. 26 de la loi du 19 Fructidor an V.

Aussitôt que l'Agent municipal est instruit qu'il existe dans la *commune* une *épizootie*, il doit en instruire tous les propriétaires de bestiaux de la même *commune*, par une AFFICHE apposée aux lieux où se placent les actes d'*Autorité publique.*

Cette *affiche* doit contenir une injonction aux propriétaires de déclarer à l'*Agent municipal*, le nombre de *bêtes à cornes* qu'ils possèdent, avec désignation d'âge, de taille, de poil etc. Voyez *Épizootie.*

AGENCE

Des Contributions directes.

La loi du 22 *Brumaire*, an VI, a établi, pour chaque département, une nouvelle administration, sous le titre *d'agence des contributions directes*, dont l'objet est de diriger et de surveiller la répartition, le *recouvrement* et le *versement* de ces *contributions.*

Cette *agence* est composée du *Commissaire du Directoire Exécutif*, près du département, et de tous ceux des *administrations municipales* qui sont dans le ressort du département, et d'un *inspecteur.*

L'office des Commissaires près les administrations municipales, est d'aider les *communes* dans la formation ou rectification de la *matrice des rôles* et *états* de *changemens* et dans tous les travaux de préparation et d'expédition, relatifs à l'assiette, à la perception et au contentieux des contributions directes.

Il y a des *préposés aux recettes* chargés de recevoir les deniers des mains des *percepteurs des communes* et de les verser dans la caisse du receveur du département.

Au reste, cette *agence* ne change rien aux fonctions attribuées par la *Constitution* aux *corps administratifs*, pour l'assiette et la répartition des contributions; elle est seulement destinée à les soulager du côté de l'*expédition.*

Par exemple, les répartiteurs étoient ci-devant autorisés à prendre, pour la confection du rôle, un *aide* dont la rétribution étoit à la charge de la commune, à raison d'un *décime* par article du rôle; aujourd'hui, cet *auxiliaire* est supprimé, parce que l'*agence des contributions* est chargée elle-même d'aider les *répartiteurs* dans leur travail.

Lorsque les *répartiteurs* étoient en retard de confectionner le rôle, la municipalité étoit autorisée à leur envoyer un *commissaire* pour accélérer cette opération, aux *frais et dépens des répartiteurs ;* mais ce *commissariat* est encore abrogé par la loi du 22 *Brumaire*, attendu que tout ce qui regarde l'expédition du travail, rentre dans les fonctions de l'*agence*.

Il résulte de ce nouvel ordre de choses, que l'*Agent municipal* doit se trouver fréquemment en rapport avec les employés de l'*agence des contributions directes*.

En effet, le Commissaire du pouvoir exécutif, près la municipalité, en sa qualité de membre de l'*agence des contributions*, doit se transporter successivement dans chaque commune de son ressort, et se rendre auprès de l'*Agent municipal*, pour coopérer au travail des répartitions. *Instruction annexée à la loi du 22 Brumaire*, §. *premier*.

Si les *répartiteurs* ne sont pas encore nommés, il doit, officiellement, en presser la nomination. *Même Instruction*.

Lorsque les *répartiteurs* sont nommés, il requiert l'*Agent municipal* de les convoquer sur-le-champ. Il se rend auprès d'eux, leur donne lecture des articles XI, XII, XIII, XIV, XV et XVI de la loi du 18 *Prairial*, an V, relatifs à la répartition de la *contribution foncière*.

Chargé de servir d'aide à ces *répartiteurs*, il examine avec eux *l'ancienne matrice du rôle*, et leur demande les changemens qu'ils veulent y faire. Il rédige l'état de ces changemens, *sous leur dictée*, les laissant les seuls juges de toutes les évaluations; leur expliquant seulement les lois relatives à cette contribution.

Cet *état de changement* terminé et signé par les répartiteurs, *le Commissaire*, *Agent particulier*, en prend copie, ainsi que de l'ancienne matrice du rôle, et envoie promptement ces deux copies au département. A l'égard des deux *originaux*, il doit les laisser à *l'Agent municipal*, pour être dé lui au greffe de la municipalité.

Après avoir consommé l'objet de la *contribution foncière*, *l'Agent des contributions directes* requiert *l'Agent municipal de convoquer le juri d'équité*, chargé de la répartition de la *contribution personnelle*..

Lorsque les *jurés* sont assemblés, il leur donne également lecture de la loi du 22 *Brumaire* an VI, et des articles VII et suivants de la loi du 14 *Thermidor* an V, relative à la contribution personnelle; et il procède ensuite, *sous leur dictée*, à la rédaction de la matrice du rôle de la même manière, qu'il a été ci-dessus expliqué pour le rôle de la contribution fonciére.

Après quoi, il en prend une copie, qu'il envoye au département: les originaux de l'ancienne et de la nouvelle matrice restent entre les mains de *l'Agent municipal*, pour être par lui déposés au greffe de la municipalité. *Instruction du 17 Nivose, an VI.*

Lorsque les rôles ont été approuvés et arrêtés au département, le Commissaire du département les fait repasser au Commissaire près de la municipalité, qui, après l'avoir fait viser par l'administration municipale, le remet au percepteur de la commune, à l'effet d'en poursuivre le recouvrement. Voyez *Contribution.*

AGRICULTURE.

L'intérêt de *l'agriculture* ne permet pas de laisser à l'abandon les *terres* ou les *récoltes* de ceux qui, pour cause d'absence, ou d'infirmité, ou d'indigence se trouveroient hors d'état d'en prendre soin eux-mêmes. Les *Agens municipaux*, comme membres de la municipalité du lieu, sont aujourd'hui chargés de cette espèce de tutelle, par la loi du 6 *Octobre*, 1791, dont voici la disposition :

« La municipalité pourvoira à faire serrer la récolte » d'un cultivateur absent, infirme, ou accidentel» lement hors d'état de la faire lui-même, et qui » réclamera son secours. Elle aura soin que cet acte » de fraternité et de protection de la loi, soit exé» cuté aux moindres frais. Les ouvriers seront payés » sur la récolte de ce cultivateur ». *Loi du* 6 *Octobre*, 1791, *tit. I*, *sect. V*, *art.* 1.

AMENDE.

C'est une *peine* usitée en matière de *police municipale et correctionnelle* : les *Agens et Adjoints municipaux* n'en sont pas exempts ; au contraire, elle est fréquemment prononcée contre eux, pour cause de négligence dans leurs fonctions, ainsi qu'on pourra le voir dans un grand nombre d'articles de cet ouvrage, et singulièrement pour les cas suivans

1°. Il y a AMENDE de 100 francs contre *l'Agent municipal* qui auroit prononcé le divorce et rédigé l'acte, sur les registres, sans avoir vérifié les *délais*, les *actes* et les *jugemens* exigés par la loi sur le *divorce. Loi du 20 Septembre 1792, titre IV, section 5, art.* 9. Voyez *Divorce.*

2°. Cinquante francs d'amende, s'il a souffert que le ban de *moisson*, *vendange* ou *fauchaison*, fût indiqué sous d'autres termes que ceux prescrits par *l'annuaire républicain. Loi du 23 Fructidor an VI, art.* 1. Voyez *Annuaire.*

3°. Amende égale *au quart de son revenu*, s'il a, dans quelque *acte*, *extrait* ou *expédition*, désigné les citoyens, autrement que par leurs *noms de famille*, et avec quelque surnom qui rappelle des qualités *féodales ou nobiliaires. Loi des 8 Pluviose et 6 Fructidor an II, art.* 4. Voyez *Actes*, *Annuaire*, *Déclarations*, *Destitution*, *État civil.*

4°. Amende de 500 francs, s'il a l'indiscrétion de signer quelques *délibérations*, *contrats* ou *rôle* qui tendroient à établir une *taxe forcée* pour l'exercice d'un culte quelconque. -- Voyez *Culte.* §. 3.

5°. Amende de 10 francs pour la première fois, et de 20 francs en cas de récidive, s'il contrevient à la loi qui ordonne que les actes relatifs à *l'État civil* seront inscrits sur des *registres doubles*, de *suite* et sans *aucun blanc*, et que les *ratures* et *renvois* soient *approuvés* et *signés*, de la même manière que le corps de l'acte, sans *abréviation* ni *date en chiffres. Loi du 20 Septembre 1792, tit. II, art.* 4.

6°. Amende de 100 francs, en cas de contravention à l'article V de la même loi (20 Septembre 1792) qui défend expressément d'écrire les actes de l'état civil, sur *feuilles volantes. Même Loi.*

7°. Amende (indéterminée) dans le cas où *l'Agent municipal* feroit mention dans les actes relatifs à *l'État civil*, de l'exécution des *cérémonies religieuses*, ou s'il exigeoit la preuve de l'observation de ces *cérémonies*; ou enfin, s'il énoncoit dans ces actes, quelques *attestations* des ministres d'un culte. -- *Loi du 7 Vendémiaire an IV, art.* 18, 20 *et* 21. Voyez *Emprisonnement, État civil.*

8°. Amende de 50 francs pour contravention aux lois concernant l'indication des *mesures républicaines* dans les actes. *Loi du premier Vendémiaire an IV, art.* 9. Voyez *Mesures républicaines.*

ANIMAUX FURIEUX ET MALFAISANS.

L'Agent municipal, dès qu'il est instruit qu'il y a dans le territoire de sa commune, un *animal furieux* ou *malfaisant*, doit veiller à ce qu'il soit *renfermé*; il est responsable des *accidens* qui proviendroient de sa négligence à cet égard. *Loi du* 24 *Août* 1790, *titre XI*, *art.* 3.

Ceux qui contreviendroient aux ordres de *l'Agent municipal*, en laissant divaguer l'animal dont il auroit ordonné la réclusion, doivent être dénoncés par *l'Agent municipal* au *Commissaire* du *Directoire Exécutif* près de l'administration municipale; sur cette dénonciation, le *délinquant* est condamné à une amende de 2 à 50 francs, sans préjudice des réparations et indemnités dues aux parties lézées. *Loi du* 22 *Juillet* 1791, *art.* 15. Voyez *Loups.*

ANIMAUX MORTS.

Les *charognes* et *cadavres d'animaux*, pouvant nuire à la salubrité de l'air, par leurs exhalaisons, il est expressément enjoint aux maîtres de les faire enfouir, dans la journée, à *quatre pieds de profondeur.*

Cet enfouissement doit s'effectuer dans le terrein même du propriétaire, et non dans celui de ses voisins; ou bien il doit être fait dans un lieu désigné par la municipalité.

A défaut de se conformer à cette mesure de police, soit pour le *délai*, soit pour le *lieu*, soit pour la *profondeur* de l'enfouissement, *l'Agent municipal* doit y faire procéder, *aux frais et dépens* du *délinquant*, auxquels il sera condamné par un jugement du tribunal *de police municipale*, avec une *amende. Loi du 6 Octobre* 1791, *tit. II*, *art.* 13.

Mais si l'animal est mort à la suite d'une maladie contagieuse, *l'enfouissement* doit être fait dans une fosse de *huit pieds de profondeur*, à 50 *toises* au moins des habitations. *Arrêté du Directoire Exécutif*, *du* 27 *Messidor an V.* Voyez *Enfouissement.*

ANNUAIRE RÉPUBLICAIN.

Cette dénomination a été adoptée par la loi du 23 *Fructidor an VI*, pour remplacer celle de *calendrier.*

Cette même loi défend d'employer dans les actes ou conventions, soit publiques, soit privées, aucune autre date ni indication que celle tirée de *l'annuaire* de la République, à peine de 10 fr. d'amende contre tout signataire particulier, et de

50 fr. contre tous *fonctionnaires publics*, *notaires* et *employés* de la République en contravention. Voyez *Affiches*, *Calendrier*, *Foires* et *Marchés*. *Locations*.

APOTHICAIRE.

L'Agent municipal est autorisé à faire, de tems en tems, sa visite dans les boutiques des *apothicaires* de son arrondissement, pour vérifier leurs médicamens, leur salubrité et leur poids.

En cas de médicamens gâtés, le *délinquant* sera dénoncé au *Commissaire exécutif* près le tribunal correctionnel, où il subira la condamnation de 100 fr. *d'amende*, et d'un *emprisonnement* qui ne pourra excéder six mois. *Loi du 22 Juillet 1791*, *tit. I*, *art.* 29.

Comme *l'Agent municipal* manque ordinairement des connoissances nécessaires pour faire une pareille vérification, il est sous-entendu qu'il prendra le soin de se faire assister de personnes de l'art, et qui le mettront, par leurs éclaircissemens, à portée de faire un rapport circonstancié.

ARE.

Ce terme est consacré par la loi du 18 Germinal an III, pour exprimer une mesure *primitive* de superficie des terreins ; il équivaut à 25 toises quarrées, Voyez *Hectare*, *Mesures républicaines*.

ARBRE DE LA LIBERTÉ.

Un décret de la *Convention nationale*, du 3 *Plu-*

viôse an II, a ordonné que dans chaque commune il seroit planté un *arbre de la liberté*; cet arbre est sous la surveillance de *l'Agent municipal*, qui doit dresser un procès-verbal des dégradations qu'il éprouveroit

Toute *commune* dans l'arrondissement de laquelle un *arbre de la liberté* aura été abbatu, est tenue de le remplacer dans la *décade*, sauf à renouveller cette plantation, s'il y a lieu, par un *arbre* vivace, dans la saison convenable. *Loi du 24 Nivôse, an VI, art.* 3.

L'*Agent municipal* de la commune de *Selle-les-Bordes*, canton de *Rochefort*, département de Seine-et-Oise, et son *Adjoint*, ont été *destitués* et *traduits au tribunal criminel*, pour cause d'inaction et de silence sur un attentat commis dans la nuit du 22 au 23 Nivôse précédent, sur l'*arbre de la liberté* de leur commune, (qui avoit été scié, abbatu et enlevé) sans qu'ils eussent fait à l'instant aucunes poursuites et recherches. *Arrêté du Directoire Exécutif, du 7 Germinal an IV.*

La mutilation des *arbres de la liberté*, n'est pas considérée comme une simple infraction de la *police rurale. Arrêté du Directoire Exécutif, du 22 Germinal an IV.*

Ce délit est puni par quatre années de *détention. Loi du 24 Nivôse an VI, art.* 4.

ARGENT.

(Voyez *Ouvrages* d'*or* et d'*argent*).

ARRESTATION.

L'*arrestation* est un acte de *police* qui demande beaucoup de circonspection de la part de *l'Agent municipal* : il y a de certaines occasions où cette mesure est prescrite par la loi, dans d'autres elle est seulement autorisée, et laissée à la prudence de l'*Agent municipal*. C'est donc à lui à distinguer ces nuances, afin de ne pas s'exposer au danger d'une *responsabilité* personnelle, pour avoir fait trop ou trop peu.

Le cas d'*arrestation* se présente sous deux rapports : celui de la *police administrative*, et celui de la *police judiciaire*.

Cas de police administrative.

Tout *individu* voyageant, et trouvé hors de son canton sans passe-port, peut être mis sur-le-champ en *état d'arrestation*, et *détenu* jusqu'à ce qu'il ait justifié être inscrit sur le tableau de la *commune* de son domicile. *Loi du* 10 *Vendémiaire, an IV, titre III, art.* 6.

A défaut de justifier dans deux *décades* de son inscription sur le *tableau d'une commune*, il sera réputé *vagabond* et sans *aveu*, et comme tel traduit devant les tribunaux compétens. *Ibid, art.* 7. *Arrêté du Directoire Exécutif, du* 2 *Germinal, an IV, art.* 8. Voyez *Tableau de population*; *Passe-ports*; *Voyageurs*.

Cas de police judiciaire.

Lorsque le *Juge-de-paix* ne réside pas dans la commune, il est remplacé, pour la *recherche des délits*, par *l'Agent municipal*; celui-ci est donc tenu, en qualité d'officier de *police judiciaire*, de constater les délits qui sont commis dans son arrondissement, d'en dresser procès-verbal, et de les dénoncer, soit au Commissaire du Directoire Exécutif, près de la municipalité, soit au *Juge-de-paix*, soit au *directeur du jury*, suivant les cas. Il doit même faire arrêter les prévenus surpris en *flagrant délit* et *poursuivis à la clameur publique*, et les faire conduire devant les Juges-de-paix. *Loi du 3 Brumaire, an IV, art.* 36. Voyez *Police*.

Il est autorisé à faire saisir les prévenus de fabrication ou distribution de *fausses monnoies*. Voyez *Fausse monnoie*.

A décerner des *mandats d'amener* pour fait de vols commis à force ouverte, ou par violence sur les routes et voyes publiques, ceux commis dans les maisons habitées, avec effraction extérieure ou escalade. *Loi du* 29 *Nivôse, an VI, art.* 9.

Il lui est enjoint, en cas d'évasion de prisonniers, de *faire saisir et arrêter* ceux qui, par état, sont chargés de leur garde. *Loi du* 4 *Vendémiaire, an VI, art.*5. Voyez *Évasion*.

Il peut faire arrêter, et traduire au tribunal de *police municipale*, ceux qui par imprudence, ou par la rapidité de leurs chevaux, auroient fait quelques blessures dans la rue ou voie publique. *Loi du* 22 *Juillet* 1791, *tit. I, art.* 28.

Il est également autorisé à ordonner *l'arresta-restation* pour cause de rixe ou dispute avec *ameutement* du peuple pour voyes de fait, ou violences légères dans les assemblées et lieux publics, et pour les cas de bruit et attroupement nocturnes. *Même Loi, art.* 19.

Item, pour exposition en vente, de comestibles gâtés, corrompus ou nuisibles. *Même Loi, art.* 20, et 21.

Item, des *postillons* qui se seroient rendus coupables envers les voyageurs, d'exactions, de menaces et d'insultes. Voyez --- *Postillons.*

Item, Les mendians *valides*; ou ceux qui, étant invalides, useroient de menaces et de violences, ou qui mandieroient avec armes, ou qui s'introduiroient dans l'intérieur des maisons, ou qui mandieroient la nuit, ou qui seroient plusieurs ensemble; ou qui seroient munis de faux certificats ou congés, ou qui auroient déjà été repris de justice, ou enfin qui supposeroient des infirmités et useroient de déguisement. *Loi du* 22 *Juillet* 1791, *tit. II, art.* 22.

Pour troubles et scandales dans les temples et *cérémonies religieuses. Même Loi, art.* 11.

Pour outrages et insultes faites à sa personne pendant qu'il est dans l'exercice de ses fonctions. *Même Loi, art.* 21.

Pour ameutement et insubordination séditieux de la part des *ouvriers. Même Loi.*

Pour trouble dans la *liberté des enchères. Même Loi.*

Pour attroupement et tumulte. *Même Loi.*

ASSISTANCE.

Il y a plusieurs occasions, où *l'Agent municipal* ne doit pas opérer, sans *l'assistance* de témoins.

Par *exemple*, quand il s'agit d'une visite sur soupçons de *fabrication* de *fausses monnoies.* Voyez *Fausse monnoie.*

Dans d'autres circonstances, son *assistance* est nécessaire pour autoriser et légitimer les opérations de quelques *fonctionnaires publics.* Par exemple.

Lorsqu'il s'agit de la visite d'un *réquisitionnaire*, à l'effet de vérifier si ses infirmités sont de nature à le dispenser du service militaire.

Les officiers de santé qui procèdent à cette visite doivent être *assistés* de *l'Agent municipal. Arrêté du Directoire Exécutif du 9 Brumaire an VI, art. 3'*

Cette *assistance* est encore indispensable,

Lorsque des employés d'un *bureau de garantie*, se proposent de faire une visite dans une maison particulière où ils soupçonnent une fabrication illicite de *poinçons.*

Alors, le *receveur* et le *contrôleur* doivent se faire accompagner de *l'Agent municipal*, et, à l'aide de son *assistance*, ils peuvent s'introduire dans la maison suspectée, et y saisir les *faux poinçons*, *les ouvrages ou lingots* qui en seroient marqués, et enfin les ouvrages achevés et dépourvus de marque, qui s'y trouveroient. *Loi du 19 Brumaire an VI, art.* 101.

L'Agent municipal doit s'abstenir dans une pareille opération de prendre aucune participation active.

Il n'est appelé par la loi, que pour autoriser par sa présence, l'introduction forcée des agens du *bureau de garantie* dans une maison particulière ; il y est encore pour prévenir par son autorité, les voyes de fait et excès, qui pourroient avoir lieu entre les parties ; enfin, comme il doit signer le procès-verbal, sa signature sert de garantie de la véracité de ce qui s'y trouve enoncé.

Les poinçons, ouvrages et objets saisis, doivent être mis sous enveloppe, revêtus du *cachet* de *l'Agent municipal*, *Même Loi*, *art.* 103.

Lorsqu'il s'agit de la part des gardes forestiers ou champêtres, de s'introduire dans des maisons particulières, atteliers, bâtimens et cours adjacentes, pour aller à la recherche d'objets volés, il faut encore qu'ils soient autorisés par *l'assistance* de *l'Agent municipal. Lois du* 11 *Décembre* 1789, *art. IV*, 29 *Septembre* 1791, *tit. IV*, *art.* 5, *tit. VIII*, *art.* 2; 3 *Brumaire an IV*; *art.* 41; 20 *Messidor an III*, *art.* 7.

Cette *assistance* est d'obligation de la part de *l'Agent municipal*, sur la réquisition qui lui en est faite par des gardes champêtres ou forestiers. En cas de refus, le Commissaire du Directoire Exécutif, près de la municipalité, doit le dénoncer à l'administration centrale, qui est tenue de le *suspendre* de ses fonctions et d'en rendre compte sur le-champ au Ministre de la *Police générale. Arrêté du Directoire Exécutif du* 4 *Nivose an V*, *art.* 3.

Il ne conviendroit pas à *l'Agent municipal* de refuser son *assistance*, sur le prétexte de l'art. 359 de la Constitution, suivant lequel : « aucune visite domiciliaire ne peut avoir lieu qu'en vertu » d'une loi et pour la personne ou l'objet désignés » dans l'acte qui ordonne la visite ».

Nous venons de voir que cette *assistance* est exigée par les lois des 11 Décembre 1789, 29 Septembre 1791, 20 Messidor an III, et 3 Brumaire an IV, d'où il résulte que la première condition requise par l'article 359 de la *Constitution* se trouve accomplie.

A l'égard de la désignation des personnes et des objets, qui motivent la *visite domiciliaire*, cette condition est encore effectuée par la *réquisition* motivée des *gardes forestiers*, qui en leur qualité d'officiers de police judiciaire, ont droit de faire une pareille réquisition.

Aussi est-il enjoint aux gardes forestiers, de désigner dans leurs actes de *réquisition* l'objet de la visite, ainsi que les personnes chez lesquelles elle devra avoir lieu. *Arrêté du Directoire Exécutif, du* 4 *Nivose an V*, *art.* 1.

L'Agent municipal est tenu de signer le procés-verbal de *perquisition* du garde; et en cas de refus, le garde en fera mention dans son procès-verbal. *Loi du* 29 *septembre* 1791, *art.* 2.

ATTROUPEMENT SÉDITIEUX.

Les *officiers municipaux* sont spécialement chargés par les lois des 24 Août 1790, et 3 Août 1791, de dissiper les *attroupemens* et émeutes populaires.

Cette fonction entre donc dans les attributions de *l'Agent municipal*, mais par *provision* seulement et dans les cas urgens, sans préjudice de l'obligation qui lui est imposée de *donner avis*, sans délai, à *l'Administration municipale*, à laquelle la connoissance d'un pareil cas appartient pour la portion administrative, conformément à la *loi du* 21 *fructidor an III*, *art.* 19.

Il faut, toutes fois, distinguer les *attroupemens* qui n'ont aucune intention criminelle, et qui n'offrent qu'une simple infraction des *réglemens de police*, de ceux

ceux qui portent un caractère de *sédition* et de *mutinerie*.

Les premiers ne donnent lieu qu'à une *amende pécuniaire* et à une détention de quelques jours ; et en cas de récidive, à une détention de quelques mois ; et la fonction de *l'Agent municipal* se réduit, après avoir dissipé *l'attroupement*, à dresser contre les *délinquants* un procès-verbal qui est envoyé à la *municipalité*.

Mais les *attroupements* de la seconde espèce, qui menacent la sûreté individuelle des citoyens et le respect dû aux propriétés, ou qui sont dirigés contre le Gouvernement ou les Autorités constituées, exigent de la part de *l'Agent municipal* une marche plus rapide et plus vigoureuse, et le développement de moyens d'un ordre supérieur.

Il doit requérir le secours de la *force armée* du lieu et celle des lieux les plus voisins, et faire un *appel* à tous les bons citoyens, provoquer leur assistance, aller au devant de l'attroupement, accompagné de la *force armée* qu'il aura pu rassembler, et faire, conjointement avec le commandant de cette *force armée*, une *sommation* aux *attroupés* de se séparer.

Ceux qui, après cette *sommation*, ne se seront pas retirés de *l'attroupement*, doivent être *saisis et arrêtés*, pour être ensuite traduits au *tribunal criminel*.

Si les *attroupés* opposent de la résistance à la *force armée* qui se met en devoir de les arrêter, il est enjoint à la *force armée* de VAINCRE cette résistance. *Loi du 27 Germinal an IV*.

AUBERGISTE.

Dans les villes et dans les campagnes, les aubergistes, maîtres d'hôtels garnis et logeurs sont tenus d'inscrire de suite et sans aucun blanc, sur un registre en papier timbré et paraphé par un Officier municipal, ou un Commissaire de police, les noms, qualités, domicile habituel, dates d'entrée et de sortie de tous ceux qui coucheront chez eux, même une seule nuit, et de représenter ce registre tous les quinze jours, et en outre, toutes les fois qu'ils en seront requis, soit aux Officiers municipaux, soit aux Officiers de police ou aux citoyens commis par la municipalité. *Loi du* 22 *Juillet* 1791, *titre I*, *art.* 5.

Il est enjoint aux *Agens municipaux* de tenir la main à l'exécution de ces dispositions. *Arrêté du Directoire Exécutif*, *du* 2 *Germinal an IV*, *art.* 9.

Ils doivent se faire représenter le registre tous les quinze jours, et même plus souvent, s'ils le jugent nécessaire. *Même Arrêté.*

Ils doivent dénoncer au Commissaire exécutif près l'Administration municipale, toutes les infractions faites à cet article, conformément à l'art. 29 du code des délits et des peines. *Même Arrêté.*

Chaque Commissaire du Directoire Exécutif est chargé de surveiller l'exacte observation de ces dispositions et d'informer chaque mois, ou plutôt s'il le juge convenable, le Commissaire du département de sa surveillance et de ses résulats. *Même Arrêté*, *art.* 9.

AVANCES ET DÉBOURSÉS.

Il y a certains cas où les *Agens et Adjoints municipaux* sont obligés, dans l'exercice de leurs fonctions, de faire quelques avances et déboursés; mais la loi a pourvu à leur prompt remboursement, par un mode expéditif. C'est ce qui a lieu pour l'échenillage des arbres. Voyez *Échenillage*.

Et pour l'enfouissement des cadavres, des animaux et charognes. Voyez *Animaux morts*.

AVIS.

Lorsqu'un *Agent municipal*, dans l'exercice de ses fonctions, acquiert la connoissance, ou reçoit la dénonciation d'un délit de nature à être puni, soit d'une amende au-dessus de la valeur de trois journées de travail, soit d'un emprisonnement de plus de trois jours, soit d'une *peine afflictive* ou *infamante*, il est tenu d'en *donner AVIS* sur-le-champ au *Juge de paix* dans l'arrondissement duquel il a été commis, ou dans lequel réside le prévenu, et de lui transmettre tous les renseignemens, procès-verbaux et actes qui lui sont relatifs. *Loi du 3 Brumaire an IV*, art. 83. Voyez *Police judiciaire*.

Lorsque dans une commune où le *Juge de paix* ne réside pas, un particulier vient à décéder, laissant pour héritiers des mineurs, ou des absens, *l'Agent municipal* est tenu d'en *donner AVIS*, sans aucun délai, au juge de paix du canton, ou à son assesseur le plus voisin. *Arrêté du Directoire Exécutif, du 22 Prairial an V, art.* 1. Voyez *Absence*.

BAN DE MOISSONS, VENDANGES, etc.

Les Administrations municipales (et par conséquent *l'Agent municipal*) des cantons ruraux, où l'ouverture des *moissons*, des *vendanges* et de la *fauchaison* est fixée, soit par l'autorité publique, soit par les cultivateurs assemblés, veilleront à ce que les époques ne soient désignées que dans les termes du *calendrier républicain.* Les contraventions qu'elles toléreroient seront *dénoncées* au Ministre de la police générale. *Arrêté du Directoire Executif du* 14 *Germinal an VI, art.* 17.

BARRIÈRES.

L'établissement du droit *d'entretien* des routes, connu vulgairement sous le nom de *droit de passe*, donne quelquefois lieu à des altercations entre le passager et les *percepteurs.* On conçoit qu'une pareille contestation exige un mode rapide de division.

La loi y a pourvu, en attribuant à *l'Agent municipal* le plus voisin, la décision des difficultés qui s'élèveront aux barrières, sur l'application du *tarif*, et la quotité de la taxe exigée par le receveur. Le tout sans *frais et sans formalités. Loi du* 3 *Nivôse an VI, art.* 46.

Néanmoins les préposés à la recette ne peuvent être distraits ni déplacés de leur bureau, pour suivre ces contestations ; ils adressent seulement à *l'Agent municipal* un exposé sommaire de leur demande, et donnent pouvoir à un citoyen pour les défendre. *Même Loi, art.* 46. Voyez *Jurisdiction.*

L'Agent municipal peut se transporter au *bureau*, quand il le croit nécessaire, pour reconnoître les faits. *Même Loi, art.* 48.

BATIMENS MENAÇANT RUINE.

Les constructions et *bâtimens*, sont au nombre des objets confiés à la surveillance des *Agens municipaux*, comme *Commissaires délégués* de la municipalité. Ce n'est pas qu'ils aient le droit de rien ordonner, à cet égard, à moins qu'il n'y ait un danger imminent, qui rentreroit dans la classe des *accidens*. Voyez ci-dessus *Accidens*.

Hors ce cas, la fonction de *l'Agent municipal* se réduit à dresser un procès-verbal du mauvais état des lieux, et à provoquer, sans délai, la surveillance de l'*Administration municipale*, chargée de cette portion de la police, par *l'art.* 3, *du tit. XI, de la loi du* 24 *Août* 1790, *et par celle du* 22 *Juillet* 1791, *art.* 29. Voyez *Voye publique. Voyerie.*

BÊTES A CORNES.

Tout propriétaire ou détenteur de *bêtes à cornes*, qui aura une ou plusieurs *bêtes malades*, ou suspectes, sera obligé, sous peine de 500 fr. *d'amende*, d'en avertir sur-le-champ *l'Agent municipal* de sa commune. Le devoir de celui-ci, aussitôt l'avertissement reçu, est de les faire visiter, par *l'expert* le plus prochain, ou par celui qui aura été désigné par le département, ou la municipalité du canton. *Arrêté du Directoire Exécutif, du* 27 *Messidor an V.*

Lorsqu'il est constaté par le rapport de l'expert, qu'une ou plusieurs bêtes sont malades, *l'Agent municipal* doit veiller à ce qu'elles soient séparées des autres, et ne communiquent avec aucun animal de la *commune. Même Arrêté.*

Et il doit faire marquer chaque bête malade, d'un *fer chaud*, représentant la lettre M ; sauf à l'application d'une contre-marque quand la maladie aura cessé. *Même Arrêté.*

A compter de ce jour, les propriétaires ne doivent, sous quelque prétexte que ce soit, les faire conduire dans les pâturages ni aux *abreuvoirs communs* ; et ils sont tenus de les nourrir dans des lieux enfermés, sous peine de 200 fr. d'amende. *Même Arrêté.* Voyez *Enfouissement*, *Épizootie*.

BLÉ EN VERD.

Toutes ventes de grains *en verd*, et *pendants par racines*, sont prohibées, sous peine de confiscation des grains et fruits vendus. La *confiscation* est appliquée, un *tiers* au dénonciateur, un *tiers* à la *Commune* du lieu où les fonds qui ont produit les grains se trouvent situés. Ce *tiers* sera distribué à la classe indigente. Le troisième *tiers* au trésor public : l'exécution de cette loi est confiée aux officiers municipaux, et par conséquent à l'*Agent municipal. Loi du 6 Messidor, an III.*

Dans la prohibition ci-dessus, ne sont pas comprises les ventes de grains *en verd* et *pendants par racines*, qui ont lieu par suite de *tutelle*, *curatelle*, *changement de fermier*, *saisie de fruits*, *baux judiciaires* et autres de cette nature. Sont également exceptées les ventes qui comprendroient tous autres *fruits* ou *productions* que les grains. *Loi du 23 Messidor, an III.*

BOIS.

L'*Agent municipal* partage, avec les *gardes champêtres et forestiers*, le droit de surveiller les délits commis dans les *forêts*, tant nationales que privées, et de dresser des procès-verbaux, contre les délinquants. Voyez *Gardes champêtres.*

BOISSONS.

Lorsque dans le cours de ses *visites* chez les *vendants vins*, ou autres liqueurs, l'*Agent municipal* découvre des *boissons gâtées*, *corrompues*, ou *falsifiées*, il doit les saisir, en dresser procès-verbal et l'envoyer au *Commissaire du Directoire Exécutif* près de l'Administration municipale. Voyez *Lois des* 24 *Août* 1790, *et* 22 *Juillet* 1791.

BOUCHERS.

Lorsqu'une maladie contagieuse s'est manifestée dans un troupeau de *bêtes à cornes*, il n'est plus permis aux propriétaires d'en vendre, ni aux *bouchers* d'en acheter, si ce n'est aux conditions suivantes,

1°. Que la bête vendue, ait été reconnue par *l'expert*, pour n'être pas attaquée de la *maladie*;

2°. Que le *boucher* n'entrera pas dans l'*étable*;

3°. Qu'il tuera la *bête* vendue, dans les vingt-quatre heures.

4°. Le propriétaire ne peut se désaisir de la *bête* et le *boucher* ne peut la tuer, que sur la *permission par écrit de l'Agent municipal.* Toute contravention, à cet égard, est punie de 200 franc d'*amende*, solidairement contre le *propriétaire* et le *boucher*. *Arrêté du Directoire Exécutif du 27 Messidor, an V.* Voyez *Bêtes à cornes*, *Épizootie*.

BRUITS NOCTURNES.

Le tranquillité de la *nuit* est confiée, tout aussi bien que celle du *jour*, à la vigilance de l'*Agent municipal*. Il est donc du devoir de cet officier de réprimer les *bruits nocturnes*, qui troublent le repos des citoyens.

Cette répression peut s'effectuer par *l'arrestation* des auteurs du trouble, sur-tout s'ils ne sont pas domiciliés dans la *commune*.

L'*Agent municipal* doit ensuite envoyer le procès-verbal à l'*Administration municipale*.

Si ces *bruits nocturnes* procédoient de quelque *rassemblement séditieux*, alors ce seroit le cas d'employer les mesures indiquées au mot *Attroupement*. *Lois du 24 Août 1790, titre XI, art. 3, et 22 Juillet 1791, titre I, art. 19.*

CABARETS, CAFÉS.

Les *Officiers municipaux* sont chargés par l'art. 2 du titre XI de la loi du 24 Août 1790, d'y maintenir le bon ordre et la tranquillité ; cette fonction se trouve donc dévolue à *l'Agent municipal* dans l'étendue du territoire de sa *commune*.

Il peut y entrer en *tout temps*, soit pour y prendre connoissance des désordres, soit pour inspecter la qualité et la nature des boissons, soit pour la vérification des mesures. *Loi du 22 Juillet 1791, tit. I, art. 9.* Voyez *Aubergistes*, *Boissons*, *Lieux publics*.

CADAVRES.

Cette dénomination est employée ordinairement pour indiquer le corps d'une personne morte d'une manière violente, comme *pendue*, *assassinée*, *assommée*, *noyée*, etc.

Lorsqu'un *cadavre* est découvert sur une route ou sur le bord des eaux, ou dans une maison ou dans tel autre endroit que ce soit, c'est le *Juge de paix du canton* qui doit s'emparer de l'instruction usitée en pareil cas, en se transportant sur les lieux, et en dressant un procès-verbal, conformément à l'art. 102 du *Code des délits et des peines*.

Mais quand le *Juge de paix* du canton ne réside pas sur le lieu où le *cadavre* a été découvert, et qu'il est *urgent* de procéder à *l'inhumation* pour cause de salubrité, *l'Agent municipal* doit provisoirement remplir ses fonctions de *Commissaire de police*, en se transportant sur les lieux, assisté des *personnes de l'art*, pour recueillir le plus promptement possible, et avant leur dépérissement, les *indices* et les *renseignemens* capables d'éclairer la justice sur *l'individu* trouvé mort, sur son *domicile* et sur la *cause de sa mort*. Ces *préliminaires* remplis, il peut ordonner *l'inhumation* si le cas est *urgent*, et il remet ensuite au *Juge de paix* son *procès-verbal*, ainsi que les effets trouvés sur l'individu, et autres pièces servant de renseignemens. *Loi du 3 Brumaire an IV, art.* 36. Voyez *Décès*.

CALENDRIER RÉPUBLICAIN.

La loi du 4 *Frimaire an II*, a aboli *l'ère vulgaire*, pour les usages civils, et ordonné que tous les actes publics seroient datés conformément à la nouvelle organisation de l'année.

L'art. 372 de *l'acte constitutionnel*, déclare que *l'ère française* commence au 22 Septembre 1792, jour de la *fondation de la République*.

Le *Directoire Exécutif* a fait distribuer à toutes les communes de la République, une *instruction* en forme *d'arrêté*, qui indique les mesures à prendre par les administrations, pour l'observation du *calendrier républicain*.

Il s'y trouve plusieurs dispositions qui concernent les *Agens municipaux*, en leur qualité de Commissaire de police. Voyez *Affiches*, *Annuaire*. — *Ban*, *Foires et Marchés*.

CARTE CIVIQUE, OU DE SURETÉ.

C'est une précaution qui a été introduite par la loi *du 19 Septembre 1792*, *tit. I*, *art. 1 et suiv.*, et qui s'est maintenue avec sévérité jusqu'à présent.

Tout voyageur (excepté les femmes et les enfans au-dessous de 18 ans), est tenu de représenter sa *carte civique* à la première réquisition qui lui en sera faite par les *Officiers de police* du lieu où il se trouve.

Faute de cette représentation (ou d'un *passe-port* qui en tient lieu), *l'Agent municipal* est autorisé à le retenir, et à l'envoyer au *Commissaire du Directoire Exécutif*, *près la municipalité*, ou au Juge de paix du canton. — Voyez *Passe-port*.

CERTIFICATS.

En plusieurs occasions, la loi exige le certificat de l'*Agent municipal*, comme un témoignage authentique de la vérité.

Par exemple, en matière d'*enrôlement volontaire*, les Administrations municipales n'admettent l'inscription de l'individu qui se présente, que sur le certificat de bonne conduite, signé de l'*Agent municipal de sa commune. Loi du 19 Fructidor, an VI. tit. II, art. 6.*

Dans le cas où un *réquisitionnaire* seroit atteint d'une maladie ou d'une infirmité assez grave pour ne pas lui permettre de se transporter à l'hospice militaire le plus voisin de son domicile, cette impuissance doit être constatée par un *certificat* de visite, qui sera faite par deux officiers de santé, *en présence de l'Agent municipal de la commune* et de deux témoins. *Arrêté du Directoire Exécutif du 9 Brumaire an VI. art. 3.*

Tout contribuable imposé pour l'an V et l'an VI, à une cote mobiliaire excédant en principal le *vingtième de son revenu* mobilier, doit être admis à réclamation dans le mois qui suit, en joignant à sa pétition un *certificat* du paiement *du tiers* de sa contribution *personnelle* et *mobiliaire*, et de la totalité de la contribution *somptuaire*.

Mais le paiement provisoire n'est pas exigible pour les demandes motivées, pour doubles emplois et erreurs de noms, pourvu que cette réclamation soit *certifiée* dans les campagnes, par *l'Agent municipal* de la commune. *Loi du 7 Vendémiaire an VII, art.* 1.

Les nourrices et autres habitans chargés *d'enfans abandonnés*, qui leur ont été confiés par les Administrations des hospices civiles, ne peuvent toucher les indemnités accordées en pareil cas, que sur la représentation du *certificat* de *l'Agent municipal*, que les enfans dont il s'agit ont été traités avec humanité, et instruits conformément au vœu de la loi. Voyez *Enfans abandonnés.*

Quiconque sollicite pour la première fois une *patente*, doit être muni d'un *certificat* de *l'Agent municipal*, qui atteste qu'il n'a pas encore exercé la profession pour laquelle la *patente* est demandée. Voyez *Patentes.*

CHASSE.

La liberté de la *chasse* restituée depuis la *révolution*, n'est pas illimitée : elle est au contraire assujettie à quelques modifications dont il est nécessaire que *l'Agent municipal* soit instruit, afin qu'il n'expose pas sa responsabilité personnelle, par trop de *rigueur* ou trop *d'insouciance.*

Il est défendu à toute personne *de chasser* en quelque tems et de quelque manière que ce soit sur le terrein d'autrui, sans son consentement, à peine de 20 francs d'amende envers la *commune* du lieu, et à l'égard du propriétaire à une *indemnité* plus ou moins forte, dans les proportions établies par l'art. 2 *de la loi du* 30 *Avril* 1790.

La *chasse* est même interdite aux propriétaires sur leurs propres terres, même en *jachères*, pendant le tems où la terre est chargée de productions, ce qui comprend l'espace du premier Floréal jusqu'au premier Brumaire, sauf néanmoins les fixations qui sont faites à cet égard dans les divers départemens.

Ces *amendes* sont *doublées*, *triplées*, *quadruplées*, en proportion de la récidive : il y a contrainte par corps et détention faute de payement de ces amendes, après un délai de huitaine ; la détention s'accroît en raison aussi de la *récidive*, depuis 24 heures jusqu'à 3 mois.

Lorsque les *chasseurs* sont déguisés ou *masqués*, ou gens sans aveu, ou non *domiciliés*, dans l'étendue de la République, ils doivent être *arrêtés* sur-le-champ, désarmés et détenus, par mesure administrative, jusqu'au jugement du tribunal de police municipale. *Même Loi*, *art.* 7.

S'ils ne sont dans aucun de ces cas, ils doivent être laissés en liberté, et *sans désarmement*, sauf aux *gardes champêtres* à dresser contre eux un procès-verbal qui est envoyé au Commissaire du pouvoir Exécutif près la municipalité, et qui donne lieu aux condamnations autorisées en cette matière.

Lorsque le propriétaire ne se plaint pas du *délit de chasse* commis sur son terrein, il n'y a pas lieu à une condamnation contre les chasseurs, à moins qu'ils n'ayent chassé dans un *tems prohibé*; auquel cas *l'Agent municipal*, pour le maintien de l'ordre public, doit en faire la *dénonciation* au Commissaire du *Directoire Exécutif* près l'administration municipale.

Il n'y a pas de tems *prohibé* aux propriétaires pour la chasse dans les *clos*, les *lacs* et *étangs*. Il n'y en a pas non plus pour *la chasse* dans leurs bois et forêts, pourvu que ce soit sans *chiens courants*. *Même Loi*.

La circonstance du *temps prohibé* n'empêche pas les propriétaires et les fermiers de détruire le gibier dans leurs récoltes, non closes; en se servant de *filets*, ou autres *engins* qui ne puissent pas nuire aux fruits de la terre ; comme aussi de repousser, avec des armes à feu, les bêtes fauves qui se répandroient dans les récoltes. — *Loi du* 30 *Avril* 1790.

CHEMINÉES.

L'*Agent municipal* doit faire, une fois par an, la visite des *fours* et *cheminées*, de toutes maisons et de tous bâtimens éloignés de moins de 100 toises d'autres habitations ; ces visites doivent être annoncées au moins 8 jours d'avance. *Loi du* 6 *Octobre* 1791, *tit. II art.* 9.

D'après sa visite, il doit noter les *fours* et *chemninées* qui, par leur mauvais état, feroient craindre l'*incendie*, et, en cas de négligence de la part du propriétaire, les *dénoncer* au Commissaire du Directoire Exécutif près l'Administration municipale. *Même Loi.* Voyez *Feu.*

CHEMINS.

L'Agent municipal doit dresser un procès-verbal des dégradations commises sur les *chemins*, qui sont dans l'étendue de son arrondissement, et traduire les délinquants au tribunal de police municipale. *Loi du* 6 *Octobre* 1791, *tit. II*, *art.* 40.

CHIENS DE GARDE.

Les *chiens* de *basse-cour*, de *ferme*, de *berger*, considérés comme un instrument de la sûreté publique, et une *propriété rurale*, ont mérité l'attention de la loi.

Il est défendu de tuer et de blesser aucun *chien de garde*, sous peines de *dommages et intérêts* et d'une *amende*, qui est fixée au double du dédommagement. Le *délinquant* peut être condamné à une *détention* d'un mois, si l'animal n'a été que blessé ; et de six mois, si l'animal est *mort* de sa blessure, ou est resté *estropié.* La détention pourra être du double si le délit a été commis la *nuit*, ou dans une *étable*, ou dans un *enclos rural. Loi du 6 Octobre* 1791, *tit. II*, *art.* 3.

Lorsqu'une *épizootie* s'est manifestée dans une commune, les *chiens* doivent être retenus à l'attache; et il est permis à *l'Agent municipal* de faire tuer ceux qui seront trouvés errans dans les chemins. *Loi du* 22 *Juillet* 1791.

CLUBS,

Voyez *Sociétés populaires.*

COALITION.

On appelle ainsi, en matière de police, une obstination concertée de la part des propriétaires, des *maîtres* ou *des ouvriers* de ville et de campagne, pour hausser ou baisser le prix des travaux de première nécessité.

Une *coalition* de cette espèce, est une atteinte au bon ordre, en ce qu'elle expose le service public au danger d'être abandonné, et fait d'ailleurs revivre les *corporations.*

Elle est encore un attentat à la *liberté individuelle*, en ce qu'elle soumet les particuliers à l'observation d'une *résolution générale* qui n'entre peut-être pas dans leur intention.

En pareil cas, la *loi du* 17 *Juin* 1791, veut que les *auteurs*, *chefs* et *instigateurs* qui auroient provoqué et rédigé ces *délibérations*, soient cités devant le tribunal de police, pour être condamnés chacun à 500 francs d'amende.

La Loi du 6 Octobre 1791, sur la *police rurale*; tit. II 2, article 20, étend sa surveillance sur les *moissonneurs*, *domestiques* et *ouvriers de campagne* qui se ligueroient entre eux pour faire *hausser* le prix des *gages*. La peine de ce délit est une *amende* qui ne pourra excéder la *valeur de* 12 *journées de travail*, et une *détention* de police municipale.

Si cette *coalition* étoit accompagnée *d'affiches* et *lettres circulaires* contenant menaces contre les *entrepreneurs*, *artisans*, *ouvriers* ou *journaliers étrangers* qui viendroient travailler dans le lieu, ou contre ceux qui se contenteroient d'un salaire inférieur, il y a une amende de 1000 francs et *trois mois de prison* contre chacun des auteurs, instigateurs ou signataires. *Loi du* 17 *Juin* 1791, *art.* 6.

L'Agent municipal ne doit pas perdre un instant à dresser procès-verbal de cette contravention, et à l'envoyer au *Commissaire du Directoire Exécutif*, près la municipalité, avec les pièces à l'appui.

S'il y avoit eu *violence* et *menaces* contre les ouvriers occupés au travail, le cas seroit alors plus grave et cesseroit d'être du ressort de la *Police municipale*, pour rentrer dans celui de la *Police correctionnelle*, et par conséquent, *l'Agent municipal* adressera son procès-verbal au *Juge de paix. Même Loi. art.* 7.

Enfin, si le désordre et la licence alloient au point de former un attroupement *d'artisans*, *d'ouvriers*, *compagnons et journaliers*; ces *attroupemens* prennent aux yeux de la loi le caractère *d'attroupemens séditieux*, et comme *tels*, ils doivent être dissipés de la manière indiquée ci-dessus au mot *attroupement. Même Loi. art.* 8.

Ce qui a été dit sur la *coalition des ouvriers* et *gens de campagne*, doit s'appliquer aux *maîtres*, *propriétaires*

priétaires et *fermiers*, auxquels il est également défendu de se *coaliser* pour faire baisser ou fixer à *vil prix* les journées des ouvriers ou les gages des domestiques, sous peine d'une *amende* du quart de la contribution mobiliaire des *délinquants*, et même d'une détention de police municipale. *Loi du 6 Octobre* 1791, *titre II*, *art.* 19.

COLPORTEURS.

Les *colporteurs* et marchands roulans sont tenus de se pourvoir de *patentes* dans le lieu de leur principal domicile, de les représenter à toutes réquisitions, à *l'Agent municipal* des lieux où ils passeront. *Lois des 4 Thermidor an III, 6 Fructidor an IV et 7 Brumaire an VI.* Voyez *Patentes*.

Il est défendu aux *colporteurs* de *journaux* et *papiers-nouvelles*, de les publier autrement que par leurs *titres*. *Loi du 5 Nivose an V.*

Il est enjoint aux *Agens municipaux* de faire arrêter sur-le-champ les contrevenans, à peine d'être eux-mêmes responsables en leur *propre et privé nom*. *Même Loi du 5 Nivose an V. et Arrêté du Directoire Exécutif, du 15 Frimaire an VI.*

COMESTIBLES.

La surveillance et l'inspection des *Comestibles*, sont du ressort des *Agens municipaux*, considérés comme *Commissaires de police*;

Ils doivent faire de fréquentes visites, dans les *marchés*, et dans les *boutiques*, où se débitent les denrées de cette nature, pour en vérifier, soit la salubrité, soit les *poids* ou les *mesures*.

En cas d'exposition de *comestibles gâtés*, *corrompus*,

nuisibles ou *frelatés*, ils doivent les SAISIR, et dénoncer le procès-verbal au *Commissaire du Directoire Exécutif* près de la municipalité, qui en poursuivra la *confiscation*, et la destruction avec *amende*, conformément aux réglemens de police. *Lois du* 24 *Aout* 1790, *Tit. XI*, *art.* 3, *et du* 22 *Juillet* 1791, *Tit. I*, *art.* 9, 20 *et* 29. Voyez *Boissons*, *Poids et mesures* et *Visites*.

COMMISSAIRES DE POLICE.

L'*Agent municipal* étant destiné à remplir les fonctions de *Commissaire de police*, dans les *communes* dont la population est au-dessous de 5000 habitans, il est indispensable qu'il soit parfaitement instruit des droits et des obligations attachées à la qualité de *Commissaire de police*.

On trouvera ci-après, au mot *Police*, ces fonctions indiquées et rassemblées, avec la distinction de celles qui appartiennent à la *Police administrative*, et de celles qui sont du ressort de la *Police judiciaire*.

Il y a des cas où l'*Agent municipal* est appelé *hors de sa commune*, pour aller exercer les fonctions de *Commissaire de police* dans une *commune* plus considérable, attendu l'*empêchement* accidentel du *Commissaire de police* du même endroit.

C'est la disposition de la *Loi du* 3 *Brumaire*, *an IV*, qui porte que :

» Si le Commissaire de police d'une commune où » il n'en existe qu'un, se trouve légitimement em- » pêché, l'*Agent municipal* ou *son Adjoint* le rem- » place, tant que dure l'empêchement. » Nouveau motif pour que les *Agens municipaux*, qui sont dans le voisinage d'une commune où il n'y a qu'un

Commissaire de police, s'approvisionnent d'avance des connoissances et des instructions nécessaires, pour effectuer avec succès ce *remplacement.* Voyez *Remplacement.*

COMMISSAIRES RÉPARTITEURS.

Ce sont des citoyens, habitans et propriétaires de la *commune* qui sont réunis à *l'Agent municipal* et à son *Adjoint*, à l'effet de *répartir* avec équité, entre les contribuables d'une *même commune*, la *cote part* de cette commune, dans les contributions directes, et de confectionner la matrice du rôle. *Loi du* 18 *Prairial, an V.*

Les *répartiteurs* étoient, ci-devant, par la loi *du* 18 *Prairial an V*, autorisés à se faire aider dans leur travail, par un citoyen *habitué aux calculs*, et qui étoit payé à raison d'un *décime* par article de la matrice du rôle; mais cette disposition a été abrogée par l'art. 13, de la loi *du* 22 *Brumaire, an VI*, portant création d'une *Agence des contributions directes.*

Les *répartiteurs* ne peuvent arrêter aucune évaluation, sans être au moins les *deux tiers* de leur nombre; et ils sont tenus de se conformer au mode de classification des terres ordonné par la *loi du premier décembre* 1790.

Lorsque les *répartiteurs* n'avoient pas envoyé à la municipalité la matrice du rôle dans le délai de deux décades, la municipalité étoit autorisée à leur dépêcher un *commissaire spécial*, dont la rétribution étoit (d'un *décime* par article) aux frais personnels et solidaires des *répartiteurs*; mais cette mesure a été également abrogée depuis l'institution d'une *agence des contributions directes.Loi du 22 Brumaire, an VI.* Voyez *Agence des contributions directes et contributions.*

COMMUNES.

Les *communes* au-dessous de cinq mille habitans se trouvent quelque fois autorisées à former des *actions civiles* pour la revendication ou la défense de leurs droits; et, dans ce cas, c'est à *l'Agent municipal* et, à son défaut, à *l'Adjoint* que la poursuite de ces actions est confiée par la loi. Voyez *Actions juridiques.*

D'autres fois, les *communes* sont exposées à se défendre contre des demandes en *recours* ou *garantie*, en *réparations* et *indemnités*, pour des dommages dont la loi les a rendus responsables.

C'est encore à *l'Agent municipal* à prendre en main la défense de sa commune (sous l'autorisation de *l'Administration centrale*) pour la soustraire, s'il est possible, à des condamnations récursoires qui l'accableroient. On peut juger quels soins, quelle fermeté et quelle patience un *Agent municipal* doit apporter dans une pareille mission.

Il est donc à desirer que *l'Agent municipal* réunisse l'activité et l'intelligence nécessaire pour la conduite des procédures.

Mais quelque fois aussi, *l'Agent municipal*, au lieu d'être le défenseur de sa *commune*, doit s'en déclarer *l'adversaire* et le *dénonciateur*, fonction douloureuse sans doute et qui n'est pas sans périls; mais qui est un devoir indispensable de sa place. Voyez *Responsabilité.*

COMPTE.

« *L'Agent municipal* de chaque commune doit, » dans le courant de *Vendémiaire* de chaque année, » rendre compte à l'Administration municipale des re- » cettes et dépenses communales de l'année précé- » dente.

» L'Administration municipale examine, discute » et apure définitivement le compte. » *Loi du* 15 *Frimaire an VI, art.* 17.

CONFISCATION.

Les *Agens et Adjoints municipaux* qui ont assisté en qualité d'Administrateurs municipaux à une saisie de *marchandises angloises*, dont la confiscation a été ordonnée, ont une PART dans le produit de cette confiscation, par forme d'encouragement et d'indemnité. *Loi du* 10 *Brumaire an V, art.* 16. Voyez *Marchandises angloises*.

CONSCRIPTION MILITAIRE.

On entend par *conscription militaire*, une espèce d'enrolement *officiel* de tous les Français depuis l'âge de 20 *ans* accomplis, jusqu'à celui de de 25 *ans révolus*, et que la loi appelle au service militaire. *Loi du* 19 *Fructidor an VI.*

Chaque année dans la *première décade de Vendémiaire*, *l'Agent municipal* doit former des tableaux de tous les Français de son arrondissement, soumis à la *conscription militaire*, pour l'armée de terre. *Même Loi*, tit. IV, art. 24.

Ces tableaux doivent être faits séparément, *classe*

par classe; et chacun d'eux ne comprend que les *conscrits* d'une même classe ; ils indiqueront les *noms*, *prénoms*, *l'an*, *le mois*, *le jour de la naissance*, *la taille*, *la profession et la commune* du domicile du conscrit. *Même Loi, art.* 24.

Ces *tableaux* doivent être, immédiatement après, adressés à l'administration municipale, laquelle compose de ces divers tableaux réunis, un tableau général des conscrits du canton, qui est envoyé à l'administration centrale, dans le courant de *Vendémiaire*. Voyez *Déserteur*, *Emprisonnement*, *Destitution*.

CONTRIBUTIONS.

Les *Agens municipaux* remplissent une fonction importante en matière de *contributions*.

Comme membres de *l'administration municipale*, ils coopèrent à la fixation de la *cote part* de chaque commune du canton ; et ensuite chacun d'eux, sous sa qualité *d'Agent municipal*, coopère à la répartition de cette *cote-part* entre les habitans et propriétaires.

Cette double influence impose à *l'Agent municipal* l'obligation d'être parfaitement instruit de ses devoirs, en une mission aussi délicate.

§. I.

Contributions foncières.

Le décret *l'Assemblée constituante* du *premier Décembre* 1790, a établi pour chaque année, à compter du premier Janvier 1791, une *contribution foncière*, qui doit être imposée par *égalité proportionnelle* sur toutes les propriétés foncières à raison de leur *revenu net.*

On appelle *revenu net* ce qui reste au propriétaire déduction faite, sur le *produit brut*, des frais de culture, semences, récolte et entretien.

C'est ce *revenu net*, qui est seul imposable, et il se détermine sur un terme moyen, composé de plusieurs années réunies (par exemple quinze ans.) *Loi du premier Décembre* 1790. *tit. I.*

Un des principaux caractères de la *contribution foncière*, est d'être indépendante des facultés du propriétaire qui la paye. Ses autres moyens de fortune ne sont d'aucune considération; c'est la *propriété* seule qu'il faut imposer; car on peut dire avec justesse, que c'est la *propriété* qui est chargée de la contribution; et que le *propriétaire* n'est en cette occasion que *l'Agent* qui l'acquite pour elle avec une portion des fruits qu'elle lui donne. Voyez *l'instruction de l'Assemblée nationale du premier Décembre* 1790.

Pour faciliter l'assiète de la *contribution foncière*, le territoire de chaque *municipalité* a été divisé en plusieurs portions, dites *sections*, portant chacune un nom particulier.

Au commencement de 1791, il a été fait dans chaque municipalité un rôle contenant le *tableau* de ces diverses sections, avec un *état indicatif* des différentes propriétés renfermées dans chacune, et des noms des *propriétaires*. Voyez *le détail circonstancié de cette opération, dans l'instruction ci-dessus citée.*

Chaque année le *Corps Législatif* fixe par une loi expresse, le montant de la *contribution foncière* à percevoir sur toute la République, ainsi que la répartition de cette même somme entre les divers départemens, laquelle répartition est annexée à la loi; par ce moyen, chaque département est promptement instruit de la portion contributive qui lui est échue dans la masse de *l'imposition*.

Dans les *deux décades* qui suivent la publication de cette loi, chaque Administration centrale doit faire la répartition du contingent qui lui est assigné, entre toutes les Administrations municipales de son ressort; et elle est tenue d'en envoyer l'état au Ministre des finances, dans les 10 jours suivans: *Loi du* 18 *Prairial, an V, art.* 3.

Dans les *cinq jours*, qui suivent les *deux décades* accordées aux Administrations centrales, celles-ci envoyent, à chaque Administration municipale de leur ressort, « le mandement qui lui fait connoître » son contingent; 1°. en principal; 2°. en *centimes* » ou sous *additionels* destinés, tant aux fonds de » non-valeur, qu'aux dépenses locales à la charge » des départemens ». *Même Loi, art.* 5.

Le *mandement* doit être accompagné d'une injonction de répartir dans le délai de *deux décades*, le *contingent* du canton, entre toutes les *communes* qui le composent; conformément à l'art. 6 de la loi du 18 Prairial, ainsi conçu:

» Chaque municipalité est tenue, dans les deux » décades qui suivent la réception de ce mandement, » de faire la répartition de son contingent entre » toutes les communes de son arrondissement, et » après avoir appelé à ce travail un membre des- » dites communes.

Dès qu'une Administration municipale a déterminé sa *répartition*, elle en forme un *arrêté* motivé qu'elle doit envoyer sur le champ à l'*Administration centrale*. *Même Loi.*

L'Administration centrale doit revoir cette opération, en examiner les principes, les détails, vérifier les calculs et la clôre par un *arrêté motivé*, pour la confirmer ou la modifier.

Après quoi, elle fait faire deux expéditions du *tableau de répartition*, dont l'une est adressée, sans délai, à l'Administration municipale et l'autre remise au receveur général du département, pour qu'il connoisse ce qu'il a à recevoir de chaque percepteur.

Aussitôt que l'Administration municipale a reçu l'état de *répartition*, définitivement arrêté par le département, elle envoye à l'*Agent municipal* de chaque commune, le *mandement* contenant la fixation du contingent de la commune, 1°. en principal; 2°. en centimes ou sous additionels, tant pour le fond en non valeur, que pour les dépenses locales. *Même Loi, art.* 9.

L'*Administration municipale* nomme en même temps les *répartiteurs* pour chaque commune, lesquels sont au nombre de *cinq* et ne peuvent être choisis que parmi les contribuables de la même commune. *Même Loi. Art.* 10.

Dans les deux décades qui suivent la réception des *mandemens*, les *répartiteurs* nommés pour chaque commune, font, avec l'*Agent municipal*, *l'Adjoint* et le *Commissaire* de *l'Agence des contributions directes*, la vérification des matrices de roles existantes, pour les réformer d'après les changemens survenus, et les confirmer s'il n'y a pas eu de changemens, et pour composer lesdites *matrices*, dans le cas où elles n'existeroient pas, en se conformant à cet égard à la loi du *premier Décembre* 1790, et à l'*instruction* qui y étoit annexée.

Sur la participation attribuée à cet égard au commissaire de *l'Agence des contributions directes*, voyez *Agence des contributions directes.*

Aussitôt que la *matrice du rôle* est faite ou rectifiée, et signée par les *répartiteurs*, elle est remise au commissaire de *l'Agence des contributions directes*, qui la fait passer au département; d'où elle revient ensuite à la *municipalité*, pour être remise entre les mains du *percepteur.*

§ II.

Contribution personnelle.

Indépendamment de la contribution foncière, il y a trois autres *contributions*, qui exigent l'intervention de *l'Agent municipal*; savoir :

La contribution *mobiliaire*,

La contribution *personnelle*,

Et enfin la contribution *somptuaire*, qui est d'une institution plus récente que les deux précédentes.

La *contribution mobiliaire* ne porte que sur les *salaires publics et privés*, sur les produits de l'industrie, de l'exploitation du commerce et des fonds mobiliers, et en général sur tous les revenus qui ne sont pas soumis à la *contribution foncière.*

La taxe *somptuaire* est commune à tous les habitans, à raison du nombre d'individus qu'ils auront à leurs gages, et des *chevaux et voitures de luxe*, dans les proportions indiquées par la loi du 14 *Thermidor an V*, en observant néanmoins que cette *taxe* est réduite à moitié, pour les communes de 5000 habitans et *au-dessous.*

La cote *personnelle* établie par la loi du 7 Thermidor an III, est commune à tous les habitans, à l'exception seulement de ceux qui auront été rangés par les *jurés* dans la classe des *non imposables.*

Le montant de ces trois *contributions* est, à l'instar de la *contribution foncière*, déterminée chaque année, par une loi particulière, qui contient en même-tems sa répartition entre les divers départemens de la République.

Cette *répartition* est d'abord divisée entre les *cantons*, et de suite entre les *communes* de chaque canton par les mêmes procédés qui ont été pratiqués pour la *contribution foncière.*

Lorsque le contingent des communes d'un canton a été arrêté par l'Administration municipale, et confirmé par le département, la municipalité fait sur-le-champ expédier, et remet à *l'Agent municipal* de chaque commune, le *mandement* qui lui fait connoître le contingent de sa commune, 1°. en cotes *personnelles*, 2°. en cotes *mobiliaires* et *somptuaires*, 3°. en centimes additionnels.

Ce *mandement* doit être publié, dans chaque comcommune, à la diligence de l'*Agent municipal*, et une copie doit être *affichée* à la porte de la maison commune ou autre lieu apparent. *Loi du 14 thermidor an V, art. 6.*

Après l'envoi de ce *mandement*, l'Administration municipale nomme un *jury d'équité*, composé de *cinq membres*, dont *deux* sont pris parmi les contribuables les plus aisés du canton, *deux* parmi ceux qui sont dans le cas d'être imposés à un *taux moyen*, et *un* parmi ceux qui doivent être le moins imposés. *Même Loi.*

Dans les deux décades qui suivront la *publication et l'affiche* du *mandement* dans l'intérieur de chaque commune, chaque habitant et domicilié est tenu de faire, ou de faire faire, en présence de l'*Agent municipal*, la déclaration prescrite par l'art. XI de la loi *du 14 Thermidor*, an V.

L'*Agent municipal* dresse d'après les déclarations et d'après ses connoissances personnelles ou celles qu'il peut se procurer, un état de tous les chefs de maison ou individus de la commune, jouissant de leurs *biens*, *droits* et *actions*, ainsi que des individus à leurs gages et de leurs *chevaux* et *voitures* de *luxe. Même Loi.*

Dans la quatrième décade, au plus tard, à compter de la publication du *mandement* dans la commune, les *jurés d'équité* doivent être convoqués par l'*Agent municipal*, à la diligence du Commissaire de l'*Agence des contributions directes*, et en sa présence.

Les *cinq* membres du *jury d'équité* procèdent à la répartition entre les habitans et à la confection de la matrice du rôle, lesquels ils sont tenus d'achever dans les deux décades suivantes.

Les *taxes* sont fixées à la majorité absolue des suffrages *des jurés*, qui distinguent trois espèces de cotes, *personnelle*, *mobiliaire* et *somptuaire*, en se conformant dans ce travail à *l'instruction du 18 Fructidor, an V*, envoyée par le *Ministre des finances* à tous les départemens, et que ceux-ci ont adressée à chaque municipalité.

A mesure que la *matrice* des rôles est achevée, elle doit être arrêtée et signée tant par les *jurés* que par l'*Agent municipal* et l'*Agent particulier des contributions personnelles*; après quoi, elle passe au *département*, et en revient par les mêmes procédés que ceux qui ont lieu pour les *rôles* de *contributions foncières*.

CONVOCATION.

Nous avons vu ci-dessus, *page* 13 que les assemblées périodiques des municipalités, sont fixées par les administrations centrales, sans préjudice néanmoins des *assemblées extraordinaires* qui peuvent avoir lieu quand la municipalité le juge à propos.

En cas d'extrême urgence, et pendant l'absence du président, *l'assemblée extraordinaire* de la municipalité peut être convoquée par *l'Agent municipal* de la commune du chef-lieu du canton: *Loi du* 21 *Fructidor an III*, *art.* 5.

Toute *convocation* au son des *cloches*, pour appeller les citoyens à l'exercice d'un *culte* quelconque, est prohibée, sous peine *d'emprisonnement*. Voyez *Culte*.

CORRESPONDANCE.

Plusieurs *Agens municipaux* avoient pris l'habitude d'interrompre les *Ministres* par une foule de difficultés sur lesquelles ils demandoient des éclaircissemens; cette démarche étoit bien naturelle de la part de *fonctionnaires* sans expérience, qui cherchoient à fixer leurs incertitudes; mais en même-temps, cette *correspondance* entre les *Ministres* et les *Agens secondaires*, blessoit *l'ordre hiérarchique* établi par la *Constitution*, et multiplioit sans nécessité les travaux des *Ministres* et des *bureaux*.

Il étoit bien plus régulier et plus facile pour les *Agens municipaux*, d'adresser leurs doutes aux *admi-*

nistrations départementales qui étoient à portée de résoudre leurs *questions*, à l'aide des instructions générales et uniformes qu'elles recevoient de la part du Gouvernement.

Cet abus a été réformé par un *arrêté du Directoire Exécutif, du 4 Nivose an V*, « qui enjoint aux *Agens* » *municipaux*, d'adresser à *l'administration centrale* de » leurs cantons, les *demandes d'instructions* et de » *renseignemens* dont ils auront besoin, de lui sou» mettre toutes les *questions* et toutes les *difficultés* » qui les arrêteroient dans leurs opérations respec» tives ».

Le même *arrêté* déclare que toutes *lettres*, *questions* ou *mémoires* adressés aux *Ministres* par les *Agens municipaux*, soit pour leur déférer des *questions* ou demander des *instructions*, soit pour leur envoyer des *résultats particuliers*, resteront à l'avenir *sans réponse*, ou seront envoyés aux Autorités compétentes pour les recevoir. *Arrêté du Directoire Exécutif, du 4 Nivose an V.*

CULTE.

La police du culte est un objet intéressant, sur lequel tout *Agent municipal* doit se procurer les notions les plus étendues et les plus détaillées, la moindre faute pouvant, dans une matière aussi délicate, donner lieu à des conséquences dangereuses.

Ce sera donc rendre un vrai service aux *Agens municipaux*, que de ramener cette matière à un point de simplicité et de précision, qui les garantira de toute méprise.

La police du culte, dans son état actuel, offre quatre divisions :

1°. Le culte;

2°. Les personnes;

3°. Le lieu,

4°. Le mode.

Toutes les loix et réglemens de police, faits ou à faire en matière de culte, se rapporteront nécessairement à l'une de ces divisions.

§ I.

Du Culte.

L'Agent municipal doit se bien pénétrer de cette vérité, que toute espèce de culte est tolérée et autorisée dans la *République*, qu'une des conditions essentielles dans notre régime constitutionnel, est de laisser à chacun, *français* ou *étranger*, le droit de pratiquer telle *religion* que ce soit, ou de n'en pratiquer aucune, le tout suivant sa conscience, son opinion et sa croyance; et il n'est permis à nulle autorité constituée, de porter atteinte à cette liberté, qui lui est garantie par *l'art.* 354 *de la Constitution.*

L'art. 3 de la loi du 7 vendémiaire an IV, défend, *sous peine d'emprisonnement et d'amende*, à tous *juges* et *administrateurs*, d'interposer leur autorité, et à tous individus d'employer des voyes de fait, les injures ou les menaces pour contraindre un ou plusieurs individus, à célébrer certaines fêtes religieuses, à observer *tel ou tel jour de repos*, ou pour empêcher lesdits individus de les célébrer ou de les observer; soit en forçant à ouvrir ou fermer les *ateliers*, *boutiques* ou *magasins*, soit en empêchant les travaux agricoles, et de telle autre manière que ce soit. (Voyez, néanmoins, *Jours de repos*).

Nonobstant cette extrême latitude, que les loix laissent à l'exercice des cultes, il y a une exception pour un certain cas; c'est celui d'un culte qui compromettroit la pureté des mœurs ou l'humanité, telles que les *prostitutions*, ou les *sacrifices sanglans.* On conçoit que ce n'est pas à un *culte* de cette espèce, que s'applique la *liberté* des cultes. Et à la première nouvelle que l'*Agent municipal* recevroit de l'introduction d'un *culte* aussi dangereux, son devoir seroit d'en donner avis à l'*Administration municipale*, qui prendroit, bientôt, elle-même les mesures nécessaires pour prévenir ce désordre.

§ II.

Les Personnes.

Les *personnes* considérées sous leur rapport avec le culte, peuvent se distribuer en trois classes.

1°. Les personnes qui remplissent une fonction active dans l'exercice des *cultes*, et qui en font une portion intégrante sous le nom de *ministres des cultes.*

2°. Les personnes qui ne participent au *culte* que par leur assistance et leur croyance.

3°. Celles qui ne sont dans aucune de ces deux classes, soit par ce qu'elles professent un culte étranger, soit par ce qu'elles n'en adoptent aucun.

Chacune de ces *trois classes* est soumise à un régime de police qui mérite la plus grande attention.

Des ministres des cultes.

Quiconque se propose de remplir le *ministère* d'un culte, quel qu'il soit, dans une *commune* au-dessous de 5000 habitans, doit avant tout, se transporter devant

devant *l'Agent municipal* du lieu, et prêter devant lui le *serment* prescrit par *l'article 25 de la loi du 19 Fructidor an V*, lequel a été substitué à la *déclaration* ci-devant exigée par la *loi du 7 Vendémiaire an IV.*

Cette déclaration *assermentée* doit être inscrite sur le registre de la commune.

Deux copies en *gros caractères* et *très-lisibles* sont aussitôt faites et signées pour *copies conformes* par *l'Agent municipal ou l'Adjoint*, ainsi que par le *déclarant*, et elles doivent être et rester perpétuellement *affichées* dans l'intérieur de l'édifice destiné aux cérémonies, et dans les parties les plus apparentes les plus à portée d'en faciliter la lecture. *Même Loi.*

L'Agent municipal doit veiller à l'exécution de cette disposition, sous peine de deux *années de fers. Loi du 19 Fructidor an V, art.* 26. Voyez *Fers.*

La déclaration *assermentée* requise par l'art. 25 de la loi du 19 Fructidor an V, est de stricte rigueur, et doit être scrupuleusement suivie sans rien y ajouter ni diminuer; une déclaration qui contiendroit quelque chose de plus ou de moins seroit nulle et comme non-avenue; et *l'Agent municipal* qui l'auroit reçue, seroit puni d'une amende de 500 francs, et d'un *emprisonnement* qui ne pourroit être moindre de trois mois, et qui pourroit être porté jusqu'à une année entière. *Loi du 7 Vendémiaire an IV, art.* 6.

§ III.

Des personnes qui pratiquent un culte sans y faire les fonctions de ministres.

Ces personnes sont sous la sauve-garde et la protection des lois, pour le libre exercice de leur religion ; mais en même temps elles doivent s'abstenir de toutes entreprises ou démarches qui tendroient à rendre leur culte *exclusif* ou *dominant*, à lui donner quelque préexcellence sur les autres cultes. Elles ne doivent en nom *collectif*, ni *louer*, ni *acquérir* un local pour l'exercice des cultes, établir aucune dotation, ni aucune taxe forcée pour les frais du culte ou logement des ministres. Il y a peine d'*amende* et d'*emprisonnement* contre ceux qui tenteroient, par injures ou par menaces, de contraindre un ou plusieurs individus de contribuer aux frais d'un culte, ou qui seroient les instigateurs de ces menaces et injures. *Loi du 7 Vendémiaire, an IV, tit. IV, art.* 12.

Tous *actes*, *délibérations*, *contrats* ou *rôles* faits en contravention de cette prohibition, sont nuls et comme non avenus, et s'il arrivoit que l'*Agent municipal* ou son Adjoint les eussent signés, ils seroient passibles d'une amende de 500 francs avec *emprisonnement*, qui peut être étendu jusqu'à *six mois*. *Loi du 7 Vendémiaire, an IV, titre IV, section première, art. XI.*

§ IV.

Des personnes étrangères au culte.

Je comprends sous cette désignation les personnes qui s'abstiennent d'un culte, soit parce qu'elles professent une religion différente, ou parce qu'elles n'en professent *aucune*.

L'*exercice* d'un *culte* est protégé par les lois contre les attaques de ces deux espèces de personnes ; quiconque pratique un culte, ne doit éprouver aucun trouble, aucune inquiétation, aucun danger, soit en allant au lieu destiné à l'exercice de son culte, soit en revenant, soit pendant son assistance aux cérémonies religieuses. Les objets de sa vénération ne doivent éprouver ni outrage ni dérision; et l'*Agent municipal* doit, à cet égard, user de beaucoup de fermeté et de sagesse, en ayant sans cesse sous les yeux les dispositions de la loi.

Le soin de cette *garantie* s'est reproduit avec uniformité dans toutes les législatures qui ont eu lieu depuis la révolution.

L'article XI du tit. 2 *de la Loi du* 22 *Juillet* 1791, prononçoit une *amende* et l'*emprisonnement* contre ceux qui auroient outragé les objets d'un culte quelconque, soit dans un *lieu public*, soit dans les lieux destinés à l'exercice de ce culte, ou ses ministres en fonctions, ou interrompu par un trouble public les cérémonies religieuses de *quelque culte que ce soit.*

Cette disposition fut confirmée par l'art. 10 de *la loi du* 3 *Ventôse, an III*, en ces termes :

« Quiconque troubleroit, par violence, les céré» monies d'un culte quelconque, ou en outrageroit » les objets, sera puni *suivant la loi du* 22 *Juillet* 1791.

La loi du 7 *Vendemiaire an IV*, ratifie de nouveau la garantie et le *libre exercice de tous les cultes*, en prononçant la condamnation d'une amende de cinq cents francs et de *l'emprisonnement* contre ceux qui outrageront les objets d'un culte quelconque, dans les lieux destinés à son exercice, ou qui interrompront, par un trouble public, les cérémonies religieuses de quelque culte que ce soit. *Loi du* 7 *Vendémiaire an IV*, *tit.* II, *art.* 2.

Si le trouble étoit accompagné de violence; le

coupable seroit traduit au tribunal criminel; et dans tous les cas, *l'Agent municipal* doit dresser un procès-verbal, et faire saisir et arrêter le coupable sur-le-champ, pour le renvoyer ensuite au Juge de paix, conformément à *l'art. XI, du tit. II de la loi du* 22 *Juillet* 1791, *qui a été confirmé par l'art.* 10 *de la loi du* 3 *Ventôse an III.*

§ V.

Des lieux où se pratique le culte.

Les particuliers peuvent se livrer, dans leurs maisons, à *l'exercice du culte*, pourvu qu'outre les individus qui ont le même domicile, il n'y ait pas, à l'occasion de ces mêmes *cérémonies*, un *rassemblement* excédant dix personnes. *Loi du* 7 *Vendémiaire, an IV, tit. IV art.* 16.

Lorsqu'un ou plusieurs particuliers ont destiné un lieu pour *l'exercice d'un culte quelconque*, la première précaution qu'ils doivent prendre, est d'en faire la déclaration à *l'Agent municipal*, avec l'indication suffisante, pour le mettre à portée d'en connoître parfaitement la situation. Cette *déclaration* doit être transcrite par *l'Agent municipal* sur le registre de la commune, et *l'expédition* envoyée au greffe de la *police correctionnelle du canton.*

Il est défendu à *tous ministres de culte*, et à tous individus, à peine d'amende et *d'emprisonnement*, d'user de cet édifice avant que la formalité de cette déclaration ait été remplie. *Loi du* 7 *Vendémiaire, art.* 17.

C'est dans cette *enceinte* seulement que l'exercice du culte doit être concentré, sans aucune manifestation au-dehors.

« Les cérémonies de tous cultes, porte l'art 16, de la loi du 7 Vendémiaire, sont interdites hors l'enceinte de l'édifice choisi pour leur exercice, sous peine d'amende et emprisonnement contre les délinquants ».

C'est par une suite de cette concentration qu'il est défendu aux ministres des cultes de paroître en public avec les *habits*, *ornemens* ou *costumes* affectés à des cérémonies religieuses. *Même Loi*, *art.* 19. — Parce que ces ornemens et costumes sont considérés comme les *signes extérieurs du culte.*

Par la même raison, aucun *signe*, aucune *effigie*, ou *simulacre* particuliers à un certain culte, ne doit être élevé, fixé ou attaché hors l'enceinte des édifices consacrés au culte. *Même Loi*, *art.* 13.

Il faut néanmoins excepter *l'intérieur* des maisons des particuliers, les *atteliers* ou *magasins* des *artistes et marchands et les édifices publics* destinés à recueillir les monumens des arts. *Même Loi*, *art.* 13.

Aucune *inscription* ne doit être apposée sur l'édifice, pour en indiquer la destination. *Loi du 3 Ventose an III*, *art.* 7.

Aucune *proclamation* ni *convocation* publique ne doit être faite pour *appeller* les citoyens à l'exercice du culte, soit au *son des cloches*, soit de toute autre manière, sous *peine d'emprisonnement* contre les individus, et les ministres du culte, et même de *déportation* contre ceux-ci, en cas de récidive. *Même Loi. art.* 7. Et *Loi du* 22 *Germinal*, *an IV*, *art.* 1 *et* 2.

§. VI.

Du mode d'exercice des cultes.

... La loi en autorisant la *liberté des cultes* dans l'intérieur des édifices qui y sont consacrés, a réservé aux autorités constituées le droit de surveillance, qui s'étend sur toutes espèces de rassemblemens licites, quelque soit leur objet. *Loi du 7 Vendémiaire an III, art.* 1.

Cette surveillance exercée par *l'Agent municipal* se renferme dans les *mesures de police et de sûreté générale;* sans pouvoir s'immiscer dans ce qui appartient à la *matière intrinseque des cultes*, sauf néanmoins (ainsi qu'il a déja été observé ci-dessus) le cas où les cérémonies du culte seroient attentatoires aux *bonnes mœurs* ou à l'humanité.

Hors ce cas, la compétence de l'*Agent municipal* se réduit à exercer la police ordinaire de tranquillité et de sûreté;

Et de plus à surveiller qu'il ne soit porté aucune atteinte au régime *constitutionnel*, par des *prédications*, ou des *discours séditieux*, et à dresser procès-verbal des cérémonies qui s'assimilieroient aux délits indiqués par les art. 23 et 24 *de la loi du 7 Vendémiaire an IV.*

DÉCA -- DÉCI.

Ce sont deux termes dont l'intelligence est indispensable pour l'usage des *nouvelles mesures.*

Mis au devant d'une *mesure* quelconque, ils en *augmentent* ou *diminuent* la *quantité*, ainsi qu'il suit :

Déca est un *augmentatif* de la mesure ; il la *décuple*, c'est-à-dire, qu'il indique dix quantités.

Ainsi, *décamètre*, signifie dix *mètres*. *Déca-litre*, dix *litres*. *Déca-grame*, *dix grames*. *Déca-stère*, dix *stères*, ainsi du reste.

Au contraire, le mot *déci*, est un *diminutif*, qui réduit à un dixième la *mesure* à laquelle il est joint.

Ainsi, *décimètre*, indique la *dixième* partie d'un *mètre*. *Déci-litre*, la dixième partie d'un *litre*. *Déci-stère*, la dixième partie d'un *stère*. *Deci-are*, la dixième partie d'un *are*. Voyez *Mesures républicaines*.

DÉÇÈS.

Lorsqu'un individu vient à décéder dans une commune où il y à un *Agent municipal*, deux des plus *proches parens* ou *voisins* doivent aux termes de la loi *du 20 Septembre 1792*, *tit. IV*, *art. premier*, lui en faire la *déclaration dans les vingt-quatre heures*.

Mais une loi additionnelle du 19 *Décembre* suivant, art. premier, a étendu ce délai *à trois jours*, en y ajoutant la peine de *prison* prononcée par voye de *police correctionnelle*.

Les *déclarations* de décès doivent toujours être faites avant *l'inhumation*, sous peine de prison. *Loi du* 19 *Décembre* 1792, *art*. 1.

Sur cette déclaration *l'Agent municipal* doit se transporter au lieu où la personne est décédée, et après s'être assuré du décès, il en dressera l'acte sur les *registres doubles*. Cet acte contiendra les prénoms, noms, âge, profession et domicile de l'individu décédé ; s'il est marié ou *veuf* ; dans les deux cas, les noms, prénoms, âge, profession et domicile des *déclarans*, et s'ils sont *parens*, leur degré de parenté.

Il faut même y faire mention autant qu'on pourra le savoir, des noms, prénoms, profession et domicile des père et mère du décédé et du lieu de sa naissance.

L'acte doit être signé par les *déclarans* et par *l'Agent municipal*; à l'égard des *déclarans* qui ne savent pas signer, il en fait mention dans l'acte.

Si le *décès* est survenu dans les hôpitaux, maisons publiques, ou dans une maison tierce, les supérieurs, administrateurs et maîtres de ces maisons, doivent en donner avis dans le délai *de trois jours à l'Agent municipal* qui dressera l'acte de décès, sur les déclarations qui lui auront été faites et sur les renseignemens qu'il se sera procuré concernant les noms, prénoms, âge, lieu de naissance, profession et domicile du décédé.

Si *l'Agent municipal* a connoissance du domicile du décédé, il est tenu d'envoyer un extrait de *l'acte du décès* à l'Officier public de ce domicile, qui de son côté est tenu de le transcrire sur ses registres.

Et par conséquent, *l'Agent municipal* qui reçoit de la part d'un Officier public d'un autre canton un pareil envoi, est obligé d'en faire sans délai la transcription sur ses registres. *Loi du* 20 *Septembre* 1792, *tit. V.*

Lorsque *l'Agent municipal* découvre sur le corps du décédé quelques signes ou indices de mort violente, ou qu'il est conduit par quelques circonstances à soupçonner cette cause, il doit en suspendre l'inhumation, et dresser son procès-verbal aux termes de *l'art.* 2 *du tit. III, de la Loi du* 29 *Septembre* 1791, *sur la police de sûreté.*

C'est-à-dire, qu'il doit appeller un chirurgien ou autres *gens* de l'art, et dresser conjointement avec eux son procès-verbal de l'état du cadavre, et de toutes les circonstances qui peuvent servir de renseignemens et de conviction.

Il doit entendre les déclarations des parens, voisins ou domestiques du décédé, ou ceux qui se sont trouvés en sa compagnie avant son décès, recevoir sur-le-champ leurs déclarations, et les interpeller de signer, ou de déclarer s'ils ne le savent faire.

L'Agent municipal a même le droit de défendre que qui que ce soit ne sorte de la maison, ou ne s'éloigne du lieu dans lequel le *mort* aura été trouvé, et ce jusqu'à la clôture du procès-verbal et des *déclarations*.

Mais c'est-là que se termine le ministère de *l'Agent municipal*; le surplus de l'instruction regarde le *Juge de paix*, auquel il doit promptement donner avis de ce qui se passe, afin que celui-ci développe à son tour les moyens de police de sûreté, que lui fournit sa qualité. *Loi du* 29 *Septembre* 1791, *tit.* III, *art.* 2, 3, 4 *et* 5.

Après ces formalités remplies, *l'Agent municipal* doit laisser effectuer *l'inhumation*.

DÉCLARATIONS.

Il entre dans les fonctions des *Agens municipaux*, de recevoir, en certains cas, les *déclarations* de la part de ceux qui y sont assujettis.

Par exemple, en matière de *culte*, *l'Agent municipal* reçoit et inscrit sur le registre de la commune, la *déclaration* des citoyens qui auront choisi un édifice, pour y pratiquer publiquement un culte quelconque. *Loi du 7 Vendémiaire an IV, art.* 17. Voyez *Culte.*

Item, celle des *ministres des cultes*, prescrite par l'art. 5 *de la Loi du 7 Vendémiaire.*

Nota. La *formule* de cette *déclaration* est supprimée aujourd'hui, et remplacée par une autre, accompagnée de *serment.* Voyez *Culte*, *Serment.*

Item, la *déclaration* des *colporteurs*, *ou marchands ambulans*, qui viennent s'établir dans une *foire ou marché*, sur les ouvrages d'or et d'argent qu'ils se proposent d'exposer en vente. Voyez *Ouvrages d'or et d'argent.*

En qualité *d'Officier public de l'État civil*, *l'Agent municipal* reçoit les *déclarations de naissance*, de *décès* et *d'adoption.* Il reçoit encore les *déclarations* de *paternité*, exigées par la loi du 12 Brumaire an II, pour assurer l'état des *enfans nés hors mariages.* Voyez *Enfans naturels.*

Il lui est défendu, à l'égard surtout des *déclarations* de cette dernière espèce, d'y joindre aucunes notes, *apostilles* ni *observations*; n'étant en cette matière que le rédacteur fidèle des *déclarations* des parties. Voyez *Destitution.*

Cette exactitude ne doit pas néanmoins s'étendre jusqu'aux *déclarations* qui seroient contraires aux bonnes mœurs et à l'ordre public.

Ainsi, un Officier municipal ne pourroit pas insérer dans l'acte de *naissance* de l'enfant issu *pendant le mariage*, des protestations faites par le mari contre sa paternité, ni même la *déclaration* de la mère, que l'enfant ne *provient* pas *des œuvres de son mari.*

Une pareille *déclaration* ayant été proposée à un

Officier de *l'État civil*, elle fut rejettée, et sa conduite fut approuvée par un décret motivé. *Décret du* 19 *Floréal an II.*

Il reçoit les *déclarations* des contribuables, sur leurs *facultés*, conformément à l'art. 11, de la Loi *du* 14 *Thermidor an V*, à l'effet de déterminer leur *cote-part* dans les contributions *mobiliaire*, *somptuaire* et *personnelle.* Voyez *Contribution.*

C'est encore devant lui, que doivent être faites les *déclarations* des propriétaires et détenteurs de *bêtes à cornes*, atteintes de *maladie contagieuse.* Voyez *Bêtes à cornes*, *Épizootie.*

DÉFENSEURS DE LA PATRIE.

Les propriétés des *Défenseurs de la Patrie* et des *absens pour le service public*, sont mises sous la surveillance des *Agens et Adjoints municipaux*, de chaque *commune.*

Ils sont tenus, sous leur *responsabilité*, de dénoncer au Commissaire du Pouvoir Exécutif près l'administration municipale du canton, les atteintes qui pourroient être portées à ces propriétés. *Loi du* 6 *Brumaire an V*, *art.* 7. Voyez *Absens*, *Agriculture.*

DÉLAIS.

L'*Agent municipal*, avant de prononcer un *divorce*, et d'en rédiger l'acte sur les registres, doit apporter la plus grande attention à vérifier si les *délais* exigés par la loi sur le *divorce*, ont été scrupuleusement observés: car s'il venoit à prononcer le divorce sans qu'il y eût exacte observation des délais, il encourroit la peine de *destitution* et une *amende* de 100 francs, sans préjudice des *dommages et intérêts* envers les parties. *Loi du 20 Septembre 1792. Art. 9 de la sect. 5 du tit. IV.* Voyez *Amende*, *Destitution*, *Divorce*, *Responsabilité.*

DÉLITS.

La surveillance de tous les *délits* contre la sûreté des personnes ou des propriétés, ou contre l'ordre public, qui se commettent dans une commune, appartient à *l'Agent municipal.*

Dans le cas où il ne se trouve sur le lieu ni *Juge de paix* ni *directeur de jury*, il représente à lui seul ces fonctionnaires pour ce qui concerne les procédures *préparatoires* et *d'instruction ;* car d'ailleurs, il est obligé, aussitôt après, de renvoyer les *prévenus* et les pièces, soit au *Juge de paix*, soit au *directeur du jury.*

Les droits et les devoirs de *l'Agent municipal* varient dans ces occasions, suivant l'importance et la gravité des *délits.*

Quelquefois, quand il ne s'agit que d'une simple infraction de police et de discipline, ses fonctions se bornent à dresser des procès-verbaux de la *contravention*, à recueillir les pièces à l'appui, s'il y en a ; envoyer le tout au *Commissaire du Pouvoir Exécutif* près *l'Administration municipale*, lequel fait ensuite citer les prévenus au tribunal de police municipale. *Loi du 3 Brumaire an IV, art.* 29.

Quand il s'agit de délits *forestiers* et *champêtres*, *l'Agent municipal* reçoit les dénonciations, dresse les *procès-verbaux*, recueille les indices, suit les objets volés dans les lieux où ils ont été transportés, les met en séquestre, fait des *visites domiciliaires*, des *perquisitions*, et envoie les prévenus devant le *Juge de paix du canton*, si le cas est de nature à entraîner une peine qui excède la valeur de *trois journées de travail* ou trois jours d'emprisonnement; au cas contraire, il les transmet au *Commissaire du Pouvoir Exécutif* auprès de l'administration municipale. *Loi du 3 Brumaire an IV, art.* 41, 42, 43.

Quant aux délits d'une nature plus grave, tels que les *assassinats*, *vols* dans les maisons, avec *effraction*, ou sur *les grandes routes*, *attaques de voyageurs*, *de voitures*, etc., si le *Juge de paix* n'est pas sur les lieux où le *délit* a été commis, *l'Agent municipal* est tenu de les constater par des procès-verbaux, de les lui *dénoncer*, de faire saisir les prévenus pris en *flagrant délit* ou poursuivis à la *clameur publique*, et de les faire conduire devant le *Juge de paix*. *Loi du 3 Brumaire an IV, art.* 36 et 83. *Arrêté du Directoire Exécutif, du 2 Germinal an IV, art.* 10. Voyez *Arrestation*.

Quelque fois même, il a le *droit* d'étendre ses *perquisitions* au *dehors* de sa *commune*. Voyez *Droit de suite*.

Il a même celui de décerner un *mandat d'amener*, dans les cas de *vols à force ouverte*, sur les routes et dans les *maisons habitées*. Voyez *Mandats d'amener*.

DÉNONCIATION.

Les *dénonciations*, considérées sous leur rapport avec l'*Agent municipal*, sont de trois espèces, savoir:

Celles qu'il doit faire;

Celles qui peuvent être faites contre lui;

Et celles qu'il est obligé de recevoir;

§ I.

L'*Agent municipal* est tenu de *dénoncer* à *l'Administration municipale*,

1°. Les atteintes qui ont été portées aux propriétés des *défenseurs de la patrie* et des citoyens *absens pour le service public*. Voyez *Absens*.

2°. Ceux qui ont été surpris en *chassant*, dans un *temps prohibé*. Voyez *Chasse*.

3°. Les propriétaires, locataires ou fermiers, qui ont exposé la commune au danger d'une *incendie*, par le mauvais état de leurs *cheminées* ou de leurs *fours*. Voyez *Cheminées* et *Fours*.

4°. Ceux qui ont dégradé les *chemins publics*. Voyez *Chemins*.

5°. Ceux qui ont formé des *coalitions illicites* pour hausser ou baisser le prix des *journées d'ouvriers* et des travaux de l'agriculture. Voyez *Coalition*.

6°. Les *gardes champêtres* et *forestiers*, qui se seroient rendus coupables de malversation ou de négligence dans l'exercice de leurs fonctions. Voyez *Gardes champêtres*.

§ II.

Des cas où l'Agent municipal court le risque d'être personnellement dénoncé.

Toutes les fois que les *Agens* et *Adjoints municipaux* se sont rendus coupables de *contravention*, ou même d'une simple *négligence* dans l'exercice de leurs fonctions, ils courent le risque d'être dénoncés aux autorités compétentes pour en requérir ou prononcer la peine :

Entre les divers cas qui peuvent autoriser cette dénonciation, il suffira de citer ceux qui suivent :

1°. S'il arrivoit à un *Agent* ou *Adjoint municipal* de désigner le ban de *moisson*, ou de *vendange*, ou de *fauchaison*, ou de souffrir qu'il fût désigné par d'autres termes que ceux de l'*annuaire* ou *calendrier républicain. Arrêté du Directoire Exécutif, du* 14 *Germinal, an VI, art.* 17. Voyez *Ban de vendange.*

2°. S'il a négligé de donner *avis* au Juge-de-paix du canton (lorsque celui-ci ne réside pas sur les lieux) du décès d'un individu, parmi les héritiers duquel se trouvoient *des mineurs* ou *des absens ;* pour mettre le Juge-de-paix promptement à portée de procéder à l'apposition des scellés. *Arrêté du Directoire Exécutif du* 22 *Prairial, an V*, art. 2. Voyez *Absence.*

3°. S'il a négligé de faire arracher les affiches et écriteaux de biens *à louer*, qui contiendroient des indications tirées de l'*ancien calendrier. Arrêté du Directoire Exécutif, du* 14 *Germinal, an VI, art.* 15.

4°. S'il a refusé d'*assister* les *gardes champêtres* et *forestiers*, dans la perquisition qu'ils se proposoient de faire chez des prévenus de *vols* et de dévastation dans des propriétés rurales. *Arrêté du Directoire Exécutif, du* 4 *Nivôse, an V.* Voyez *Assistance.*

5°. S'il est en retard d'envoyer à l'Administration municipale l'*état* qui doit être adressé chaque *mois*, de ceux qui, dans l'étendue de la *commune*, sont assujettis au *droit de patentes*; (c'est l'*Administration centrale* qui est chargée de faire cette *dénonciation au Ministre des finances*) ; *Loi du* 11 *Germinal, an V, art.* 4. Voyez *Patentes.*

§ III.

Des Dénonciations reçues par l'Agent municipal.

L'*Agent municipal* ne peut se transporter chez des *prévenus* de fabrication, ou de distribution *de fausses monnoies*, que sur une *dénonciation* circonstanciée du fait dont il s'agit, revêtue des caractères exigés par la Loi. *Loi du 3 Brumaire, an IV, art.* 542.

Il ne peut, également, faire de *visites domiciliaires* dans les maisons où l'on tient des *jeux défendus*, que sur la *dénonciation* de deux citoyens domiciliés. *Loi du 22 Juillet 1791, tit. premier, art.* 10. Voyez *Jeux défendus.*

DÉSERTEURS

et Réquisitionnaires. Voyez *Responsabilité.*

Les *Administrations centrales* et municipales, les Commissaires du Directoire Exécutif près d'elles, et les *Agens municipaux* de *communes*, seront tenus sous leur *responsabilité personnelle* de coopérer de tout leur pouvoir à assurer l'effet des mesures qui seront prises par la *Gendarmerie*, pour l'arrestation des militaires, *réquisitionnaires* et *déserteurs*, soit en fournissant la liste de ceux qui se trouveront dans leurs ressorts respectifs, soit en *prêtant main forte*, en cas de besoin, conformément à la *Loi du 21 Brumaire, an V*, sous les peines portées par cette Loi et par celle du 24 Brumaire an VI. *Arrêté du Directoire Exécutif, du 3 Fructidor, an VI; art.* 2.

DESTITUTION.

C'est une *peine* que la loi attache, en plusieurs occasions, aux contraventions commises par les

Agens

Agens et Adjoints municipaux et dont voici quelques exemples.

1°. Elle est prononcée par *l'art. 9, de la section 5, du tit. IV, de la Loi du 20 Septembre 1792*, pour cause de négligence sur la vérification des délais, des *actes* et *jugemens* exigés pour autoriser la prononciation du divorce. Voyez *Divorce*.

2°. Si l'*Agent municipal* s'est permis dans quelques actes, *extrait* ou *expédition*, de désigner des citoyens autrement que par leur nom de *famille*, et par des surnoms qui rappelleroient des qualités *féodales* ou *nobiliaires*. *Loi du 8 Pluviose, an II, 6 Fructidor, an II, art.* 4. Voyez *Actes, Amende*.

3°. Si l'*Agent municipal* insère dans un acte qu'il reçoit, en qualité d'Officier de l'État civil, d'autres énonciations que celles qui sont portées aux déclarations des parties. *Loi du 20 Septembre* 1792. Voyez *État civil*.

4°. S'il a gardé le silence, sur la mutilation faite à l'*Arbre de la Liberté*. *Arrêté du Directoire Exécutif du 7 Germinal, an IV*. Voyez *Arbre de la Liberté*.

5°. S'il est contrevenu à la loi qui défend d'inscrire les actes, relatifs à l'*État civil*, sur des *feuilles volantes*. *Loi du 20 Septembre 1792, tit. II, art.* 5. Voyez *Décès*.

6°. S'il a négligé d'exécuter *ponctuellement*, en ce qui le concerne, les lois relatives aux *déserteurs et fuyards* de la *réquisition* et de la *conscription* et à leurs complices, ou empêché, ou entravé l'exécution de ces lois. Loi *du 24 Brumaire, an VI, art.* 1 et *Arrêté du Directoire Exécutif du 3 Fructidor, an VI, art.* 2. Voyez *Emprisonnement, Conscription, Déserteurs, Fers*.

7°. S'il a omis d'apposer les *scellés* sur les papiers, meubles et effets des prévenus de fabrication ou de distribution de *fausses monnoies* métalliques, ou autres qu'il a constitués en *arrestation* ou qui sont en fuite, et d'établir un *gardien. Loi du* 1er. *Brumaire, an II. art.* 2. Voyez *Fausse monnoie.*

8°. S'il a laissé porter atteinte aux propriétés des *défenseurs de la patrie*, et des autres citoyens absens pour le *service public*, sans les *dénoncer* au Commissaire du Directoire Exécutif, près l'Administration municipale. *Loi du 6 Brumaire an V, art.* 7. Voyez *Absens.*

DIVORCE.

Le *divorce* est une opération légale, qui a l'effet de dissoudre le lien et les conventions matrimoniales.

Cette dissolution est autorisée pour plusieurs causes différentes.

A l'égard de *l'Agent municipal*, le divorce peut se réduire à deux espèces; savoir :

Le *divorce* dans lequel ses fonctions se réduisent à faire la *prononciation* du divorce, sur les titres qui sont produits.

L'autre, celui où il est lui-même un des *Agens* de *l'instruction* et des procédures préliminaires du divorce.

§ I.

Cas où l'Agent municipal n'a d'autres fonctions que de prononcer.

1°. Lorsqu'un des deux époux est muni d'un *jugement* qui prononce la *séparation* de *corps*, il peut se pourvoir directement devant *l'Agent municipal* du domicile du mari, qui, sur le vû de ce jugement et des significations qui attestent que l'autre partie à été duement appelée, doit *prononcer* le divorce.

Si, cependant, il s'élevoit devant lui des contestations sur la nature ou la validité des *jugemens* représentés, il renverra les parties devant le tribunal civil du département, qui statuera en dernier ressort et prononcera si les jugemens suffisent pour autoriser le divorce. *Loi du* 20 *Septembre* 1792, § II, *art.* 16.

2°. Lorsque le demandeur en *divorce* produit à *l'Agent municipal* un jugement qui contient contre l'autre époux, une condamnation à des peines afflictives ou infamantes.

Sur le *vu* de ce jugement, et de l'original de l'exploit de citation signifié à l'autre partie pour assister à la prononciation du divorce, *l'Agent municipal* doit le prononcer sans entrer en *connoissance de cause;* sauf le cas, où il s'éleveroit entre les deux époux une contestation sur la nature et la qualité de ce jugement; alors, comme il a été dit ci-dessus, *l'Agent municipal* doit suspendre sa *prononciation*, et renvoyer les parties devant le tribunal civil du département. *Même Loi, art.* 16.

3°. Lorsque le demandeur en *divorce* produit à *l'Agent municipal* un acte de *notoriété* en bonne forme, qui atteste l'absence pendant *cinq ans* de l'autre époux sans nouvelles.

Sur le vu de cet acte, et sans entrer en *connoissance de cause*, *l'Agent municipal* doit prononcer le *divorce.*

4°. Enfin, lorsque l'un des époux lui présente un jugement qui autorise le *divorce* pour cause *déterminée.*

Dans les cas ci-dessus indiqués, l'époux qui poursuit le *divorce*, doit se présenter devant *l'Agent municipal*, accompagné de quatre témoins majeurs, et justifier par l'exhibition des jugemens et actes de *notoriété* et signification des actes de réquisition, qu'il a observé les formalités et les délais exigés par la loi sur le mode du *divorce*.

L'Agent municipal doit lui donner acte des *comparution* et *représentation*, sur les registres. Cet acte doit être signé des parties et témoins, et de *l'Agent munecipal*. Il doit être fait mention de ceux qui ne savent pas signer. *Loi du* 20 *Septembre* 1792, § II, *art.* 4, 5 et 6.

L'Agent municipal doit observer avec attention la régularité des actes qu'on lui présente en pareilles circonstances; car s'il lui arrivoit de prononcer le *divorce* sur des actes, *jugemens* et *significations* qui ne réuniroient pas les formalités et les délais prescrits par la Loi, il y auroit lieu à la *destitution* avec *dommages et intérêts* en faveur de la partie lésée. *Loi du* 20 *Septembre* 1792, *tit. IV*, *section V*, *art.* 9.

§ II.

Des cas où l'Agent municipal participe à l'instruction et aux actes préliminaires du divorce.

Ces cas ont lieu,

1°. Lorsqu'il s'agit de procéder à un *divorce* par *consentement mutuel* de deux parties.

En pareille circonstance, les deux époux convoquent, par le ministère d'un huissier, dans une maison indiquée par eux, une assemblée de *six* personnes au moins, choisies parmi leurs plus proches parens et leurs amis ; savoir : *trois* du côté du mari, et *trois* du côté de la femme.

Il doit y avoir au moins l'intervalle *d'un mois* entre le jour de la convocation et celui de l'assemblée, s'il n'y a pas d'enfans vivans issus du mariage ; et de *deux mois* en cas *d'enfans*, ou bien si l'un des époux est en âge de *minorité.*

Si le jour de *l'assemblée* il manque quelqu'un de ceux qui ont été convoqués, il est libre aux époux de le remplacer par d'autres parens ou amis.

Le même jour, *l'Agent municipal* doit se rendre dans cette assemblée, sur l'invitation qui lui en a été faite par les deux époux.

Les deux époux doivent se présenter en *personne* dans l'assemblée.

Les *parens et amis* assemblés leur font des observations et les représentations convenables ; et si les deux époux persistent, *l'Agent municipal* dresse un acte, contenant simplement que les parens ou amis ont entendu les époux en *assemblée* duement convoquée, sans avoir pu les concilier.

La *minute* de cet acte, signée des membres de l'assemblée, des deux époux et de *l'Agent municipal*, avec mention de ceux qui n'ont pas su ou pu signer, doit être déposée au greffe de la municipalité, et il en est délivré une expédition aux époux, gratuitement, § II. *Loi du* 20 *Septembre* 1792.

A compter de cet acte, les deux époux ont six mois pour persévérer dans leur intention.

En cas de persévérance, ils doivent se présenter dans le cours de ces six mois devant *l'Agent municipal* du domicile du mari, et lui demander la prononciation du divorce. *L'Agent municipal*, sur le vu du procès-verbal de la première assemblée, doit prononcer la dissolution du mariage, sans entrer dans *aucune autre connoissance* de cause. *Même Loi. Art.* 5.

Mais il faut observer que cette nouvelle comparution des époux ne doit être ni trop hâtive ni trop tardive ; or, elle seroit trop hâtive si elle avoit lieu avant l'expiration du mois, depuis la dernière assemblée, si les parties sont toutes deux majeures, et avant l'expiration de *deux mois*, lorsque l'un des deux époux est en âge de *minorité;* et elle seroit trop *tardive*, si elle avoit lieu après l'expiration de *six mois*, sans aucune distinction ni considération de la majorité ou de la minorité des époux.

Au premier cas, *l'Agent municipal* renvoie les époux trop empressés, sauf à eux à reparoître après l'expiration du délai prescrit par la Loi.

An second cas, c'est-à-dire, lorsque les époux ont laissé expirer les *six mois*, ils sont censés avoir renoncé à leurs premières intentions ; il est défendu à *l'Agent municipal* de prononcer le divorce, sauf aux deux époux à recommencer les mêmes formalités. *Loi du* 20 *Septembre* 1792, § II, *art.* 5 et 6.

2°. *L'Agent municipal* remplit aussi des fonctions actives dans les *divorces* qui sont demandés par l'une des parties pour *cause d'incompatibilité d'humeur ou de caractère.*

Le mode de cette espèce de divorce exige que la partie poursuivante convoque une première assemblée de parens ou amis à défaut de parens, devant *l'Agent municipal* du domicile du mari, aux lieu, jour et heure indiqués par *l'Agent municipal. Loi du* 20 *Septembre* 1792, § II, *art.* 8 et 9.

La convocation doit être signifiée à l'époux *défendeur*, avec déclaration des noms et demeures des parens et amis au nombre de *trois* au moins, que l'autre époux entend faire trouver à l'assemblée, et invitation à l'époux *défendeur* de comparoître à l'assemblée, accompagné d'un pareil nombre, au moins, de parens et amis.

Il doit y avoir, au moins, un *mois* de distance, entre le jour de l'assemblée et celui de la *signification*.

L'époux qui a provoqué l'assemblée, est tenu de s'y présenter en personne, et *l'Agent municipal* ne doit pas admettre, en sa place, un fondé de pouvoirs.

Au surplus *l'Agent municipal* ne doit pas rester présent aux débats qui ont lieu à ce sujet, entre les deux époux et au sein de l'assemblée.

Au contraire, la Loi lui enjoint de se retirer dans une autre pièce, et en cas de non conciliation, il est rappelé pour dresser acte de la *déclaration* faite par les parties, qu'il n'y a pas *moyen de conciliation*, et l'assemblée est prorogée à *deux mois*.

Il délivre une *expédition* de cet acte à l'époux demandeur en divorce, qui le fait signifier à l'autre époux, si celui-ci n'a pas comparu à l'assemblée. Au cas contraire, la signification n'est pas nécessaire ; mais le procès-verbal de *l'Agent municipal* doit annoncer que toutes les parties se sont, de leur consentement, ajournées au jour *indiqué*, sans qu'il soit besoin de nouvelle invitation.

Après l'expiration des *deux mois*, l'époux *demandeur* en divorce, est tenu de comparoître, de nouveau, en personne. Les choses se passent comme lors de la première assemblée. Et si la conciliation n'a pas lieu, *l'Agent municipal* rédige son procès-verbal de la manière indiquée ci-dessus, avec cette différence seulement, que la troisième assemblée est prorogée à *trois mois* au lieu *de deux*.

A cette *troisième* séance, le demandeur en *divorce* est encore tenu de comparoître en personne ; et si, après avoir procédé comme dans les deux précédentes assemblées, la *conciliation* est définitivement rejettée, *l'Agent municipal* en dresse son procès-verbal, dont il délivre une expédition à l'époux demandeur, qui doit être signifiée à l'autre partie.

C'est ce dernier procès-verbal, qui autorise *l'Agent municipal* à prononcer le divorce, lorsque le poursuivant se présentera en personne, pour requérir cette prononciation, pourvu toutes fois que la réquisition soit faite dans les délais convenables. Or, elle ne peut avoir lieu avant l'expiration de *six mois*, à compter de la date du dernier des trois actes de non-conciliation. *Loi du premier jour complémentaire, an V.* A la différence du divorce, par *consentement mutuel*, où il est permis aux époux de faire prononcer le divorce dans le cours des 6 mois, et même à l'expiration de la huitaine du procès-verbal de la dernière assemblée.

Mais si, après l'expiration de ces *six mois*, l'époux demandeur en divorce laisse écouler six autres mois, sans provoquer la prononciation, il n'est plus permis à l'*Agent municipal* de le prononcer, parce que cet époux a perdu le bénéfice des formalités précédentes, et il est obligé de les recommencer, s'il persévère dans la même intention. *Loi du 20 Septembre* 1792, § II, *art.* 14.

Quelle que soit l'espèce de divorce, l'époux qui en poursuit la *prononciation*, doit être accompagné de quatre témoins majeurs, et être muni de toutes les pièces, actes et significations qui attestent qu'il est autorisé à obtenir la *prononciation* du divorce.

L'examen de ces diverses pièces est une des parties les plus délicates des fonctions de l'*Agent municipal*; puisque la Loi le rend responsable de l'irrégularité qui auroit lieu à l'égard de l'inobservation des formalités et des *délais*. *Loi du* 20 *Septembre* 1792, *tit. IV*, *sect. V*, *art.* 9.

Comme ces prononciations ne sont pas fréquentes, il sera utile aux *Agens municipaux* d'en avoir le modèle sous les yeux.

Modèle d'un Acte de Divorce, pour cause d'incompatibilité d'humeur ou de caractère.

« AUJOURD'HUI, 15 Vendémiaire, de l'an VII; » de la République française, une et indivisible;

» A dix heures, avant midi, par-devant » moi *** .... *Agent municipal* de la commune de » *Chevilly*, canton de *Choisy-sur-Seine*, département de la Seine;

» Est comparue, Margueritte-Thérèse Levasseur, » agée de trente ans, native de .... » femme de *Simon-Ambroise Dubois*, cordonnier, » demeurant tous deux au lieu dit la *Rue*, dépendant de cette *commune*;

» Ladite *Thérèse Levasseur*, assistée des Cit..... » (ici désigner les quatre témoins, par leur *âge*, » *noms* et *prénoms*, *qualités* et *domiciles*) qu'elle a » appelés, comme *témoins*, au désir de l'art. 6 de » la section V du titre IV de la Loi *du* 20 *Sep-* » *tembre* 1792;

» *Laquelle* m'a requis de *prononcer* le *divorce* et » la *dissolution du mariage* d'entre elle et ledit

» *Ambroise Dubois*, contracté à Paris, le 18 Août, » 1790, (vieux style) à l'effet de quoi ladite » *Thérèse Levasseur* m'a représenté les pièces sui- » vantes; savoir :

1°. (Ici il faut que l'*Agent municipal* fasse mention, par ordre de *dates*, des différentes pièces qui ont précédé, telles que *jugemens*, *procès-verbaux*, *significations*, afin de vérifier si les *formalités* et les *délais* nécessaires ont été observés, après laquelle énonciation l'acte se continue ainsi) :

» Vu lesquelles pièces, et attendu qu'il en résulte » que les *formalités* et les *délais* requis par la Loi » ont été observés, moi, susdit. . . . . (ici l'*Agent* » *municipal* répète ses *noms* et *prenoms*).

» En *vertu des pouvoirs qui me sont délégués par la* » *Loi*.

» J'ai déclaré, *au nom de la loi*, que le *mariage* » contracté entre lesdits *Ambroise Dubois* et *Thé-* » *rèse Levasseur*, est *dissous*, et qu'ils sont libres » de leurs personnes, comme ils l'étoient avant de » l'avoir contracté; en *foi* de quoi j'ai dressé le » présent acte qui a été signé, avec moi, par » ladite *Thérèse Levasseur* et les citoyens . . . . » (Ici répéter les noms, prénoms, qualités et domicile des quatre témoins) lesdits *jour* et *an que dessus* :

DOMMAGES ET INTÉRÊTS.

Il y a plusieurs circonstances, dans lesquelles la Loi charge l'*Agent municipal* de *dommages et intérêts* envers les parties qui ont souffert quelque préjudice de sa *négligence*, ou de sa *contravention* Voyez *Amende*, *Divorce*.

Par exemple: 1°. L'*Agent municipal* est *responsable* envers les particuliers, des délits commis, à force ouverte et par violence, sur le territoire de la commune, quand il a négligé de fournir à l'Administration centrale et à la Municipalité le tableau de population de sa commune. *Loi du* 10 *Vendemiaire, an IV, tit. II, art.* 4. Voyez *Responsabilité, Tableaux de population.*

2°. La Loi du 26 Ventose, an IV, concernant l'*échenillage*, rend les *Agens municipaux responsables* des négligences qu'ils auront commises au sujet de l'exécution de cette Loi. *art.* 4. Voyez *Échenillage.*

3°. Ils sont *responsables* des accidens et dommages qui pourroient être occasionnés par un *animal furieux* ou *mal-faisant*, qu'ils auroient négligé de faire enfermer. *Loi du* 24 *Août* 1790, *tit. XI, art.* 3. Voyez *Animaux furieux.*

4°. Ils sont *responsables* des *dommages* qui auroient été apportés aux propriétés des défenseurs de la patrie, et autres citoyens *absens* pour le *service public*; quand ils ont négligé d'user, à cet égard, des mesures prescrites. *Loi du* 6 *Brumaire, an V, art.* 7. Voyez *Absens, Agriculture, Défenseurs de la Patrie.*

5°. Ils sont responsables, par la voie des *dommages et intérêts*, du préjudice qui sera résulté pour la *République*, du défaut d'*apposition de scellés* et d'*établissement de gardien*, après l'arrestation, ou la fuite des *prévenus de fabrication ou de distribution de fausse monnoie. Loi du* 1er. *Brumaire, an II, art.* 2. Voyez *Destitution, Fausse monnoie, Scellés.*

DROGUES ET MÉDICAMENS.

Ce qui a été dit, sur la surveillance des *apothicaires*, s'applique, à bien plus forte raison, aux *drogues* de toute espèce qui sont débitées dans les *foires*, *marchés* et *places publiques* par les *charlatans*, *bateleurs* et *empyriques* ambulans qui se montrent fréquemment dans les *communes*. Voyez *Apothicaires*.

Il est défendu à toutes personnes de jetter dans les rivières aucune *chaux*, *noix vomique*, *coque du Levant*, *momie* et autres *drogues* ou *appâts*. *Ordonnance de* 1669, *des eaux et forêts*, *art*. 14. *Loi du* 3 *Brumaire*, *an IV*, *art*. 609. *Arrêté du Directoire Exécutif du* 28 *Messidor an VI*. Voyez *Pêche*.

Si l'*Agent municipal* est instruit d'un pareil délit, il ne doit pas négliger d'en *dénoncer* les auteurs au Juge-de-paix du canton.

DROIT DE SUITE.

On entend par *droit de suite*, une prolongation de *compétence* et de juridiction attribuée à un fonctionnaire public, pour *suivre au-dehors* de son ressort, une opération commencée dans l'étendue de son arrondissement.

Ce *droit de suite* est accordé aux *Agens municipaux*, pour les perquisitions dans les cas de fabrication ou de distribution de fausse monnoie.

Les *directeurs de jury* et les autres Officiers désignés en *l'article* 542 *de la Loi du* 3 *Brumaire*, *an* IV, qui ont commencé la recherche d'un délit de fabrication de *fausse monnoie métallique* ou autre, la *continuent*, et font, en se conformant à la Loi, les visites nécessaires, *hors de leur ressort*. *Loi du* 3 *Brumaire*, *an* IV, *art*. 544. Voyez *Fausse monnoie*, *Visites*.

Lorsque *l'Agent municipal* procède en vertu du *droit de suite*, dans un arrondissement étranger, il doit être muni du procès-verbal de sa nomination, pour être en état de justifier sa qualité aux personnes à qui elle ne seroit pas notoire. Voyez *Visites.*

ÉCHENILLAGE

Chaque année, avant le *premier Ventôse*, les propriétaires, fermiers, locataires ou autres faisant valoir leurs propres héritages, ou ceux d'autrui, sont tenus *d'écheniller* ou de *faire écheniller* les arbres étant sur les héritages, à peine d'amende, qui ne pourra pas être au-dessus de dix journées de travail, ni au-dessous de trois. *Loi du 26 Ventôse, an* IV, *art.* 1 *et* 6.

La même Loi leur ordonne sous les mêmes peines de *brûler les bourses et toiles* qu'ils auront retirées des *arbres*, *haies* ou *buissons*, et ce, dans un lieu où il n'y aura aucun danger du feu, soit pour les bois, arbres et bruyères, soit pour les maisons et bâtimens.

L'Agent municipal est spécialement chargé de surveiller l'exécution de cette Loi, sous peine d'être *responsable des négligences qui y seroient découvertes. Même Loi, art.* 4.

Le *Commissaire du Directoire Exécutif* près de la municipalité est tenu de faire dans chaque commune de son arrondissement une *visite* exacte de tous les terreins garnis *d'arbres*, *arbustes*, *haies et buissons* pour s'assurer que *l'échenillage* a été effectué exactement.

Dans le cas où quelques *propriétaires*, *fermiers* ou *locataires* seroient en retard d'effectuer cet *échenillage* avant le *premier Ventôse*, il est enjoint à *l'Agent municipal* de le faire faire aux *frais et dépens des parties négligentes*, sauf ensuite à se faire rembourser par elles des deniers qu'il aura avancés.

Voici les moyens de remboursement qui sont indiqués par la Loi :

L'Agent municipal se fait donner quittance par les ouvriers de ce qu'il leur a payé pour les frais *d'échenillage.*

Il s'adresse ensuite au *Juge-de-paix* du canton, qui, sur le vu de ces quittances, lui délivre un *exécutoire* du montant de pareille somme contre les propriétaires, fermiers ou locataires.

Cet *exécutoire* sert de titre à *l'Agent municipal* pour poursuivre son remboursement par la voie de la *saisie-exécution. Loi du 26 Ventôse, an IV, art. 7.*

Ce qui ne dispense pas les parties contrevenantes de *l'amende* de Police municipale.

ÉMEUTES POPULAIRES.

L'Agent municipal est chargé de dissiper les émeutes populaires. *Loi du* 24 *Août* 1790, *tit. XI, art.* 7.

Et il est autorisé à requérir, au besoin, la *force armée* pour maintenir ou rétablir la tranquillité publique. *Loi du* 3 *Août* 1791, *art.* 12.

Ceux qui se trouveront dans des rassemblemens qui prennent le caractère de *sédition*, sont tenus de se retirer aussitôt après la première *sommation*, qui leur sera faite par le *Magistrat* ou par le Commandant de la force armée. *Loi du* 27 *Germinal*, *an* IV, *art.* 6.

Cette indication de Magistrats s'applique à *l'Agent municipal*, ou à son *Adjoint*, quand c'est l'un d'eux qui se trouve en pareille circonstance.

EMPRISONNEMENT.

L'emprisonnement est au nombre des peines, que les Lois ont indiquées contre les *Agens et Adjoints municipaux*, dans les cas suivans :

1°. Emprisonnement qui ne peut être au-dessous de trois mois, ni au-dessus d'un an, si dans le serment qu'ils reçoivent de la part des ministres du culte, (en exécution de l'art. 25, de la loi du 19 Fructidor an V,) ils se permettent quelque modification, en plus ou en moins. *Loi du 7 Vendémiaire an IV, art.* 6. Voyez *Culte*, §. II.

2°. Emprisonnement qui peut être étendu à six mois, s'ils ont signé quelques *actes*, *délibérations*, *contrats* ou *rôle*, pour établir une *taxe forcée*, pour les frais du culte ou logement des ministres. *Loi du 7 Vendémiaire an IV, tit. IV, art.* 11. Voyez *Amende*, *Culte*, §. III.

3°. Emprisonnement de *deux années*, en cas de contravention aux Lois relatives aux déserteurs et fuyards de la *réquisition* et à *leurs complices. Loi du* 24 *Brumaire an VI, art.* 1er., *et Arrêté du Directoire Exécutif, du 3 Fructidor an VI, art.* 2. Voyez *Déserteurs*, *Destitution*, *Responsabilité*.

4°. *Emprisonnement* (indéterminé). S'ils ont fait mention, dans leurs actes d'Etat civil, de l'attestation de quelque ministre d'un culte, ou des cérémonies religieuses, ou s'ils ont exigé la preuve de leur observation. *Loi du 7 Vendéniaire an IV, art.* 18, 20 *et* 21. Voyez *Amende*, *État civil*.

ENCHÈRES.

L'Agent municipal est autorisé à faire *arrêter* ceux qui troublent la liberté des *enchères*, et qui sont, par cela seul, constitués en *flagrant délit.*

Lorsque le *flagrant délit* sur ce point ne se manifeste pas aussi évidemment contre la liberté des *enchères*, mais qu'il y a eu *menaces*, ou *promesses* ou *coalition*, soit *avant*, soit *après*, pour empêcher les *enchères* de parvenir à leur véritable valeur, *l'Agent municipal*, pour le maintien de l'ordre public et de la liberté individuelle, doit dresser son *procès-verbal* contre les *délinquants*, et l'envoyer, soit à *l'Administration municipale*, soit au *Juge de paix*, suivant la gravité des circonstances. *Loi du* 22 *Juillet* 1791, *tit. II*, *art.* 27. Voyez *Coalition.*

ENFANS ABANDONNÉS.

Aux termes de la Loi *du* 27 *Frimaire an V*, les enfans *abandonnés* doivent être envoyés dans *l'hospice* le plus voisin ; mais ils ne sont là que précairement et à titre de *dépôt*, en attendant qu'ils puissent être placés, suivant leur âge, chez des *nourrices*, ou mis en pension chez des particuliers, par la *commission administrative* de l'hospice.

Les *nourrices* et autres habitans des communes, peuvent conserver jusqu'à l'âge de 12 ans, les enfans qui leur ont été confiés, à la charge par eux de les nourrir et entretenir convenablement, et de les envoyer aux *écoles primaires* pour y participer aux instructions données aux autres enfans de la *commune* ou du *canton.*

Ils sont tenus de représenter, tous les trois mois, les

les enfans qui leur auront été confiés, à *l'Agent* de la commune, qui leur expédiera un *certificat* que ces enfans ont été traités avec humanité, et qu'ils sont instruits et élevés, conformément aux dispositions du *réglement du 30 Ventôse an V*.

Ce n'est que sur le vu de ce *certificat*, que les nourrices et autres habitans chargés d'enfans abandonnés, pourront recevoir les indemnités qui sont accordées en pareil cas. *Arrêté du Directoire Exécutif, du 30 Ventose an V, art. 7 et 8.*

ENFANS EXPOSÉS.

Lorsque l'*Agent municipal* est averti d'une *exposition* d'enfant, dans l'étendue de sa *commune*, il doit se transporter, sans délai, sur le lieu de l'exposition et dresser procès-verbal de l'*État* de l'enfant, de son *âge apparent, des marques extérieures, vêtemens et autres indices* qui peuvent éclairer sur sa naissance, et recevoir les *déclarations* de ceux qui pourroient donner quelques renseignemens sur cette exposition. *Loi du* 20 *Septembre* 1792, *tit. III, art.* 9.

Ce procès-verbal doit être transcrit aussitôt sur le double registre des naissances; l'*Agent municipal* doit *imposer un nom* à l'enfant, et le faire ensuite transporter à l'*Hospice civil* plus prochain. *Même tit., art.* 10 et 11. *Loi du* 27 *Frimaire, an V, art.* 1 *et suivans. Arrêté du Directoire du* 30 *Ventôse, an V.*

ENFANS NATURELS

ou nés hors Mariages.

La condition des *Enfans naturels* a été bien améliorée depuis la *Révolution*; mais il ne leur est plus permis, comme autrefois, de chercher leur père à l'aide de preuves testimoniales ou de renseignemens par écrit; la Loi interdit à ce sujet toutes perquisitions et toute violence. Celui-là seul est réputé père d'un enfant naturel, qui a fait volontairement la déclaration de *sa paternité* devant l'*officier de l'État civil. Loi du 12 Brumaire, an II, art. 11.* Par conséquent les *Agens municipaux* et leurs *Adjoints*, sont encore appelés à recevoir cette *déclaration*.

C'est ici le cas de leur rappeler l'obligation qui leur est imposée rigoureusement, de n'accompagner ces déclarations d'aucunes notes, *apostilles* ou *observations* qui ne seroient pas du fait de la partie *déclarante*. Voyez *Acte*, *Adultère*, *État civil*.

ENFOUISSEMENT.

Les exhalaisons dangereuses qui s'échapent des cadavres d'animaux, exposés à l'air, ont donné lieu à des lois et des réglemens de police, à l'exécution desquels les *Agens municipaux* doivent tenir la main très-rigoureusement. Tout animal mort, doit être enfoui *à quatre pieds* de terre au moins par les soins et aux frais et dépens du propriétaire. Voyez *Animaux*. Mais si le pays est infecté d'une maladie contagieuse, il y a plus de précautions à prendre: d'abord, il est expressément défendu aux propriétaires de jetter les cadavres dans les bois, dans les rivières ou à la voierie, ni de les enterrer dans les *étables*, *cours* et *jardins*, sous peine de 300 francs d'amende.

Aussitôt qu'une bête sera morte, au lieu de la traîner, on la transportera à l'endroit où elle doit être enterrée, qui sera au moins à 50 toises des habitations. Elle doit être jettée *seule* dans une fosse de *huit pieds* de profondeur, avec toute sa peau tailladée en plusieurs parties, et on la recouvrira de toute la terre sortie de la fosse.

Dans le cas où le propriétaire n'auroit pas la faculté d'en faire le transport, l'*Agent municipal* requerra l'assistance d'un autre propriétaire, et même il appellera tous les ouvriers nécessaires, à peine de 50 francs d'amende contre les *refusans*.

Dans les lieux où il y a des *chevaux*, l'*Agent municipal* en fera prendre par préférence, pour traîner les voitures chargées de bêtes mortes, et ces voitures seront, après le transport, lavées à l'*eau chaude*.

Ces précautions sont d'une étroite obligation, de la part des *Agens municipaux*, comme étant essentiellement attachées au maintien de l'agriculture. *Arrêté du Directoire Exécutif, du 27 Messidor, an V*. Voyez, ci-après, *Épizootie*.

ÉPIZOOTIE.

On appelle *Épizootie* la survenance d'une maladie qui attaque, en même temps, toute une espèce d'animaux, et qui porte un caractère de contagion. Ce terme s'applique sur-tout aux animaux domestiques qui font partie des richesses des agriculteurs; tels que *chévaux*, *bœufs*, *vaches*, *moutons*, *chèvres*, etc.

En pareil cas, le gouvernement prend des mesures, dont l'exécution est confiée, en partie, aux *Agens municipaux*.

Ces mesures se trouvent rappelées dans un *Arrêté du Directoire Exécutif, du 27 Messidor, an V*, adressé aux Administrations centrales et municipales, à l'occasion d'une *Épizootie* meurtrière qui s'étoit manifestée sur les bêtes à cornes;

Comme l'*Agent municipal* est, dans cette opération, chargé des soins les plus importans, il est indispensable de lui remettre sous les yeux, ses droits et ses devoirs.

Aussitôt qu'un troupeau est attaqué de maladie, le propriétaire est tenu d'en faire la déclaration à l'*Agent municipal*, qui lui même doit, sans délai, en faire part à la municipalité; celle-ci assigne, provisoirement, un espace où le troupeau malade pourra *pâturer* exclusivement, et le chemin qu'il devra suivre pour se rendre au pâturage, s'il y a dans la commune un terrein de *parcours* ou de *vain pâturage*; au cas contraire, il est défendu au propriétaire de laisser sortir de ses héritages le troupeau malade. *Loi du 6 Octobre* 1791, *tit. premier*, *sect. IV*, *art.* 19.

L'*Agent municipal* doit, en même temps, instruire de cet événement tous les propriétaires de la commune, par une *affiche* apposée aux lieux destinés aux *actes émanés de l'Autorité publique.* Voyez *Affiches*.

Il est enjoint, par la même *affiche*, aux propriétaires, de venir déclarer à l'*Agent* de la commune, le nombre de bêtes à cornes qu'ils possèdent, avec la désignation d'âge, de taille et de poil, etc, et il doit se hâter d'envoyer copie de ces *déclarations au Commissaire du Directoire Exécutif* près la municipalité.

L'*Agent municipal* doit faire marquer les *bêtes malades avec un fer chaud* représentant la *lettre M.*

Un *troupeau* atteint de maladie contagieuse, qui sera rencontré au *pâturage* sur les terres du *parcours* ou de la *vaine pâture*, autres que celles qui lui auront été désignées, pourra être saisi par les Gardes champêtres, et même par toute autre personne (et à plus forte raison par l'*Agent municipal*), et conduit au lieu du dépôt, qui aura été indiqué par la Municipalité.

Il est, dans ce cas, du devoir de l'*Agent municipal* de dresser procès-verbal de la contravention, et de l'adresser au *Commissaire du Directoire Exécutif* près de l'Administration municipale; la peine de cette contravention est d'une *amende* de la valeur d'une journée de travail, par tête de bête à laine, et d'une amende triple par tête d'autre bétail; sans préjudice des dommages et intérêts, pour le préjudice occasionné aux troupeaux d'autrui.

Il est enjoint à tout *Fonctionnaire public* qui trouvera sur les chemins, ou dans les *foires et marchés*, des bêtes à cornes, marquées de la lettre M, de les conduire chez le Juge-de-paix, qui les fera tuer sur-le-champ.

Le propriétaire d'une bête marquée de la lettre M, ne peut pas s'en désaisir par vente, échange, ou autrement, sans la permission, par *écrit* de l'*Agent municipal*, qui doit en faire mention sur l'état qui est entre ses mains. *Arrêté du Directoire Exécutif du 27 Messidor, an V.*

ÉTAT CIVIL,

Voyez *Actes*.

On entend ici sous le nom d'*État civil*, cette partie de l'administration de police, qui a pour objet de constater L'ÉTAT des citoyens sous leur rapport avec leurs familles et avec la société. Cet *État civil* comprend cinq époques; savoir :

Les naissances,

Les adoptions,

Les mariages,

Les divorces,

Et les décès.

Autrefois, c'étoit aux *ministres du culte catholique* que la Loi avoit confié le soin de tenir registre de ces époques, (à l'exception de *l'adoption* et du *divorce* qui n'étoient pas en usage), et ils remplissoient à cet égard la mission d'un *Officier civil*.

Mais une pareille fonction a été retirée aux ministres de toute espèce de culte quelconque, et il est expressément défendu à tous *Juges*, *Administrateurs et Officiers publics*, d'avoir aucun égard aux attestations que des *ministres du culte* ou des individus se disant tels, pourroient donner relativement à *l'État civil* des citoyens, sous peine *d'amende et d'emprisonnement*, tant contre eux que contre ceux qui les produiroient. *Loi du 7 Vendémiaire an IV, art.* 18 et 20.

Il est également défendu et sous les mêmes peines, aux fonctionnaires publics chargés de rédiger les actes de l'État civil des citoyens, de faire mention dans lesdits actes des *cérémonies religieuses*, ou d'exiger la preuve de leur observation. *Même Loi. Art.* 21.

Cette fonction a été transférée aux municipalités et à des Commissaires pris dans leur sein, sous le nom d'Officiers publics de *l'État civil*.

Aujourd'hui, dans les communes au-dessous de 5000 habitans, *l'Agent municipal* est de droit, et par la nature même de sa place, *Officier public* de l'État civil, soit comme membre de *l'Administration municipale* du canton, *soit comme Commissaire de police*.

» Dans les communes au-dessous de 5000 habitans,

» *l'Agent municipal* remplira les fonctions *d'Officier* » d'État civil. » *Loi du* 19 *Vendémiaire an IV*, *sur l'organisation des Autorités Constituées. Titre II*, *art.* 12.

On trouvera les détails de ces obligations aux articles, *actes*, *adoption*, *déclarations*, *divorce*, *naissance*, *sépultures*.

Il suffira de retracer ici quelques observations générales.

Les actes de *l'État civil* doivent être inscrits sur un registre double et sans aucun blanc; les renvois et les ratures doivent être approuvés et signés de la même manière que le corps de l'acte. *Loi du* 20 *Septembre*, 1792, *tit. II*, *art.* 3.

L'Agent municipal ne doit user d'aucune abréviation, ni d'aucun chiffre pour les dates, à peine d'amende et de peines plus graves en cas de récidive. *Même Loi*, *titre II*, *art.* 4.

Il doit s'abstenir d'écrire ou de signer, en aucuns cas, ces actes sur feuilles volantes, à peine *d'amende* et de *destitution*. *Même tit.*, *art.* 5.

Dans les quinze premiers jours du mois de Vendémiaire de chaque année, il doit faire à la fin de chaque registre, une table alphabétique des actes qui s'y trouvent contenus, et dans le mois suivant, envoyer un double de ces registres à l'Administration municipale, qui en vérifie la tenue et la régularité.

Ces *registres* passent ensuite au département où ils sont déposés et conservés.

L'autre double reste aux archives de la municipalité, pour servir à la délivrance des extraits. *Même titre*, *art.* 8, 9, 10, 12, 13.

ÉVASION DE PRISONNIERS.

Lorsque *l'Agent municipal* est instruit de *l'évasion* d'un ou de plusieurs prisonniers, ou détenus, ou constitués seulement en *état d'arrestation*, dans l'étendue de son arrondissement, il est autorisé à faire sur-le-champ saisir et arrêter les *huissiers*, *gendarmes*, *gardiens*, *concierges*, *geoliers* et *tous autres préposés* à la conduite et à la garde des individus évadés, et les faire conduire devant le *Directeur du jury*, s'il y en a un sur les lieux, ou à défaut devant le *Juge-de-paix*.

Il peut user de la même mesure à l'égard des citoyens composant la *force armée* qui a servi d'escorte ou qui a garni les postes établis pour la garde des détenus. *Loi du* 4 *Vendémiaire an VI*, *art.* 5.

FAUSSE MONNOIE.

Le crime de *fausse-monnoie* a paru assez grave, pour donner à *l'Agent municipal*, une extension de pouvoirs, qui, sur ce point, le rapproche du *Juge de paix*.

Quand un *Agent municipal* a reçu la *dénonciation* d'une fabrication ou distribution de fausses monnoies, métalliques ou autres, dans l'étendue de son arrondissement, il doit se transporter sur les lieux, accompagné de deux citoyens domiciliés dans le canton, et dont il aura requis *l'assistance*.

Il est autorisé à faire, dans cette occasion, toutes *perquisitions* et ouvertures nécessaires, à saisir toutes les *pièces de conviction*, et à faire mettre en état *d'arrestation* les prévenus. *Loi du* 3 *Brumaire an IV*, *art.* 542.

En cas *d'arrestation*, ou en cas de *fuite* de la part des prévenus, il lui est enjoint d'apposer les *scellés* sur leurs papiers, meubles et effets, et d'y établir un gardien, à peine de destitution, et de répondre des dommages et intérêts que sa négligence aura causés à la République. *Loi du 1er. Brumaire an II, art.* 2.

Ces *visites*, *perquisitions*, *ouvertures*, *saisies*, *arrestations* et *scellés*, peuvent même s'étendre, par *droit* de suite, au *dehors* de l'arrondissement de *l'Agent municipal*, attendu l'urgence de pareilles opérations, et l'inconvénient qu'il y auroit à les diviser en plusieurs mains. Voyez à ce sujet : *Droit de suite.*

Au surplus, *l'Agent municipal* doit, en pareille occasion, faire attention à ces deux conditions essentielles.

1°. De ne se permettre ces *visites*, *ouvertures* et *perquisitions*, qu'autant qu'il aura reçu, sur le fait dont il s'agit, une *dénonciation* revêtue des caractères exigés par la Loi, ou qu'il ait par devers lui des renseignemens les plus positifs. *Loi du* 3 *Brumaire an IV, art.* 542.

2°. De faire précéder la visite domiciliaire, d'une *ordonnance* rendue par lui-même, qui indique l'objet de la visite, et les personnes chez lesquelles elle devra se faire. *Même Loi, art.* 543.

Sur le surplus des formalités qui sont nécessaires pour la régularité de la *visite*. Voyez *Visites.*

N. B. Les *prévenus* qui ont été mis en état *d'arrestation*, doivent être, sans délai, renvoyés devant le directeur du jury d'accusation. Voyez *Mandats d'amener, Police judiciaire.*

FENÊTRES.

Les *Agens municipaux*, en leur qualité de Commissaires de police, doivent, aux termes de l'art. 3, du tit. XI, de la Loi du 24 Août 1790, tenir la main à ce qu'il n'y ait rien *d'exposé* sur les *fenêtres* donnant sur la voie publique, qui puisse, par sa chûte, compromettre la sûreté des passans ; et en cas de contravention, ils doivent en dresser procès-verbal, et l'envoyer au Commissaire du Directoire Exécutif près l'Administration municipale, pour prendre, en cette occasion, les mesures indiquées par *l'art. 15, du tit. premier, de la Loi du 22 Juillet 1791.*

FERS. (peine des)

La Loi du 19 Fructidor, an V, prononce la peine de *deux années de fers* contre tout *Administrateur*, *Officier de Police judiciaire*, *Accusateur public*, *Juge*, *Commissaire du Pouvoir Exécutif*, *Officier ou membre de la gendarmerie nationale* qui ne feroit pas exécuter *ponctuellement*, chacun en ce qui le concerne, les dispositions énoncées dans l'art. 26.

L'Agent municipal se trouve donc au nombre des *Fonctionnaires publics*, exposé à ce danger. Ce doit être pour lui un nouveau motif d'apporter la plus scrupuleuse attention à bien étudier la Loi, pour ne s'écarter en rien de ce qu'elle ordonne. Voyez *Affiches*, *Culte.*

La peine de deux ans de *géne* et de *fers* avoit été prononcée par l'art. 7, du tit. II, de la loi du 21 Brumaire, an V, contre tout *Administrateur*, *Officier de Police judiciaire*, *etc.* qui auroient négligé ; chacun pour ce le concernoit, d'exécuter *ponctuellement* les Lois relatives aux *déserteurs et fuyards de la réquisition.* Mais cette disposition a été abrogée par *l'art. 4, de la Loi du 24 Brumaire an V*, qui a commué cette peine en celle d'un *emprisonnement* de deux ans. Voyez *Conscription*, *Déserteur*, *Emprisonnement.*

FÊTES DÉCADAIRES.

En exécution de la *Loi du 13 Fructidor an VI*, tous les *Décadis* de l'année sont l'objet d'une *célébration solennelle* au Chef-lieu du canton.

Chaque *DÉCADI*, *l'Administration municipale*, avec le *Commissaire du Pouvoir Exécutif* et le *Secrétaire*, doivent se rendre en *costume* au lieu destiné à la réunion des citoyens, et y faire lecture des Lois et actes de l'Autorité publique, adressés à l'administration pendant le cours de la *décade* précédente.

C'est à ce jour-là, et dans cet endroit, que la célébration des *mariages* a été transférée. Le *président de l'Administration municipale* remplit les fonctions *d'officier civil*, ou à son défaut celui qui le remplace. Cette institution a enlevé aux *Agens municipaux* cette partie de leurs attributions. Voyez *Mariage.*

Dans cette même séance, on proclame publiquement les *naissances et décès*, ainsi que les actes ou jugemens portant reconnoissance *d'enfans nés hors le mariage*, les *actes d'adoption* et de *divorce* qui ont eu lieu durant la décade.

« A cet effet, *l'Agent municipal* doit remettre ou » faire parvenir au Président de l'administration » municipale la notice des actes ci-dessus énoncés, » qu'il aura reçus pendant la décade; et le Secrétaire » doit en donner récépissé. » *Loi du 13 Fructidor, an VI, art. 5.*

FEU.

L'*Agent municipal* doit veiller à ce qu'il ne soit allumé aucun *feu* dans les champs, plus près que cinquante toises, des maisons, bois, bruyères, vergers, hayes, meules de grains, de paille, ou de foin, sous peine d'une amende égale à la valeur de douze journées de travail, sans préjudice des dommages que le feu aura occasionnés. *Loi du* 24 *Août* 1790, *titre XI*, *art.* 3, et *Loi du* 6 *Octobre* 1791, *tit. II*, *art.* 10.

Aussitôt qu'il a connoissance d'un pareil délit, il doit en dresser procès-verbal, et dénoncer les *contrevenans* au tribunal de *Police municipale*. *Loi du* 6 *Ocbtobre* 1791, *tit. II*, *art.* 10.

Pour prévenir les incendies, il doit faire, au moins une fois par an, la visite des *fours et cheminées*. *Même Loi*, *titre II*, *art.* 9. Voyez *Cheminées*.

FLAGRANT DÉLIT.

L'*Agent municipal* est autorisé à faire arrêter sur-le-champ, et sans aucune formalité le coupable surpris *en flagrant délit*; c'est-à-dire, lorsqu'il est surpris dans l'action même du délit, ou bien au moment qui suit immédiatement l'acte du délit, et qui en laisse encore les traces toutes récentes : comme s'il est arrêté avec les effets volés, ou ayant à la main les instrumens et ustenciles dont il s'est servi pour commettre le vol.

En pareil cas, l'*Agent municipal* doit dresser un procès-verbal des circonstances de cette *arrestation*, et renvoyer le prévenu, par la *force armée*, devant le juge-de-paix, avec l'expédition du procés-verbal. *Loi du 22 Juillet 1791, tit. II, art. 34 et 43. Loi du 29 Septembre 1791, tit. II, art. 3 et 4.*

FOIRES ET MARCHÉS.

Les *Officiers municipaux*, et de *police* des lieux où se tiennent les foires et marchés, sont spécialement chargés d'y maintenir l'ordre et la liberté du commerce, à peine, en cas de trouble, de la suppression des marchés, et de démeurer responsables personnellement des événemens, dans le cas où il seroit constaté qu'ils n'ont pas fait tout ce qui étoit en leur pouvoir pour prévenir et arrêter le désordre. *Loi du 4 Thermidor, an III, art. 19.*

Il est défendu à tout individu d'étaler ses denrées ou marchandises dans les marchés, hors les jours fixés par les arrêtés de l'Administration municipale.

L'*Agent municipal* doit traduire les contrevenans au tribunal de police, *comme ayant embarrassé la voye publique*, pour être punis conformément *à l'art.* 605 du code des délits et des peines. *Arrêté du Directoire Exécutif, du 14 Germinal, an VI, art. 4.*

Immédiatement après l'émission de la Loi du 23 Fructidor, an VI, les Administrations centrales ont dû former un tableau des foires et marchés de leur département, et les replacer à des jours fixes de l'*annuaire de la République*, autres que les *décadis* et les *fêtes nationales*. Ce nouveau tableau a dû être porté sur le registre de chaque Administration municipale, publié et affiché dans chaque *commune* du département. Les foires et marchés qui tiendroient d'autres jours que ceux indiqués dans ce tableau, sont considérés comme *rassemblement prohibé. Loi du 23 fructidor an VI, art. 5.*

FORCE ARMÉE.

« *L'Agent municipal*, commis par sa municipalité » pour mettre en liberté un individu *illégalement » détenu*, est autorisé à se faire assister de la » *force armée. Loi du 3 Brumaire an IV, art.* 584 » *et* 585 ».

Cette disposition s'applique, en général, à toutes les opérations qui exigent l'assistance et l'appui d'une *force armée*, conformément à l'art. 10, de la Loi du 16 Février 1791, portant institution de la *gendarmerie nationale*. Bien entendu que *l'Agent municipal* est responsable de l'abus qu'il pourroit faire d'un pareil moyen.

Dans le cas où la *force armée*, chargée de la garde d'un prisonnier, l'auroit laissé échapper, qu'elle doit être la conduite de *l'Agent municipal*? Voyez *Évasion*.

FOURS.

Voyez *Visite des Fours*, *Cheminées*, *Feu*, *Incendie*.

GARDES CHAMPÊTRES ET FORESTIERS.

Il y a deux espèces de *gardes* pour la conservation des *propriétés rurales ;* les gardes *champêtres* et les gardes *forestiers. Loi du 3 Brumaire au IV, art.* 38 et 39.

Les premiers sont subordonnés à *l'Administration municipale ;* les autres sont placés sous l'inspection d'une *agence particulière*, connue sous le nom *d'agence forestière*.

Mais *l'Agent municipal* partage avec les uns et les autres le droit de surveiller les délits commis dans les *campagnes* et dans les *forêts*.

La destination de ces fonctionnaires publics, (lesquels sont aussi considérés comme Officiers de *police judiciaire*), est de rechercher (chacun, pour ce qui le concerne), les délits qui portent atteinte aux propriétés *rurales* et *forestières*, de dresser des procès-verbaux de ces délits, des circonstances qui les ont accompagnés, du *tems*, du *lieu* où ils ont été commis, des *preuves* et des *indices* qui existent contre les prévenus. *Même Loi*, *art.* 41.

Les uns et les autres ont le choix d'aller à la recherche des objets volés, de les suivre dans les lieux où ils ont été transportés, et de les mettre en *séquestre*; mais néanmoins, il leur est défendu de s'introduire dans les maisons, atteliers, bâtimens et cours adjacentes, si ce n'est en présence de *l'Agent municipal* ou de son *Adjoint*. *Même Loi*, *art.* 41. Voyez *Assistance*.

Le garde *forestier* remet son procès-verbal à *l'Agent* de l'Administration forestière; et le garde *champêtre* le remet au *Commissaire du Pouvoir Exécutif* près l'Administration municipale. *Même Loi*, *art.* 42.

Les *Agens et Adjoints municipaux* sont tenus de *dénoncer* au Directeur du jury, les négligences, abus et malversations des gardes champêtres. *Même Loi*, *art.* 47.

GENDARMERIE NATIONALE.

Il existe de fréquens rapports entre les *Agens municipaux* et la *gendarmerie nationale.* Celle-ci partage souvent avec *l'Agent municipal* les fonctions d'Officier de *police judiciaire ;* dans quelques occasions, la *gendarmerie* prête main-forte à *l'Agent municipal* pour l'exécution des Lois; et d'autres fois aussi, *l'Agent municipal* vient à l'aide de la *gendarmerie*, et lui fournit le secours de l'autorité civile pour assurer le succès de la force militaire.

Il est donc bien important qu'un *Agent municipal* soit parfaitement instruit des communications que la Loi a établie entre ces deux espèces de fonctionnaires publics, des cas où ils peuvent se rencontrer en concurrence, et de ceux où ils peuvent se prêter mutuellement assistance.

Les fonctions de la *gendarmerie* peuvent se distinguer en trois espèces ; savoir :

1°. Celles qui sont propres à la *gendarmerie* et qu'elle exerce sans la réquisition ni le secours d'aucune Autorité civile.

2°. Celles qu'elle exerce par *délégation* de *l'Autorité civile.*

3°. Celles dans lesquelles elle reçoit elle-même aide et assistance de *l'Autorité* civile.

§. I.

§. I.

Des fonctions qui sont propres à la gendarmerie nationale.

Ces fonctions établissant de fréquens rapports entre la gendarmerie et l'Agent municipal, il est à propos de les rappeller ici; les *fonctions essentielles et ordinaires* de la gendarmerie nationale, sont :

1°. De faire des marches, tournées, courses et patrouilles sur les grandes routes, traverses, chemins vicinaux, et dans tous les arrondissemens des lieux respectifs; de les faire constater jour par jour sur les feuilles de service, par les Officiers municipaux, *Agens des communes* ou autres Officiers publics, à peine de suspension de traitemens;

2°. De recueillir et prendre tous les renseignemens possibles sur les crimes et les délits publics, et d'en donner connoissance aux autorités compétentes;

3°. De rechercher et poursuivre les malfaiteurs;

4°. De saisir toutes personnes surprises en flagrant délit, ou poursuivies par la clameur publique;

5°. De saisir tous porteurs d'armes ensanglantées faisant présumer le crime;

6°. De saisir les brigands, voleurs de grands chemins, chauffeurs et assassins attroupés;

7°. De saisir les dévastateurs des bois, des récoltes, les chasseurs masqués, les contrebandiers armés, lorsque les délinquants de ces trois derniers genres seront pris sur le fait;

8°. De saisir et arrêter les émigrés et prêtres déportés qui seront trouvés sur le territoire de la République ;

9°. De dissiper par la force tout attroupement armé, déclaré, par l'article 365 de l'Acte constitutionnel, être un attentat à la Constitution ;

10°. De dissiper, de même, conformément à l'article 366, tout attroupement non armé, d'abord par la voie du commandement verbal, et, s'il est nécessaire, par le développement de la force armée ; enfin, de dissiper tous attroupemens qualifiés séditieux par les Lois, à la charge d'en prévenir, sans délai, les Administrations centrales, municipales, et les Commissaires du Directoire Exécutif près d'elles ;

11°. De saisir tous ceux qui seront trouvés exerçant des voies de fait ou violences contre la sûreté des personnes, des propriétés nationales ou particulières ;

12°. De protéger les porteurs de contraintes pour deniers publics, et exécuteurs des mandemens de justice ;

13°. D'assurer la libre circulation des subsistances, et de saisir tous ceux qui s'y opposeroient par la force ;

14°. De saisir et conduire à l'instant devant l'Autorité civile, tous ceux qui troubleroient les Citoyens dans l'exercice de leur culte ; de protéger le commerce intérieur, en donnant toute sûreté aux négocians, marchands, artisans, et à tous les citoyens que leur commerce, leur industrie et leurs affaires obligent de voyager ;

15°. De surveiller les mendians, vagabonds et gens sans aveu ; de prendre à leur égard les précautions de sûreté prescrites par les Lois ; à l'effet de quoi, les Administrations municipales seront tenues de donner connoissance à la gendarmerie nationale, des listes sur lesquelles seront portés les individus que la gendarmerie est chargée de surveiller ;

16°. De dresser les procès-verbaux de tous les cadavres trouvés sur les chemins, dans les campagnes, ou retirés de l'eau, et d'avertir l'officier de gendarmerie le plus voisin, qui sera tenu de se transporter en personne sur les lieux, dès qu'il lui en aura été donné avis ;

17°. De dresser pareillement des procès-verbaux des incendies, effractions, assassinats, et de tous les crimes qui laissent des traces après eux ;

18°. De dresser, de même, procès-verbal des déclarations qui seront faites aux membres de la gendarmerie nationale par les habitans, voisins, parens, amis et autres personnes qui seront en état de leur fournir des indices, preuves et renseignemens sur les auteurs des crimes et délits, et sur leurs complices ;

19°. De se tenir à portée des grands rassemblemens d'hommes, tels que foires, marchés, fêtes et cérémonies publiques ;

20°. De conduire les prisonniers ou condamnés, en prenant toutes les précautions pour empêcher leur évasion ;

21°. De saisir et arrêter les déserteurs militaires qui ne seroient pas porteurs de passe-port ou congé en bonne forme ;

22°. De faire rejoindre les militaires absens de leur corps, à l'expiration de leurs congés ou permissions limitées ; à l'effet de quoi, les militaires porteurs de ces congés ou permissions, seront tenus de les faire viser par les capitaines ou lieutenans de la gendarmerie nationale, qui en tiendront note, pour contraindre les militaires en retard de rejoindre;

23°. Lorsqu'il passera des troupes dans l'arrondissement d'une brigade de gendarmerie nationale, elle sera tenue de se porter en arrière et sur les flancs desdites troupes, arrêtera les traîneurs, ceux qui s'écarteront de la route, et les remettra au commandant du corps, de même que ceux qui commettroient des désordres, soit dans les marchés, soit dans les lieux où ils séjourneront;

24°. De s'assurer de la personne de tous étrangers circulant dans l'intérieur de la République sans passeports, ou avec des passe-ports qui ne seroient point conformes aux Lois, à la charge de les conduire sur-le-champ devant le Commissaire de l'Administration municipale de l'arrondissement;

25°. De saisir et arrêter les mendians valides, dans les cas et circonstances qui rendent ces mendians punissables; à la charge de les conduire sur-le-champ devant le Juge de paix, pour être statué à leur égard, conformément aux Lois sur la répression de la mendicité.

26°. De saisir et arrêter tout individu commettant des dégâts dans les bois, dégradant les clôtures des murs, haies et fossés, encore bien que ces délits ne soient pas suivis de vols; tous ceux qui seront surpris en commettant des larcins de fruits et de productions d'un terrain cultivé;

27°. De saisir et arrêter ceux qui, par imprudence, par négligence, par la rapidité de leurs chevaux, ou de tout autre manière, auront blessé un citoyen sur les routes, dans les rues ou voies publiques;

28°. De saisir et arrêter ceux qui tiendront des

jeux de hasard, et autres jeux défendus par les Lois, sur les places publiques ou foires et marchés;

29°. De saisir et arrêter tous ceux qui seront trouvés coupant ou détériorant en manière quelconque, les arbres plantés sur les grandes routes;

30°. De faire la police sur les grandes routes, d'y maintenir les communications et les passages libres en tout tems, de contraindre les voituriers, charretiers et tous conducteurs de voitures, à se tenir à côté de leurs chevaux; en cas de résistance, de saisir ceux qui obstrueront les passages, de les conduire devant l'Autorité civile, qui prononcera, en ce cas, s'il y a lieu, une amende qui ne pourra excéder dix francs, sans préjudice de plus forte peine, suivant la gravité du délit.

Les fonctions ci-dessus mentionnées seront habituellement exercées par la gendarmerie nationale, sans qu'il soit besoin d'aucune réquisition des autorités civiles: il sera fait mention de ce service habituel sur les journaux tenus par les commandans des brigades, et qui seront envoyés, à la fin de chaque mois, aux Commissaires du Directoire près les Administrations centrales.

Nul voyayeur ne pourra refuser aux membres de la gendarmerie nationale, l'exhibition de ses passeports, lorsque ceux-ci les lui demanderont et se présenteront *revêtus de leur uniforme*, en déclinant leur qualité d'agens de la force publique.

Les signalemens des brigands, voleurs, assassins, émigrés et déportés, perturbateurs du repos public, évadés des prisons, et ceux des personnes contre lesquelles il sera intervenu mandat d'arrestation, seront délivrés à la gendarmerie nationale, qui, en cas d'arrestation de l'un des individus signalés, le conduira de brigade en brigade jusqu'à la destination indiquée par lesdits signalemens.

Les membres de la gendarmerie nationale seront autorisés à visiter les auberges, cabarets et autres maisons ouvertes au public, même pendant la nuit, jusqu'à l'heure où lesdites maisons doivent être fermées d'après les réglemens de police, pour y faire la recherche des personnes qui leur auront été signalées, ou dont l'arrestation aura été ordonnée par l'Autorité compétente.

Les hôteliers et aubergistes seront tenus de communiquer leurs registres, toutes les fois qu'ils en seront requis par les officiers et commandans de brigade de leur arrondissement.

On voit par cette exposition des fonctions essentielles de la *gendarmerie nationale* qu'elles offrent, beaucoup de rapprochemens avec celles de *l'Agent municipal*, considéré comme *Commissaire de police.*

§. II.

Des fonctions de la gendarmerie nationale, par délégation de l'Autorité civile.

Les *Agens* et *Adjoints municipaux* se retrouvent encore en rapport avec la *gendarmerie nationale*, dans les occasions où celle-ci agit sur les *réquisitions de l'Autorité civile.* Par exemple :

La *gendarmerie nationale* ne peut faire aucune visite dans la maison d'un citoyen, où elle soupçonneroit qu'un coupable s'est réfugié, sans un *mandat spécial* de perquisition décerné, soit par le *Directeur du jury*, soit par le *Juge-de-paix*, soit par le *Commissaire de police*, soit par *l'Agent municipal* faisant les fonctions *de Commissaire de police. Loi du 28 Germinal, an VI, art.* 131.

Elle est tenue de prêter main-forte pour l'exécution des *mandats d'amener* ou des *arrestations*, prononcées par *l'Agent municipal*, sur la *réquisition* qui en est faite par ces derniers, ou pour la sûreté et la tranquillité des *foires* et *marchés*, *fêtes* et *cérémonies publiques. Même Loi, art.* 140 *et* 145.

L'Agent et l'Adjoint municipal ne peuvent requérir la *gendarmerie* que dans l'étendue de leur territoire. *Même Loi, art.* 143.

La réquisition de la *gendarmerie nationale* ne peut être faite autrement que *par écrit*; et elle doit annoncer *la Loi*, *l'Arrêté du Directoire*, ou de *l'Administration*, ou de toute autre Autorité constituée, en vertu desquels la *gendarmerie nationale* doit agir. *Même Loi, art.* 147.

§ III.

Des cas où l'Autorité civile et la gendarmerie nationale s'aident reciproquement.

Lorsque les *Officiers*, *Sous-Officiers ou gendarmes nationaux* sont outragés dans l'exercice de leurs fonctions, ou menacés par gestes, ou par paroles, le *Commandant* est autorisé à faire sur-le-champ saisir les coupables, et à les faire déposer dans la *maison d'arrêt*, en se conformant, à cet égard, à ce qui est prescrit par l'art. 71, de la Loi du 3 Brumaire, an IV. *Loi du 28 Germinal, an IV, art.* 229.

Lorsque la désobéissance est portée au point de compromettre la sûreté des membres de la *gendarmerie nationale*, qui sont dans l'exercice de leurs fonctions, ceux-ci doivent prononcer à *haute voix* : FORCE A LA

LOI. A cette exclamation, tous les *bons citoyens* sont tenus de prêter *main-forte* à la *gendarmerie nationale*; tant pour repousser les attaques, que pour assurer l'exécution des *réquisitions et ordres légaux* dont la *gendarmerie nationale* sera chargée. *Loi du 28 Germinal, an VI, art.* 230.

C'est en pareille occasion que *l'Autorité administrative* est nécessaire pour légitimer le développement des forces militaires. La résistance des *attroupés* ne peut être vaincue par les *armes*, qu'autant que les membres de la *gendarmerie nationale* en auroient reçu la permission par un *Arrêté de l'Administration centrale* ou *municipale*, et qu'ils seront assistés, pour l'exécution, de *l'Agent municipal. Loi du 28 Germinal, an VI, art.* 231. Voyez *Attroupement, Main-forte.*

GENS SANS AVEU.

La loi du 22 *Juillet* 1791 oblige les Officiers de Police et les municipalités, à ouvrir sur la fin de chaque année, dans les communes de leur arrondissement, un *Registre* de *population.* Voyez *Tableau de population. tit. I. art.* 1.

Ce registre doit contenir les *déclarations* que chacun aura faites de *ses noms, âge, lieu de naissance, dernier domicile, profession, métier* et autres moyens de *subsistance.* Le *déclarant* qui n'auroit à indiquer aucun moyen de subsistance, désignera les citoyens domiciliés dans la municipalité dont il sera connu, et qui pourront rendre un bon témoignage de sa conduite. *Même titre. Art.* 2.

Ceux qui, étant en état de travailler, n'auront ni *moyens de subsistance*, ni *métier*, ni *répondans*, seront inscrits avec la note de *gens sans aveu.*

Ceux qui refuseront toute *déclaration*, seront inscrits sous leur *signalement* et demeureront avec la note de *gens suspects*.

Ceux qui seront convaincus d'avoir fait de *fausses déclarations*, seront inscrits avec la note de *gens mal intentionnés*.

Il sera donné communication de ce registre aux Officiers ou sous-Officiers de la *Gendarmerie nationale*, lors de leur tournée. *Même titre. Art.* 3.

Tout individu *voyageant*, et trouvé hors de son canton, sans passeport, sera mis sur le champ en *État d'arrestation* et détenu jusqu'à ce qu'il ait justifié être inscrit sur le tableau de la commune de son domicile.

A défaut de justifier, dans deux décades, de son *inscription sur le tableau* d'une commune, il sera réputé *vagabond* et *sans aveu*, et traduit comme tel devant les tribunaux compétens. *Loi du* 10 *Vendemiaire, an IV, tit. III., art.* 6 *et* 7.

GRAINS.

(*Circulation des grains*). Voyez *Subsistances*.

GRAMME.

Le *Gramme* est la *mesure* de *Poids*, adoptée dans le nouveau systême des *Poids et mesures*.

Le *Gramme* équivaut a 19 *grains* environ; il se divise en *demi Gramme*, et se convertit en *double Gramme*, pour la facilité du *calcul*.

La réunion de *dix Grammes*, s'exprime par le mot de *Décagramme*. Voyez *Déca*.

Un *Décagramme* répond à un *gros* et *tiers* de gros.

Le *Gramme*, *demi Gramme*, *double Gramme* et *Décagramme* sont employés pour les *pesées* d'objets précieux, tels que l'*or*, l'*argent*, les *diamans*, ou pour ceux dont le *poids* exige beaucoup de précision, comme les *matières pharmaceutiques*.

Cent Grammes s'expriment par le mot *Hecto-Grammes*. *Hecto*, veut dire *cent*. (Voyez *Hectares*.)

Un *Hectogramme* se rapproche assez du *quarteron*; Car une livre est composée de *cinq Hectogrammes*. Dix *Hectogrammes* forment *mille Grammes*, qui s'indiquent par le mot de *Kilo-gramme*. (*Kilo* veut dire mille). Voyez *Kilo*.

Le poids de *mille* grammes est d'un grand usage pour les matières les plus communes; il revient à *deux livres*.

L'*Hectogramme* se divise en *demi Hectogramme*, ce qui fournit le poids d'*une livre*.

Il y a aussi le *double Hectogramme*, qui donne le poids de *quatre livres*, *environ*.

Par ces *subdivisions*, le nouveau sistême des *poids et mesures*, se rattache aisément aux anciennes habitudes.

Enfin, il y a un poids de *dix mille Grammes*, qui s'exprime par le mot *Myriagrammes* (notez que *Myria* veut dire dix mille).

Le *Myriagramme* représente environ *vingt livres* de poids de marc; en doublant le *Myriagramme*, vous avez l'indication d'un poids de 40 livres; ainsi du reste. Voyez *Mesures républicaines*.

HECTARE (*Ou Hecto-ares*)

Le terme *Hecto*, ajouté à une mesure primitive, est employé dans la nomenclature des *nouvelles mesures*, pour exprimer *cent unités*.

Ainsi *Hecto-ares* ou *Hectare* veut dire cent *Ares*; qui représentent à-peu-près *deux arpens*.

L'*Hectare* ne peut manquer d'être d'un grand usage, dans les opérations des *Agens* et *Adjoints municipaux*, par la facilité dont il est pour l'indication des *mesures agraires* : en effet, cette dénomination pouvant se modifier en *demi Hectare*, *quart d'Hectare* et *huitième d'Hectare*, on pourra promptement, et sans la moindre peine, s'en servir pour réduire les anciennes mesures au *nouveau sistême*. Voyez *Are*, *Mesures républicaines*.

HÉRITIERS ABSENS.

Voyez *Absens*.

INCENDIE.

L'*Agent municipal* est tenu de faire, au moins une fois par année, la visite des *fours et cheminées* de toutes maisons et de tous bâtimens éloignés de moins de 100 toises d'autres habitations. Ces *visites* doivent être préalablement annoncées huit jours d'avance. *Loi du 6 Octobre* 1791, *titre II*, *art.* 9.

Après la visite, il doit dénoncer à la municipalité les *fours et cheminées* qui sont dans un délabrement capable d'occasionner *un incendie* et autres accidens, afin de mettre l'Administration municipale à portée d'ordonner les réparations ou démolitions nécessaires. *Même article.*

Il doit également dénoncer à la municipalité toute personne qui aura allumé du feu dans les champs, plus près que 50 toises des maisons, bois, bruyères, vergers, haies, meules de grains, de paille ou de foin. *Même Loi, titre II, art.* 10.

Lorsqu'un *incendie* se manifeste dans une forêt nationale, toutes les communes riveraines sont tenues, à la première réquisition des *gardes forestiers*, de leur aider à y porter secours et arrêter les effets du feu. *Arrêté du Directoire Exécutif, du 25 Pluviose an VI, au sujet de la forêt d'Orléans.*

« Celles qui s'y refuseroient, même les particuliers, » qui sans raisons valables s'en dispenseroient, seront » notés et privés de l'exercice du droit de pâturage » dans la forêt. *Même Arrêté, art.* 2 ».

Les dispositions de l'article 32 du titre XXVII de l'ordonnance de 1669, qui défendent de porter ou *d'allumer du feu dans les forêts*, continuent d'être exécutées selon leur forme et teneur. *Même Arrêté, art.* 3.

Les *Agens forestiers* et les municipalités riveraines sont chargées de prévenir les délits de cette espèce, d'en rechercher, dénoncer les auteurs, et de les poursuivre suivant la rigueur des lois. *Même Arrêté, art.* 4.

INHUMATION.

L'Agent municipal ne doit permettre l'inhumation que vingt-quatre heures après le décès duement vérifié, à moins qu'il n'y ait urgence par la décomposition rapide du cadavre.

Mais une circonstance qui doit sur-tout retarder *l'inhumation*, est celle d'une mort violente ou d'un décès qui la font présumer; en pareil cas, l'inhumation ne doit être permise qu'après que *l'Agent municipal* a recueilli et constaté, dans un procès-verbal fait en présence des *officiers de santé*, les renseignemens capables d'éclairer la justice sur le genre de la mort. Voyez *Décès* et *Sépulture*.

INONDATION.

L'Inondation est au nombre des *accidens* qui doivent provoquer la surveillance et l'activité de *l'Agent municipal*, pour arrêter les progrès du mal et sauver de l'invasion des *eaux* les personnes, les bestiaux, les *subsistances*, etc.

Alors, comme dans les cas *d'incendie*, il lui est permis de requerir le secours des citoyens, sauf ensuite à *dénoncer* au tribunal de *Police municipale* ceux qui dans un cas aussi urgent, auroient eu l'inhumanité de refuser leur assistance.

L'inondation autorise *l'Agent municipal*, ainsi que la *gendarmerie nationale*, à s'introduire dans les maisons particulières, *sans réquisition. Loi du 28 Germinal an VI, art.* 131. Voyez *Gendarmerie nationale*.

INSTRUCTION PUBLIQUE.

L'organisation du système de *l'Instruction publique* est encore incomplette du côté des moyens d'exécution; mais, quoiqu'il arrive, il n'y a pas de doute que les *Agens municipaux* ne soient associés à la surveillance des *écoles primaires*, et ne reçoivent la déclaration de ceux qui se destineront à l'état d'*instituteurs*.

Cette *fonction* se trouve déjà indiquée par l'art. 3 de la section première du décret *du 29 frimaire, an* II, ainsi conçu :

» Les citoyens et citoyennes qui voudront user » de la liberté d'enseigner, seront tenus,

1°. De *déclarer* à la municipalité du lieu ou *section de la commune*, qu'ils sont dans l'intention d'ouvrir une École.

2°. De désigner l'espèce de science ou art qu'ils se proposent d'enseigner. Voyez aussi l'*Arrêté du Directoire Exécutif, du 17 Pluviôse an VI.*

JEUX PROHIBÉS.

On trouve dans les lois et les *réglemens* de police l'état détaillé des divers jeux, qui sont proscrits et défendus, comme étant une occasion de ruine et de désordre.

C'est sur cette espèce de *jeux* que l'*Agent municipal* est autorisé à étendre sa *surveillance*. A cet effet, il lui est permis d'entrer dans les maisons où il y auroit rassemblement de gens affidés, occupés à de pareils jeux; mais il ne peut se permettre cette visite, que sur la dénonciation de deux citoyens domiciliés. *Loi du 22 Juillet* 1791, *tit. I, art.* 10.

Lorsque les *contrevenants* sont surpris en flagrant délit, l'*Agent municipal* doit dresser procès-verbal, saisir les objets qui composent le jeu, et adresser le tout au Commissaire du *Directoire exécutif, près la municipalité. Même Loi, art.* 36 *et* 37 *du tit. II.*

JOURS DE REPOS.

Les *Jours de repos*, sont ceux pendant lesquels la Loi a ordonné la suspension de tous travaux extérieurs, et des fonctions publiques (en matière civile) sauf les cas de *nécessité urgente.*

Les *décadis* et les *fêtes nationales* sont déclarés *jours de repos. Loi du 17 Thermidor, an VI, art.* 1.

Ces *jours* là, les Écoles publiques, particulières, et pensionats des deux sexes doivent vacquer. *Même Loi, art.* 3.

Les *significations*, *saisies*, *contraintes par corps*, *ventes* et *exécutions judiciaires*, *ventes à l'encan*, ou à *cri public* n'ont pas lieu ces jours-là, à peine de *nullité* et d'*amende. Même Loi, art.* 4.

Durant les mêmes jours, les boutiques, magasins et ateliers doivent être fermés, à l'exception des ventes ordinaires de *comestibles* et objets de *pharmacie. Même Loi, art.* 8.

Il en faut encore excepter les *étalages portatifs* d'objets propres à l'embellissement des fêtes. *Même Loi, art.* 9.

« Tous travaux dans les lieux et voyes publiques » ou en vue des lieux et voyes publiques, sont interdits durant les mêmes jours, sauf les travaux » urgens, spécialement autorisés par les Corps administratifs, et les exceptions pour les travaux » de campagne, pendant le temps des *semailles* et » des *récoltes*, conformément à l'art. 2 de la section 5 de la Loi du 6 Octobre 1791. *Même Loi,* » *art.* 10.

L'exécution de cette Loi de police est confiée à la surveillance de l'*Agent municipal*, qui, en qualité de Commissaire de police, est tenu de dresser des procès-verbaux de contravention, et de dénoncer les délinquants au Commissaire du Directoire Exécutif près de l'Administration municipale.

JURI D'ÉQUITÉ.

Le *Juri d'équité* a été institué par la Loi du 14 Thermidor an V, pour faire la répartition de la *contribution personnelle* entre les habitans de la même *commune*. Ce *Juri* est composé de cinq citoyens, qui se réunissent à *l'Agent municipal* et à *l'Adjoint*, sur la provocation et en présence de *l'Agent* particulier des *contributions directes*. Voyez *Agence des contributions directes*, *Commissaires répartiteurs*, *Contributions*.

JURIDICTION.

Quoique les *Agens* et *Adjoints municipaux* ne soient, en général, considérés que comme *Administrateurs* et *Officiers de police*, néanmoins, en quelques occasions, ils possèdent le droit de *Juridiction* par la disposition de deux Lois.

La première de ces Lois, est celle du 6 Nivôse, an IV, concernant le *tarif de la poste aux chevaux*, qui introduit la peine d'un jour de *détention* pour le postillon qui aura refusé de marcher, ou exigé du voyageur un prix au-delà du tarif, et même trois jours, s'il a menacé ou insulté le voyageur.

La même Loi investit *l'Agent, ou l'Adjoint municipal*, du droit de prononcer cette peine contre le postillon.

Voilà donc les *Agens et Adjoints municipaux* qui reçoivent, par cette Loi, le caractère de juge, et qui disposent, sans appel, de la liberté d'un citoyen *Loi du 6 Nivôse, an IV, art.* 4 *et* 5.

L'autre Loi, qui érige en *juges* les *Agens et Adjoints municipaux*, est celle du 3 Nivôse, an VI. — *Portant établissement d'un droit d'entretien des routes.*

Cette

Cette Loi ordonne que les contestations qui s'éleveront aux *barrières*, entre les *percepteurs* et les *voyageurs*, au sujet de l'application du *tarif*, et de la quotité de la *taxe*, seront portées devant *l'Agent municipal le plus voisin*, sur les *mémoires* des receveurs.

Il est même permis à *l'Agent municipal* de se transporter au *bureau*, s'il le croit nécessaire, pour visiter l'état de la voiture.

Ainsi les receveurs des *droits* dits *d'entretien*, et les voyageurs, sont donc appelés en *justice réglée* devant *l'Agent municipal*, qui est constitué *juge* de leurs différens; et son jugement est exécutoire par provision, sans que la Loi même ait expressément autorisé l'appel. *Loi du 3 Nivôse, an VI, art.* 46.

D'où il résulte que les *Agens et Adjoints municipaux*, outre leur qualité *d'Officiers municipaux*, *et de Commissaires de police*, jouissent encore de celle de *Juges*.

Nouveau motif pour n'appeler à cette fonction que des hommes éclairés, laborieux et probes.

KILO-MÈTRE.

Kilo veut dire *mille*; quand il est ajouté à une mesure, il signifie cette mesure répétée *mille fois*: ainsi *Kilo-mètre* n'est autre chose que la réunion de *mille mètres*, comme *Kil-are* est celle de *mille ares*; *Kilo-litre* celle de *mille litres*, *Kilo-gramme* celle de *mille grammes*, *Kilo-stère* celle de *mille stères*.

Un *Kilo-mètre* répond à *cinq-cents toises* environ. Voyez *Mètre*, *Mesures républicaines*.

LIEUX PUBLICS.

Autant la loi impose aux *Agens municipaux* de circonspection pour s'introduire dans les *maisons* des *particuliers*, autant elle leur laisse de liberté pour entrer dans les *lieux publics*.

» A l'égard des lieux où tout le monde est admis, » tels que *cafés*, *cabarets*, *boutiques* et autres, les » Officiers de Police pourront toujours y entrer, » soit pour prendre connoissance des désordres ou » contraventions aux Réglemens, soit pour vérifier » les *poids et mesures*, le titre des matières d'or et » d'argent, la salubrité des commestibles et médi- » camens ». *Loi du* 22 *juillet* 1791, *tit. I*, *art.* 9,

» Ils pourront aussi entrer, *en tout temps*, dans » les maisons où l'on donne *habituellement* à jouer » des jeux de hazard, mais sur la désignation qui » leur en auroit été donnée par deux citoyens, domi- » ciliés ».

» Ils pourront également entrer, en tout temps, » dans les lieux notoirement livrés à la débauche ». *Même titre*, *art.* 10. Voyez *Visites*.

LITRE.

C'est, dans le nouveau système des *poids et mesures*, l'*étalon* de la mesure de *capacité*, qui répond à la *pinte* et au *litron* de Paris; la *chopine* et le *demi litron*, se remplacent par le *demi litre*, ce qui est une grande facilité, dans l'usage journalier. Voyez *Mesures républicaines*.

Le *Litre* est susceptible des dénominations *augmentatives*, telles que *Décalitre* (dix litres). *Hectolitre*

(cent litres). *Kilolitre* (mille litres). *Myrialitre* (dix mille litres).

Et de dénominations *diminutives*, telles que *Décilitre* (la dixième partie d'un *litre*) *Centilitre* (la centième partie d'un *litre*). Voyez *Mesures républicaines*.

LOCATION.

L'Agent municipal est chargé de veiller à ce que les *termes* de *location* ne rappellent plus les époques de l'ancien calendrier, telles que celles de *Pâques*, *St. Jean*, *St. Remy et Noel*, lesquelles doivent être remplacées par d'autres indications.

Les *locations annuelles* se divisent actuellement en quatre parties, de trois mois chacune, à commencer par le 1er. *Vendémiaire*, et ainsi de suite. Chaque terme doit donc être énoncé par le premier jour du mois où il commence, et l'on dira, le terme du 1er. Nivose, du 1er. Germinal, du 1er. Messidor et du 1er. Vendémiaire. Voyez *Affiches*.

On ne peut mieux faire, pour *l'instruction* des *Agens municipaux*, que de leur mettre sous les yeux, *l'Arrêté* pris à ce sujet, par *l'Administration centrale du département de la Seine, du 12 Vendémiaire an VII.*

Arrêté du département de la Seine, *relatif à l'exécution de l'art. 8 de la Loi du 23 Fructidor an VI, sur l'observation de l'Annuaire républicain. Du 12 Vendémiaire an VII de la République française, une et indivisible.*

L'ADMINISTRATION centrale du Département, vu l'article 1er. de la Loi du 23 Fructidor dernier, qui défend d'employer dans tous les actes ou conventions, soit publiques, soit privées, aucune autre date ni indication que celle tirée de l'Annuaire de la République, ainsi que d'y rappeler l'ère ancienne avec la nouvelle ;

Vu l'article 8 de la même Loi, qui charge les Administrations municipales dans les communes où il y a des jours ou époques en usage pour les congés, ouvertures ou expirations de locations rurales et autre, de les replacer à des jours fixes de l'annuaire de la République ;

Considérant, 1° que les locations de chambres et maisons dans Paris, doivent être rangées dans la classe des conventions dont les actes ne peuvent porter d'autres dates que celles tirées de l'Annuaire de la République ;

2°. Que les époques en usage pour les congés, ouverture ou expiration desdites locations, ont été jusqu'à présent de trois mois en trois mois, par les actes, termes de Pâques, de la St. Jean, de la St. Remy et de Noël, expressions qui ne peuvent plus être admises, puisqu'elles appartiennent à un culte dominant, et que la République n'en reconnoît ni n'en salarie aucun ;

3°. Qu'il est nécessaire pour l'ordre et la police, que dans Paris la fixation des nouvelles époques pour les locations, soit uniforme dans les douze arrondissemens, et qu'elle y soit connue et observée en même-tems, et qu'il y auroit à craindre que cette fixation fût différente dans chacun d'eux, si l'administration ne se hâtoit de la déterminer ;

Ouï le Commissaire du Directoire Exécutif, arrête :

Art. Ier. Les termes pour les congés, ouverture ou expiration des locations, seront d'un trimestre, et porteront le nom du premier mois de chaque trimestre, ainsi qu'il suit : Termes de Vendémiaire, de Nivose, de Germinal et de Messidor.

II. Les propriétaires ou principaux locataires, ne pourront employer d'autres désignations sur les affiches et écriteaux, annonçant un local ou emplacement quelconque à louer, sous les peines portées en l'article 1er. de la Loi précitée.

III. Ne pourront, sous les mêmes peines, les propriétaires, principaux locataires, donner ou recevoir des quittances de loyer où les termes ne seroient pas désignés, ainsi qu'il est prescrit en l'article 1er. du présent arrêté.

IV. Les Commissaires de police et inspecteurs veilleront à l'exécution des articles II et III du présent arrêté, qui sera envoyé aux différens Tribunaux du département de la Seine, au Bureau central et aux Administrations municipales du canton de Paris ».

LOUPS, (destruction des).

La présence des *loups* est quelquefois un fléau dans les campagnes. Les *Agens* et *Adjoints municipaux* sont appelés à concourir à leur destruction, par leur surveillance et leurs soins.

La Loi du 10 Messidor an V, a déterminé des primes et des indemnités par forme d'encouragement, à ceux qui en auroient purgé le pays.

L'article 2 accorde 50 francs par tête de louve pleine ; 40 francs par tête de loup, et 20 francs par tête de louveteau.

Lorsqu'il est constaté qu'un loup *enragé* ou *non*, s'est jeté sur des hommes ou enfans, il y a une prime de 150 francs pour celui qui le tuera.

Celui qui prétend à l'une de ces indemnités, doit se présenter devant *l'Agent municipal de la commune la plus voisine* de son domicile, et y faire constater la mort de l'animal, son âge, son sexe; et si c'est une *louve*, il sera dit si elle est *pleine*.

L'Agent municipal dresse un procès-verbal des circonstances, et il l'envoie, avec la *tête de l'animal*, à l'Administration départementale, qui délivre un *mandat* sur le receveur du département, sur les fonds qui sont, à cet effet, mis entre ses mains par ordre du *Ministre de l'intérieur. Loi du 10 Messidor an V.*

MAIN — FORTE.

On entend sous le nom de *main-forte*, l'assistance qui est prêtée pour l'exécution des ordres émanés des *Autorités Constituées*.

C'est principalement la *force armée* qui est en état de fournir cette assistance; aussi est-il de son devoir d'obéir aux *réquisitions* qui lui sont faites d'une manière *légale* par les *Administrations*, *fonctionnaires publics* et autres personnes auxquelles la Loi a attribué le droit d'une pareille *réquisition*.

Les *Agens municipaux* jouissent du droit de faire une *réquisition* et de provoquer la *main-forte* pour l'exercice de leurs fonctions.

Si c'est ordinairement la *force armée* qui donne *main-forte* aux *citoyens* et à *l'Agent municipal*, il peut aussi arriver qu'elle ait elle-même besoin de *main-forte*; et elle est, en pareil cas, autorisée à la requérir des *citoyens* et de *l'Agent municipal*; c'est ainsi que les *Autorités civiles* et *militaires* doivent se soutenir et se défendre par une mutuelle assistance.

La Loi du 28 Germinal an VI, a prévu le cas où

la gendarmerie nationale se trouvant *outragée* ou *menacée* dans l'exercice de ses fonctions, auroit besoin de secours.

En pareille extrémité, les membres de la *gendarmerie* doivent prononcer à haute voix : *Force à la Loi.*

A l'instant où ce cri est entendu, *tous* les citoyens sont tenus de prêter *main-forte* à la *gendarmerie nationale*, tant pour repousser les attaques, que pour l'exécution des ordres, *réquisitions et ordres légaux* dont la *gendarmerie nationale* se trouvera chargée. *Art.* 230.

En matière *d'attroupemens séditieux*, la *gendarmerie nationale* ne peut user de *voies de fait*, qu'autant qu'elle aura elle-même obtenu une espèce de *main-forte* de la part de l'Autorité civile.

Cette *main-forte* s'opère par un *arrêté* de *l'Administration centrale* ou *municipale*, auquel doit se joindre l'assistance de *l'Agent municipal.*

Voici quelles sont les formalités à remplir, afin de légitimer le déploiement de la *force armée.* D'abord *l'Agent municipal* présent, doit prononcer à haute voix ces mots :

« *Obéissance à la Loi ;*
» On va faire usage de la FORCE ; que les *bons citoyens* se retirent ».

Cette sommation doit être réitérée trois fois, à quelque distance l'une de l'autre.

Après quoi, si la *résistance* continue, et si les personnes attroupées ne se retirent pas *paisiblement*, *la FORCE des armes* sera à l'instant déployée contre les séditieux, sans aucune *responsabilité* des évènemens ; et ceux qui pourront être *saisis* ensuite, seront livrés aux *Officiers de police* pour être jugés et punis suivant la rigueur des lois. *Loi du 28 Germinal an VI, art. 232.* Voyez *Attroupement, Force armée.*

MAISONS DE JEUX.

L'Agent municipal est autorisé à y faire, en tout tems, la *visite*. Voyez *Lieux publics.*

MANDATS D'AMENER.

Le droit de décerner des *mandats d'amener* appartient aux *Agens municipaux*, par concurrence avec le *Directeur de jury*, le *Juge-de-paix*, et les *Officiers de gendarmerie nationale*, contre les prévenus des cas suivans :

De *vols commis* à force ouverte, ou par violence, sur les routes et voyes publiques, ceux commis dans les maisons habitées, avec *effraction extérieure* ou *escalade*.

D'avoir attaqué, sur les routes et voies publiques, soit les voitures publiques de terre ou d'eau, soit les couriers de la poste ou leurs malles, soit les couriers porteurs des dépêches du Gouvernement ou des Ministres, ou des Autorités constituées, ou des Généraux, soit les voyageurs.

Contre ceux qui, dans un rassemblement de plus de deux personnes, se seront introduits, même sans effraction, dans la maison d'un citoyen, et y auront commis ou tenté d'y commettre des vols à force ouverte ou par violence envers des personnes;

Et encore contre ceux qui se sont rendus les complices et instigateurs des *délits* sus-énoncés.

Sous ce nom de *complices* et *instigateurs*, la Loi comprend ceux qui sont convaincus d'avoir *enrôlé* pour ces rassemblemens, ou de les avoir *commandés*, ou de leur avoir fourni, soit de l'argent, soit des armes, soit des munitions dans l'intention de préparer, d'aider, ou de favoriser le crime, ou de leur avoir sciemment et dans le même dessein, prêté asyle, ou récelé, soit les coupables, soit les effets par eux volés. *Loi du 29 Nivôse, an VI, art.* 1, 2, 3, 4 *et* 5.

Observons néanmoins que dans les cas ci-dessus énoncés, l'*Agent municipal* n'a le droit de décerner un *mandat d'amener*, qu'autant qu'il a *été informé le premier* d'un délit.

Observons encore, qu'il est tenu, sous les peines portées contre les *détentions arbitraires*, de traduire, sans délai, les individus qu'il aura fait saisir, par-devant l'un des Fonctionnaires publics compétens, pour décerner les *mandats d'arrêts*, tels que le *Juge de paix du canton*, ou le *Directeur du jury* du lieu du délit. *Loi du* 29 *Nivôse, an VI, art.* 9 *et* 10. Voyez *Arrestation*, *Fausse monnoie*, *Evasion de prisonniers*.

MARCHANDISES ANGLAISES.

La prohibition des *Marchandises anglaises* a été considérée comme une mesure de salut public, nécessaire à l'encouragement des manufactures nationales;

En conséquence, l'*importation* des marchandises manufacturées, provenant, soit des fabriques, soit du commerce anglais, est interdite, tant par mer que par terre, dans toute l'étendue de la République française. *Loi du* 10 *Brumaire, an V, art.* 1.

Les *Agens* et *Adjoints municipaux* trouvent encore à cette occasion, d'importantes fonctions à remplir, en leur qualité de membres de l'*Administration municipale*.

Après avoir détaillé, dans l'art. 5, les objets compris dans la prohibition, la Loi ajoute qu'il est défendu à toutes personnes de *vendre*, ou d'*exposer en vente* aucun des objets provenant des *fabriques* ou du *commerce anglais*, et à tous *imprimeurs d'imprimer aucuns avis qui annonceroient ces ventes.*

Toutes *enseignes* ou *affiches* indiquant des dépôts ou des *ventes* de marchandises anglaises doivent être retirées sous vingt-quatre heures.

Un *Administrateur municipal*, accompagné du *Commissaire du Directoire Exécutif*, pourra, dans l'arrondissement du canton, visiter de jour les maisons occupées par tout citoyen faisant le commerce, à l'effet de constater les contraventions.

En cas de contravention, le *délinquant* peut être *arrêté* sur-le-champ et traduit au Tribunal de *police correctionnelle ;* procès-verbal de *saisie*, préalablement fait avec les formalités requises.

Si la confiscation est ordonnée, la Loi accorde un *sixième* de son produit à l'*Agent municipal*, qui a assisté à la saisie, (sous la qualité d'Aministrateur municipal) ainsi qu'au Commissaire du Directoire Exécutif. *Même Loi, art.* 16 ; et *Loi additionnelle, du* 19 *Pluviôse, an V.*

MARIAGES.

La *célébration* des *mariages* faisoit ci-devant partie des fonctions des *Agens municipaux*, en leur qualité *d'Officiers publics de l'État civil* ; mais à compter du premier Vendémiaire de l'an VII, elle a été transportée au *Président* de l'Administration municipale du canton, *avec défenses, à compter de la même époque, aux Agens municipaux de recevoir les actes de mariages, à peine de nullité et des dommages et intérêts des parties. Loi du 13 Fructidor, an VI, art. 4.*

MENDICITÉ.

La *mendicité* est une calamité dans un état policé, soit qu'elle provienne de paresse, soit qu'elle provienne d'une véritable indigence.

Le Gouvernement a pris des mesures contre l'une et l'autre espèce de mendiant, en fournissant des *secours* aux uns, et des *travaux* aux autres.

C'est aux *Agens et Adjoints municipaux* à seconder, par leur surveillance et leur fermeté, des intentions aussi essentielles au bon ordre et à la sûreté générale.

Tout individu valide, doit être *arrêté* par les ordres de *l'Agent municipal* de la commune sur laquelle il est trouvé *mendiant*, et conduit devant le *Juge-de-paix*, pour être, par celui-ci, procédé conformément à la *Loi du 22 Juillet* 1791, *et* 24 *Vendémiaire an II.*

Le procès-verbal de *l'Agent municipal* doit faire mention des circonstances apparentes qui pourroient se joindre au fait de mendicité, comme :

1° De mendier avec armes ;

2°. De s'introduire dans l'intérieur des maisons ou de mendier la nuit ;

3°. De mendier *deux* ou plusieurs ensemble ;

4°. De mendier avec de faux certificats de causes ou infirmités supposées, ou déguisement ;

5°. De mendier après avoir été repris de justice.

6°. Et enfin de mendier hors du canton de son domicile.

En cas de résistance de la part de plusieurs *men-*

diants réunis, *l'Agent municipal* est autorisé à employer la *force armée*, et à user des mesures indiquées contre les *attroupemens séditieux*. Voyez *Attroupemens*, *Main-forte*.

MESURES RÉPUBLICAINES.

La Loi a donné le nom de *mesures républicaines* aux *mesures* adoptées par le nouveau systême, en ces termes :

« Les nouvelles mesures seront distinguées dorénavant par le surnom de *républicaines*. » *Loi du* 18 *Germinal, an III, art.* 5.

Ces *mesures* sont les seules qu'il soit aujourd'hui permis aux *Agens municipaux et Adjoints* d'employer dans leurs *actes* et *procès-verbaux*.

Dans ces divers *actes*, il ne doit plus être question *d'arpens*, *mines*, *perches*, *etc.* pour *l'arpentage* des *terres*; ni de *lieues* pour la distance des *chemins*; ni *d'aune* pour le mesurage des *étoffes*; ni de *pintes*, de *litrons*, de *boisseaux* pour celui des *comestibles*, *etc.*

Toutes ces dénominations ont été remplacées par celles *d'ares*, de *mètres*, *litres*, *stères et grammes*. *Même Loi, art.* 5.

Ces différens termes sont expliqués déjà dans le cours de cet ouvrage, à leur *ordre alphabétique*; mais pour donner un tableau exact des *mesures républicaines*, et de leur *rapport* avec les *anciennes*, nous ne pouvons mieux faire que d'insérer ici un *vocabulaire* qui donnera sur cet objet les instructions les plus utiles.

MES VOCABULAIRE

Des Mesures républicaines, avec l'indication de leurs valeurs et de leurs usages.

MESURES DE LONGUEUR.	VALEURS ET USAGES.
Centimètre..	Centième partie du mètre. C'est plutôt une sous-division qu'une mesure particulière (1).
Décimètre...	Dixième partie du mètre. Le double décimètre fait une mesure de poche très-commode.
Mètre....	Grandeur de l'étalon des mesures de la République. Dix-millionième partie du quart du méridien, ou longueur d'environ 3 pieds 11 lig. et demi.
	Servira pour l'aunage des étoffes et les toisés. Fait la hauteur ordinaire d'une canne, que chacun peut avoir à la main. Le demi-mètre et le *double mètre* peuvent être utiles pour différens mesurages.
Décamètre..	Dix fois la longueur du mètre. Environ 30 pieds. Propre à faire une chaîne d'arpentage.

(1) On pourroit considérer le millimètre, millième partie du mètre ; mais il est peu important pour le commerce.

MESURES DE LONGUEUR.	VALEURS ET USAGES.
Hectomètre.	Longueur de cent mètres. Ne sera guère usité.
Kilomètre...	Équivaut à mille mètres, ou environ 500 toises.
Myriamètre.	Sa valeur est de dix mille mètres, ou environ 5,000 toises; ce qui est un peu plus qu'une poste. Le kilomètre et le myriamètre seront bons pour exprimer les distances itinéraires, et régler le placement des bornes pour la mesure des chemins.
MESURES DE CAPACITÉ.	
Centilitre....	On n'a pas besoin de mesure plus petite de ce genre. On peut se la représenter comme un petit verre pour l'eau-de-vie et les liqueurs. Son double serviroit aussi très-bien au même usage.
Décilitre....	C'est à-peu-près l'équivalent d'un gobelet ordinaire. On conçoit aisément à quoi il peut servir. Sa moitié et son double sont analogues à d'autres mesures que l'on emploie maintenant pour les liquides.
LITRE....	Sa capacité est celle d'un décimètre cube. Il diffère peu du litron et de la pinte de

MESURES DE CAPACITÉ.	VALEURS ET USAGES.
	Paris, et servira aux mêmes usages, soit pour les liquides, soit pour les matières sèches. Sa moitié et son double seront aussi très-utiles.
Décalitre...	Il peut tenir lieu, ainsi que le double *décalitre*, du boisseau pour la mesure du blé et de toute sorte de graines. Le *demi-décalitre* remplaceroit le picotin.
Hectolitre...	Servira pour plusieurs matières sèches, telles que les grains., le sel, le plâtre, la chaux, le charbon, etc. On pourroit par la suite donner cette contenance et son double aux futailles pour les vins. Le *demi-hectolitre* sera aussi fort utile, et spécialement pour les grains.
Kilolitre....	Capacité égale au mètre cube. C'est à-peu-près un tonneau de mer d'aujourd'hui, qui est moins un instrument de mesure qu'un mode d'évaluation. Le myrialitre est superflu.

Nota. Si l'on compare aux mesures anciennes la série des litres décimaux, augmentée des doubles et des moitiés de chacun d'eux, on verra que depuis le *centilitre* jusqu'au *décalitre*, ils conviennent parfaitement pour les liquides; et depuis le *demi-litre* jusqu'à l'*hectolitre*, pour les diverses matières sèches.

POIDS.	VALEURS ET USAGES.
	Le *milligrame* seroit un peu moins pesant que le 50e. de grain, par conséquent donneroit une exactitude plus grande que les trente-deuxièmes dont on s'est servi jusqu'à présent; mais comme cette mesure n'est employée que dans les opérations très-délicates, et qui ne font pas partie des usages ordinaires du commerce, on peut se borner aux poids suivans.
Centigram..	Poids cent fois moindre que le gramme; environ un cinquième de grain.
Décigram...	Pèse un peu moins que deux grains. Le demi-décigramme est donc a-peu-près le grain d'aujourd'hui.
GRAMME...	Équivaut au poids de l'eau sous le volume d'un centimètre cube; ce qui fait environ 19 grains. Très-analogue au *gramma* des Grecs, dont il tire son nom. Il est très-propre à servir d'unité dans la pesée des matières précieuses, telles que l'or et l'argent, et toutes celles qui exigent beaucoup d'exactitude.
Décagram..	Poids de dix grammes. Sa moitié fait environ un gros et tiers. Son double est un peu moins que les deux tiers d'une once.
Hectogram..	Poids de cent grammes.

POIDS.	VALEURS ET USAGES.
Kilogram...	Poids de mille grammes, très-commode pour la vente des matières les plus communes. Sa moitié excède notre livre actuelle, d'environ trois gros.
Myriagram..	Poids de dix mille grammes. Un peu moindre que 20 livres et demie actuelles. Son double formera le plus gros des poids que l'on sera dans le cas d'employer, et remplira cet objet avec avantage.
	Nota. On conçoit combien sont utiles les doubles et les moitiés de chacun des poids qui composent la série décimale. En formant de tous une seule série, on voit qu'elle est fort analogue à celle des anciens poids, qu'elle remplacera très-avantageusement dans tous les usages du commerce.
MESURES AGRAIRES.	
Centiare... Déciare...	Le centiare et le déciare ne sont que des sous-divisions de l'are. Le premier est égal à un mètre carré. Le second en vaut dix.
Are....	Unité des mesures pour les terreins, ou l'arpentage. C'est l'équivalent d'un décamètre carré, ou de cent mètres carrés

MESURES AGRAIRES.	VALEURS ET USAGES.
	(environ 25 toises carrées). Il est très-convenable pour la mesure des terreins précieux des villes, des jardins et des petites propriétés ou de médiocre étendue.
	La dénomination de *déca-are*, ou *décare* en syncopant, ne seroit presque d'aucun usage.
Hectare....	C'est une superficie contenant cent ares. Il peut être employé pour l'évaluation des terreins d'une certaine étendue. L'hectare est un peu moins que le double du grand arpent de 100 perches carrées, la perche étant de 22 pieds.
	Le *Kilare* n'est pas important à considérer.
Myriare....	Étendue de dix mille ares, ou équivalant à un carré d'un kilomètre de côté; propre par conséquent à la mesure des territoires un peu considérables, tels que celui d'une commune, d'un district, &c., lorsque l'on ne voudra pas les exprimer en carrés des mesures des longueurs.

MESURES pour les bois. DE CHAUFFAGE.	VALEURS ET USAGES.
STÈRE...	Quantité égale au mètre cube. En donnant un mètre de longueur aux bûches, il ne faut, pour obtenir le stère, que les ranger dans une membrure, ou chassis carré, d'un mètre de côté. Si les bûches ont une autre longueur, par exemple, trois pieds et demi comme l'exige l'ordonnance des eaux et forêts, il n'y a qu'un léger changement à faire à la hauteur du chassis, ce qui n'entraîne aucune difficulté. Le stère sera très-commode ; il sera environ la demi-voie de bois de Paris. Le *demi-stère* et le double stère pourront être aussi employés. Enfin on pourroit aussi se servir du *déci-stère*, ou mieux encore du *double déci-stère*, pour régler la grosseur des fagots et la mesure des cotrets, en déterminant leur longueur convenablement. Les autres combinaisons du stère ne paroissent pas offrir d'usage utile.

MONNOIES.	VALEURS ET USAGES.
	Les monnoies sont ici considérées comme monnoies de compte, c'est-à-dire, sans faire attention à la valeur propre de l'unité principale.
Centime. . . .	Centième partie, ou valeur du centième de franc.
Décime. . . .	Dixième de franc, équivalant à 2 sous.
FRANC. . .	Unité principale de la monnoie; la même que notre livre de 20 sous. Elle s'applique aux assignats comme à toute autre monnoie; sa valeur absolue, c'est-à-dire, ce qu'elle peut procurer d'une certaine marchandise, varie, comme l'on sait, suivant les circonstances.

MÈTRE.

C'est le premier degré des mesures de *longueur*. Il est de trois pieds 11 lignes et demi (autant vaut dire de 37 pouces). Il sert à l'aunage des étoffes et aux toiles, tant qu'il n'excède pas un certain terme, après lequel il est employé pour les mesures itinéraires. Voyez *Kilomètre*, *Mesures Républicaines*.

MYRIAMÈTRE.

Myria veut dire *dix mille*; quand ce mot est ajouté à une mesure quelconque, il annonce qu'elle est répétée dix mille fois. Ainsi, *myriamètre* signifie *dix mille mètres*, comme *myriagramme* veut dire *dix mille grames*, etc.

Le *myriamètre* embrassant une extrême longueur, ne peut s'appliquer qu'aux mesures de routes et de chemins, et il répond à 5,000 toises, ce qui est un peu plus que *deux lieues* de poste. Voyez *Mètre*, *Mesures républicaines*.

MONNOIE.

Les *Agens et Adjoints municipaux* doivent avoir attention à ne plus exprimer, dans leurs actes et procès-verbaux, les quantités monétaires sous les noms de louis, écus, vingt-quatre sous, etc., ni même d'admettre ces dénominations dans les déclarations qu'ils reçoivent. Il n'y a plus, pour signes monétaires, que le *franc*, qui équivaut à l'ancienne livre (20 sous). Le *décime*, qui est la dixième partie d'un franc, et qui équivaut à deux sous, et enfin le *centime*, qui est la centième partie d'un franc, ou la dixième partie d'un décime.

En un mot, dix *centimes* font un *décime* (ou deux sous). *Dix décimes* font un *franc* ou 20 sous. Voyez *Mesures républicaines*.

C'est d'après ces données, que les *Agens et Adjoints municipaux* doivent opérer, sous peine *d'amende*. *Loi du 17 Frimaire an II*, et *Loi du 1er. Vendémiaire an IV, art.* 20.

MONNOIE. (fausse) Voyez *Fausse Monnoie*.

NAISSANCES.

La *naissance* d'un enfant dans l'étendue d'une commune, entraîne la nécessité d'une *déclaration* devant l'*Agent municipal*.

La *déclaration* de *naissance* doit être faite par le mari, s'il est présent et en état d'agir.

Au cas *d'absence* ou autre empêchement, ou si la femme n'a pas de mari, le soin de cette *déclaration* est imposé au *chirurgien* ou à la *sage-femme* qui auront fait l'accouchement.

Si l'accouchement a lieu dans une maison publique ou dans une maison tierce, la *déclaration* doit être faite par la personne qui commande dans cette maison ou qui en a la direction.

La *déclaration* doit être faite dans les *trois jours* de la naissance. *Loi du 19 Décembre* 1792, *art. premier de la section première*, (avec l'assistance de deux témoins de l'un ou de l'autre sèxe, parens ou non parens, âgés de 21 ans.) *Loi du 20 Septembre* 1792, *titre III*, *art.* 1.

Il y a peine de deux mois de prison contre ceux qui étant chargés par la Loi de faire ces déclarations, ne s'y seroient pas conformés ; et même, il y a lieu à des procédures criminelles dans le cas où le *défaut de déclaration* conduiroit au soupçon de *suppression*, *enlèvement* ou *défaut de représentation de l'enfant*. *Loi du* 20 *Septembre* 1792, *titre III*, *art.* 5.

Il ne suffit pas d'une simple déclaration, il faut encore que l'enfant soit *présenté* à *l'Agent municipal*, à moins qu'il n'y ait péril imminent pour l'enfant dans ce déplacement, auquel cas *l'Agent municipal* sera tenu, sur la *réquisition* qui lui en sera faite, de se transporter dans la maison où se trouve le nouveau né. *Même Loi*, *titre III*, *art.* 6.

La *déclaration* doit contenir le *jour*, *l'heure* et le *lieu* de la *naissance*, la désignation du *sèxe* de l'enfant, le *prénom* qui lui sera donné, les *noms* et *prénoms* de ses père et mère, leur *profession*, leur *domicile*, les *noms*, *prénoms*, *profession* et *domicile* des témoins. *Même Loi*, *titre III*, *art.* 7.

L'Agent municipal doit, de suite, et sans interruption, dresser acte de cette *présentation* et *déclaration* sur le registre double tenu à cet effet ; cet acte doit être *signé* par le père ou autres personnes qui auront fait la déclaration, par les témoins et par *l'Agent municipal* ; s'il y a quelqu'un qui ne sache pas signer, il en sera fait mention. *Même Loi*, *tit. III*, *art.* 8. Voyez *Enfans exposés.*

NAUFRAGE.

Sur les ports de mer, *l'Agent municipal* est autorisé, en l'absence du *Juge de paix*, à donner les ordres nécessaires pour procurer du secours aux *naufragés*. *Loi du* 13 *Août* 1791, *titre I*, *art.* 4.

Cette autorisation s'étend de droit aux *Agens municipaux* des *communes* situées sur des *fleuves* et *rivières*.

NOMS, PRÉNOMS ET SURNOMS.

Vers la naissance de la *République*, il se trouva plusieurs particuliers tant *étrangers* que français, et même des *communes* qui crurent fournir une nouvelle preuve de patriotisme, en abdiquant leurs *noms* pour en prendre d'autres plus significatifs et plus analogues aux circonstances politiques; et cet échange de noms fut autorisé par un *Décret du 24 Brumaire an 2.*

Un autre décret du 6 *Fructidor* de la même année, révoqua cette faculté, et imposa à ceux qui avoient *abdiqué* leurs noms, l'obligation de les reprendre. *Loi du 6 Fructidor an II, art.* 1.

La même Loi défend d'ajouter aucun *nom* à son nom propre, à moins qu'il n'ait servi jusqu'alors à distinguer les membres d'une même famille, sans rappeler des *qualifications féodales ou nobiliaires. Même Loi, art.* 2.

Les *Agens* et *Adjoints municipaux* doivent donc faire attention dans les actes et extraits qu'ils délivreront, à ne désigner les citoyens que conformément à cette Loi. Voyez *Amende* et *Destitution*.

NOYÉS.

Les *Agens municipaux* des *communes* situées sur les bords des *fleuves* et *rivières*, sont journellement exposés à employer les fonctions de leur ministère à l'égard des *noyés*, pour constater leurs *noms*, leurs *qualités*, leur *demeure*, et remplir toutes les formalités qui sont prescrites par les lois dans les cas de *morts violentes*. Voyez *Décès*.

Mais il est un autre devoir, non moins important, qui fait partie des fonctions des *Agens municipaux*, c'est de prévenir les dangers d'une *inhumation précipitée*, en ne la permettant qu'après avoir épuisé tous les moyens de rappeler à la vie l'individu qui se présente aux yeux, sous l'apparence d'un *noyé*.

Des méprises funestes, en cette matiére, ont éveillé la sollicitude du Gouvernement, qui a fait passer à toutes les *Administrations centrales* une *instruction* sur le *traitement des noyés*.

Depuis, le *Ministre* de l'*intérieur* a également adressé aux *Administrations centrales* une *circulaire*, avec invitation de la communiquer à toutes les *communes* de leur arrondissement, contenant les *notions les plus essentielles* de ce qui devoit se pratiquer en pareil cas; mais comme ces *instructions* sont contenues sur des *feuilles volantes*, faciles à s'égarer, il est à craindre que l'avantage n'en soit perdu pour plusieurs *Agens municipaux*. Ce sera donc un service à rendre à l'humanité, que de donner à ces *instructions* bienfaisantes une forme plus solide, et de les tenir *en permanence* sous les yeux, en les fixant dans *cet ouvrage* de manière que les *Agens municipaux* soient toujours à portée d'y recourir sans peine, dans les momens où elles deviendront nécessaires.

LETTRE du Ministre de l'intérieur aux Administrations centrales. Du 25 Nivose, an V.

» Vous connoissez, citoyens, l'usage où l'on est encore, presque généralement, de suspendre les noyés par les pieds, pour leur faire rendre l'eau qu'on les suppose avoir bue. Ce procédé dangereux fait périr tous les jours des citoyens que des secours, administrés avec plus d'intelligence, conserveroient à la société. La raison et l'humanité réclament également contre cette coutume homicide; il faut combattre toutes celles qui ont pour principes les préjugés de l'ignorance ; par l'instruction, plus encore que par l'autorité. Des accidens multipliés et des avis récens m'ont fait juger qu'il étoit important de ne pas différer d'instruire toutes les communes de la République, des inconvéniens de la méthode jusqu'ici pratiquée, et de leur indiquer en même tems les premiers secours qu'il convient de donner aux noyés pour les préparer aux soins plus efficaces d'un traitement régulier. J'ai chargé l'École de santé de Paris, de recueillir sur cet objet toutes les connoissances qui appartiennent à l'art de guérir. Mais, en attendant que ce travail soit achevé, et que je puisse vous adresser des instructions plus complètes et plus détaillées, voici les premières notions qu'il importe de répandre dans toutes les communes de votre ressort, avec toute la publicité nécessaire pour détruire le préjugé qui règne encore d'une manière si funeste.

» Il est prouvé, selon le témoignage motivé de l'École de santé, que les noyés ont rarement de l'eau dans l'estomac, et que s'il en existe, elle ne peut causer la mort et doit être comptée pour rien.

» C'est le défaut de respiration, une petite quantité d'eau introduite dans les poumons, et le sang retenu à la tête, qui les font périr suffoqués et dans un état d'apoplexie. Rien n'est donc plus contraire à la raison que d'employer, pour les secourir, un moyen qui n'est propre qu'à causer la suffocation et l'apoplexie, et qui suffiroit seul pour faire périr un homme en santé. Les premiers secours qu'il faut administrer aux noyés, en attendant ceux de la Médecine, c'est, après les avoir entièrement retirés de l'eau, de les porter doucement dans un endroit sec et chaud, de les dépouiller de leurs vêtemens, s'ils sont habillés, de les tenir sur un des côtés, la tête élevée, leur frotter le corps avec des étoffes chaudes, principalement de laine, et de les envelopper de ces mêmes étoffes, de leur placer sous le nez des liqueurs ou des sels d'une odeur forte et pénétrante, s'il s'en trouve à leur portée, leur en introduire dans les narines, ou au moins les irriter, ainsi que la gorge, avec une barbe de plume, ou tout autre corps qui puisse produire le même effet, dans l'intention de procurer une secousse favorable par l'éternuement ou le vomissement; de leur inspirer de l'air par la bouche, en leur tenant les narines serrées; enfin, aussitôt que le malade pourra avaler, de lui faire prendre quelques cuillerées de liqueurs spiritueuses, comme eau-de-vie, eau de mélisse, ou telle autre qu'on pourra se procurer.

» Ces moyens simples et faciles, mais pratiqués avec ordre et attention, et continués avec constance, suffisent quelquefois pour rappeler un noyé des portes de la mort; au moins, si la vie n'est pas entièrement éteinte, ils donnent le tems à l'Officier de santé d'arriver et d'employer des moyens plus efficaces.

» Un autre usage non moins funeste, et qu'il n'est pas moins pressant de réformer, c'est celui où l'on est d'attendre, pour administrer des secours à un noyé, que les Officiers de police aient dressé procès-verbal de son état. Avertissez bien vos administrés, que c'est le devoir de tout citoyen qui a le bonheur de sauver un noyé, ou qui est le témoin de cet acte d'humanité, d'appeler sur-le-champ les Officiers de santé pour le secourir. Il est toujours tems de constater la mort d'un homme; mais on n'a souvent qu'un instant pour lui sauver la vie.

» Voilà, citoyens, les premières instructions que j'ai cru devoir vous adresser, et les préjugés contre lesquels vous devez vous élever avec toute la force de la raison et même de l'Autorité. J'aurai soin de vous communiquer toutes les nouvelles lumières que les progrès de la science et les travaux de l'Ecole de santé pourront ajouter aux connoissances déjà acquises sur cet objet. Je m'occuperai, en même tems, de la restauration des établissemens à l'usage des noyés, dont l'utilité sera reconnue, ainsi que de tous les réglemens nécessaires pour en assurer le service, et sur-tout je ne manquerai pas de provoquer les regards et les récompenses honorables du Gouvernement, sur tous les actes de dévouement civique que le noble desir de sauver la vie à un citoyen aura inspirés ».

SALUT ET FRATERNITÉ.

OBÉISSANCE A LA LOI.

C'est le cri que *l'Agent municipal* doit faire entendre à *haute voix*, dans les cas d'attroupement séditieux. *Loi du 28 Germinal, an VI, art.* 232.

Ce cri doit être réitéré *trois fois*, accompagné de la *formule de sommation* prescrite par le même *article*.

Après cette *triple répétition*, si la résistance continue, et si les personnes *attroupées* ne se retirent pas *paisiblement*, la *force des armes* sera à l'instant déployée contre les séditieux, sans aucune *responsabilité des évènemens. Même art.* Voyez *Attroupement*, *Main-forte*.

OFFICIER DE L'ÉTAT CIVIL.

Dans les *communes* où il y a un *Agent municipal*, il fait les fonctions *d'Officier de l'État civil*, aux termes de la Loi *du* 19 *Vendémiaire, an IV, tit. II, art.* 12. Voyez *État civil*.

Néanmoins la célébration du *mariage* a été récemment distraite de cette attribution pour être transférée au *Président* de *l'Administration municipale*. Voyez *Mariage*.

OUVRAGES D'OR OU D'ARGENT.

Les marchands *d'ouvrages d'or ou d'argent*, ambulans, ou venant s'établir dans une foire, sont tenus, à leur arrivée dans une commune, au-dessous de 5000 habitans, de se présenter à *l'Agent* de cette commune, et de lui montrer les bordereaux des orfèvres, qui leur auront vendu les ouvrages d'or et d'argent dont ils sont porteurs. *Loi du* 19 *Brumaire au VI*, *art.* 92.

L'Agent municipal doit alors faire examiner les marques de ces ouvrages, par des *orfèvres*, ou à défaut, par des personnes connoissant les *marques* et *poinçons*, afin d'en constater la légitimité. *Même Loi*, *art.* 93.

Dans le cas où le marchand n'auroit pas fait sa *déclaration*, ou si après sa *déclararation* faite, les ouvrages ne se trouveroient pas accompagnés de bordereaux, ou ne seroient pas marqués du *poinçon* de vieux ou de *récense*, ou bien où ces marques paroitroient contrefaites, *l'Agent municipal* est tenu de dresser un *procès-verbal de saisie* des ouvrages dont il s'agit, et de les envoyer au Tribunal de police correctionnelle du canton. *Même Loi*, *art.* 94.

OUVRIERS. (Voyez *Coalition*).

Les *ouvriers* d'une *commune* peuvent être appelés par *l'Agent municipal*, pour faciliter le *transport* et *l'enfouissement* d'une *bête à cornes*, morte d'une *mala-*

die contagieuse, sous peine de 50 francs d'amende contre les *refusants*. *Arrêté du Directoire Exécutif*, *du 27 Messidor an V*. Voyez *Animaux malades*, *Enfouissement*, *Epizootie*.

PASSEPORTS (Voyez *Gens sans aveu*).

La police sur les *passeports*, n'est pas uniforme. Elle est plus ou moins rigoureuse, suivant les circonstances; c'est aux *Agens municipaux* à être attentifs à la variation dont ils sont, d'ailleurs, promptement instruits par la voie de la *municipalité*. Voici quel est l'état actuel de cette législation.

Jusqu'à ce qu'il en ait été autrement ordonné, nul individu ne pourra quitter le territoire de son canton, ni voyager, sans être muni et porteur d'un *passeport*, signé par les Officiers municipaux de la *commune* ou *Administration municipale de canton*. *Loi du 10 Vendémiaire an IV*, *tit. III*, *art.* 1.

Tout individu voyageant, et trouvé hors de son canton sans passeport, sera mis sur-le-champ en *arrestation*, et détenu jusqu'à ce qu'il ait justifié être inscrit sur le *tableau* de la commune de son domicile. *Même tit.*, *art.* 6.

L'Agent municipal est chargé de veiller à ce que nul individu, non domicilié dans le canton, ne puisse s'y introduire sans *passeport*. *Arrêté du Directoire Exécutif*, *du 2 Germinal an IV*.

Il est tenu de faire *arrêter* sur-le-champ, tout individu *voyageant* et trouvé hors de son canton, sans *passeport*, jusqu'à ce qu'il ait justifié être inscrit sur le tableau de la commune de son domicile; et si l'individu arrêté ne justifie pas de cette inscription, dans le délai de *deux décades*, il sera, aux termes de l'art. 7, du tit. III, de la Loi du 10 Vendémiaire an IV, réputé vagabond et *sans aveu*, et traduit, comme tel, devant les tribunaux compétens. *Arrêté du Directoire Exécutif, du 2 Germinal an IV.*

PATENTES.

La formalité des *Patentes*, introduite par l'*Assemblée constituante*, a reçue des accroissemens par des Lois subséquentes, entre lesquelles il faut distinguer celles des 6 *Fructidor, an IV*, 9 *Frimaire*, 9 *Pluviôse, an V*, et 7 *Brumaire, an VI.*

Les *Agens municipaux* ont été obligés, aux termes de la Loi *du* 9 *Frimaire, an V*, de remettre dans les dix jours qui suivroient la réception de cette Loi, à l'Administration municipale du canton, l'état des citoyens de *leurs communes*, qui, à raison de leur commerce ou industrie, étoient assujettis *au droit de patente. Loi du 9 Frimaire, an V, art. 7.*

Tous les mois, les *Agens municipaux* doivent envoyer à l'Administration municipale, l'état des citoyens de leur *commune*, assujettis au *droit de patente*; et en cas de retard, le *Commissaire du Pouvoir Exécutif*, près de la Municipalité, doit en donner avis à l'*Administration centrale. Même art.*

Alors, celle-ci envoye des Commissaires dans les *communes* indiquées, pour relever cet état, le tout aux *frais et dépens* des *Agens ou Adjoints municipaux* négligens. *Loi du 11 Germinal, an V, art. 1 et 3.*

Ceux qui voudront entreprendre, dans le courant de l'année, un commerce, une profession, une industrie sujette à *patente*, n'ont à payer ce droit qu'au *prorata* du temps qui reste à expirer; à compter du premier jour du quartier, dans lequel la déclaration aura été faite, pour obtenir une *patente*. Les jours complémentaires feront partie du quartier de Messidor. Aucune Patente ne pourra être ainsi délivrée, que *sur un certificat de l'Agent municipal et de son Adjoint, de la commune du requérant*, constatant qu'il n'a pas encore exercé le commerce ou profession, pour laquelle la patente est demandée. *Loi du 6 Fructidor, an IV, art.* 16.

Tous ceux qui doivent être pourvus de *patentes*, seront tenus de les exhiber à toute réquisition, aux *Officiers municipaux* ou de police, sous peine d'amende, qui ne pourra être moindre que de cent francs. *Même Loi, art.* 22.

Il est à observer que la délivrance des *patentes* ne soustrait pas le marchand ou l'ouvrier, aux lois et réglemens de police, et ne diminue pas le droit de l'*Agent municipal*, pour l'inspection et la surveillance de la qualité des marchandises, et de la fidélité des *poids et mesures. Loi du 7 Brumaire, an VI, art.* 29.

PÊCHE.

Depuis la révolution, la *Pêche* a été déclarée libre, dans toutes les rivières navigables et flottables; mais l'exercice du droit *de pêche* n'entraîne pas l'abrogation des règles établies par les anciennes Lois, pour la conservation des différentes sortes de *poissons*, et pour le maintien de l'ordre public, et le respect dû aux propriétés.

Ces règles sont réunies dans l'ordonnance des *Eaux et forêts* (titre 31) qui a été confirmée par l'art. 609 du code des *délits et des peines*, du 3 Brumaire, an IV.

Comme

Comme il y avoit dans les *départemens réunis* beaucoup d'*Administrations municipales* et de *Juges de paix* qui croyoient cette ordonnance de 1669, abolie par le nouveau régime, et qui, dans cette supposition, fermoient les yeux sur les désordres de la *pêche*, le *Directoire exécutif* a cherché à prévenir ces abus, par un *Arrêté du 28 Messidor, an VI*, qui rappelle l'exécution de l'ordonnance de 1669, en ces termes :

« Les art. 5, jusqu'à ces mots, *pourvu que ce soit*, » etc., 6 jusqu'aux mots *et du carcan*, 7, 8, 9, 10, » 11, 12, 14, 17 et 18 du titre XXXI de l'or» donnance des eaux et forêts de 1669, relatifs à » la police de la pêche, continueront d'être exécu» tés; en conséquence et conformément à l'article » 609 du *code des délits et des peines*, les tribunaux » correctionnels appliqueront à ceux qui contrevien» dront aux dispositions de ces articles, les peines » qu'ils prononcent, jusqu'à ce qu'il en soit autre» ment ordonné par le Corps législatif.

» Les articles ci-dessus cités du titre XXXI de » l'ordonnance de 1669, seront *réimprimés*, *affichés* » *et publiés* dans toute l'étendue des neuf départe» mens réunis.

Attendu qu'il est important pour les *Agens municipaux* d'être instruits des dispositions en question (puisque le soin de leur exécution fait partie de leurs fonctions) c'est un service à leur rendre de les rappeler ici.

Suivent les articles précités :

V. « Leur *défendons* pareillement de *pêcher* en » quelques jours et saisons que ce puisse être à » autres heures que depuis le *lever du soleil* jusques à » son *coucher* ; si non aux arches des ponts, aux

» moulins et aux gords ou se tendent des *Dideaux*, » auxquels lieux ils pourront pêcher tant de *nuit* » *que de jour*.

VI. » Les *Pêcheurs* ne pourront *pêcher* durant le » temps de *frai*, savoir, aux rivières où la *Truite* » abonde sur tous les autres poissons, depuis le pre- » mier Février (13 Pluviôse) jusqu'à la mi-Mars, » (25 Ventôse), et aux autres, depuis le premier » avril (12 Germinal) jusqu'au premier de Juin » (13 Prairial); à peine, pour la première fois, » de vingt *francs d'amende*, et d'un mois de *prison*, » et du double de l'amende, et de deux mois de » prison pour la seconde.

VII. » Exceptons toute fois de la prohibition con- » tenue en l'article, la *pêche* aux *saumons*, *aloses* et » *lamproies*, qui sera continuée en la manière ac- » coutumée.

VIII. » Ne pourront aussi mettre *bires* ou *nasses* » *d'osier* à *bout des Dideaux*, pendant le tems de *frai*, » à peine de 20 francs d'amende et de confiscation du » harnois pour la première fois, et d'être privés de » la *pêche* pendant un an pour la seconde.

IX. » Leur permettons néanmoins d'y mettre des » *chausses* ou *sacs*, *du moule de dix-huit lignes en carré* » (*quatre centimètres environ*), et non autrement, sur » les mêmes peines; mais après le tems de *frai passé*, » ils y pourront mettre des *bires ou nasses* d'osier à » jour, dont les verges seront éloignées les unes des » autres de douze lignes (*vingt-sept millimètres*.)

X. » Faisons très-expresses défenses aux maîtres » pêcheurs de se servir d'aucuns *engins* et *harnois* pro- » hibés par les anciennes ordonnances sur le pait de » la *pêche*, et en outre de ceux appelés *giles*, *tramail*, » *furet*, *épervier*, *châlon* et *sabre*, dont elles ne font pas

» de mention, et de tous autres qui pourroient être » inventés, au dépeuplement des rivières, comme aussi » d'aller au *baraudage*, et mettre des bacs en rivière; » à peine de 100 francs d'amende pour la première » fois, et de punition corporelle pour la seconde.

XI. » Leur défendons, en outre, de *bouiller* avec » *bouilles* ou *rabots*, tant sur les *chevrins*, *racines*, » *saules*, *osiers*; *terriers* et *arches*, qu'en autres lieux, » ou de mettre lignes avec *échets* et *amorces vives* en-» semble, de porter *chaînes* et *clairons* en leurs ba-» telets, et d'aller à *la fare*, ou de *pécher* dans les *noues* » avec *filets*, et d'y *bouiller* pour prendre le poisson et » le *frai* qui a pu y être porté par le débordement des » rivières, sous quelque prétexte, en quelque tems et » manière que ce soit, à peine de 50 francs d'amende » contre les contrevenants, et d'être bannis des rivières » pour trois ans, et de trois cent francs contre les » maîtres ou leurs lieutenans qui en auront donnés la » permission.

XII. » Les *pécheurs* rejetteront en rivière les *truites*, » *carpes*, *barbeaux*, *brêmes* et *mouniers* qu'ils ont pris, » ayant moins de *six pouces* entre *l'œil et la queue*, » et les *tanches*, *perches et gardons* qui en auront moins » de cinq; à peine de 100 francs d'amende et confis-» cation contre les pêcheurs et marchands qui en au-» ront vendu ou acheté.

XIV. » Défendons à toutes personnes de jetter dans » les rivières aucune *chaux*, *noix vomique*, *coque du* » *Levant*, *momie* et autres *drogues* ou *appâts*, à peine » de punition corporelle.

XVII. » Défendons de prendre et enlever les *épaves* » après la reconnoissance qui en aura été faite, et » qu'elles aient été adjugées à celui qui les ré-» clame.

XVIII. » Faisons défenses à toutes personnes d'aller » sur les *mares*, *étangs* et *fossés*, lorsqu'ils seront » *glacés*, pour en *rompre la glace* et y faire des *trous*, » ni d'y porter *flambeaux*, *brandons* et autres feux, à » peine d'être punis comme de *vol* ».

PEINES.

Parmi les *peines* prononcées par les diverses Lois relatives aux *Agens et Adjoints municipaux*, pour cause de *contraventions* ou de *négligences* dans l'exercice de leurs fonctions, on trouve celles-ci :

Amende, *Dommages et intérêts*, *Suspension*, *Destitution*, *Emprisonnement*, *la Peine des fers*.

Il est inutile de rappeler ici les différens cas qui donnent ouverture à ces peines, il suffit de renvoyer le lecteur aux articles suivans :

POUR *l'Amende*, voyez *Amende*, *Actes*, *Annuaire*, *Cultes*, *Destitution*, *Divorce*, *État civil*, *Mesures répuplicaines*.

POUR les *Dommages et intérêts*, voyez les articles *Divorce*, *Tableau de population*, *Echenillage*, *Animal furieux*, *Destitution*, *Fausse monnoie*, *Scellés*.

POUR la *Suspension*, voyez les articles *Absence*, *Assistance*, *Colporteurs*.

POUR la *Destitution*, voyez les articles *Divorce*, *Actes*, *Amendes*, *État civil*, *Arbre de la liberté*, *Conscription*, *Décès*, *Déserteurs*, *Fausse monnoie*.

PERQUISITIONS.

Sur les cas qui autorisent les *perquisitions domiciliaires*, les formalités qui doivent les précéder, les accompagner et les suivre, Voyez les mots *Aubergiste*,

Dénonciation, *Droit de suite*, *Fausse monnoie*, *Scellés*, *Jeux prohibés*, *Visa et Visites.*

PILLAGE.

C'est ordinairement dans les tems de *famine réelle* ou *factice*, que le *pillage* s'exerce sur les *grains*, *denrées* et *subsistances.*

C'est donc alors aussi, que *l'Agent municipal* est obligé de déployer, avec courage, les moyens que la Loi a remis entre ses mains, comme autant d'instrumens de la *sûreté publique.*

Diverses époques de la révolution, ont donné lieu à l'application de ces mesures, dont il est nécessaire que les *Agens municipaux* soient parfaitement instruits, afin d'avoir un guide assuré dans des occasions aussi critiques.

Quand, dans une *commune*, les préliminaires et les apparences d'un *pillage* commencent à se manifester, *l'Agent municipal* doit en faire promptement passer l'avis à la *municipalité*, laquelle est tenue de prendre aussitôt les moyens capables de prévenir le désordre, sous peine d'être elle-même responsable envers les propriétaires, des objets pillés. *Loi du* 16 *Prairial an III*, *art.* 1.

Il est aisé d'en conclure, que si *l'Agent municipal* a négligé de donner cet avertissement, c'est sur lui que retombe tout le poids de cette responsabilité.

Lorsqu'il y a eu, sur une *commune*, un *pillage* commis envers un ou plusieurs particuliers, *l'Agent municipal* est tenu de le faire constater *sommairement* dans les vingt-quatre heures, et d'en adresser *procès-verbal*, sous trois jours au plus tard, au Commissaire du pouvoir Exécutif près le *Tribunal civil du département. Loi du* 10 *Vendémiaire an IV*, *tit. V*, *art.* 2.

Pendant le *pillage*, *l'Agent municipal* doit s'environner de tous les moyens de *force* que la Loi indique, pour dissiper les *pillards*, c'est-à-dire appeler la *force armée*, l'assistance des *bons citoyens*; il doit, se munir d'un *arrêté* de *l'Administration municipale*, pour autoriser l'emploi des ARMES; se mettre en évidence auprès du *commandant de la force armée*; prononcer à *haute voix* le CRI D'ALLARME, et *les trois sommations*, dont la *formule* est indiquée dans l'art. 232 *de la Loi du* 28 *Germinal an VI*; enfin à se montrer, par son courage et son intelligence, digne de l'emploi honorable auquel il a été porté par le suffrage de ses concitoyens. Voyez *Attroupemens*, *Gendarmerie nationale*, *Main-forte*.

POIDS ET MESURES.

L'Agent municipal est obligé d'aller fréquemment faire visite dans les boutiques, *foires* et *marchés*, pour vérifier la fidélité des *poids et mesures*.

Cette inspection, qui est un des premiers devoirs d'un *Commissaire de police*, devient d'une plus stricte obligation, depuis la réformation *des poids et mesures*.

Les *Agens municipaux* sont spécialement chargés, par la Loi, de veiller à ce qu'il n'en soit pas employé d'autres. *Loi du* 1er. *Vendémiaire an IV*, *art.* 11. Voyez *Mesures républicaines*.

POLICE.

Il y a deux espèces de *Police*.

La Police *administrative*.

Et la Police *judiciaire*.

L'une et l'autre sont du ressort des *Agens municipaux*.

ARTICLE PREMIER.

De la Police administrative.

Dans les communes, dont la population est de cinq mille habitans et plus, la police *administrative* est confiée à des *Commissaires de police*, qui sont nommés par les *municipalités*, et destituables par elles. *Loi du 3 Brumaire, an IV, art.* 25, 26, 27 et 28.

Mais pour les *communes* dont la population est inférieure à cinq mille habitans, le soin de la *police administrative*, appartient aux *Agens municipaux*.

« Dans toutes les communes dont la population » ne s'élève pas à cinq mille habitans, les *fonctions de » Commissaire de police sont exercées par l'Agent municipal » ou son Adjoint.* » *Loi du* 21 *Fructidor, an III, art.* 1. *Loi du* 3 *Brumaire, an IV, art.* 25. *Arrêté du Directoire Exécutif du* 22 *Prairial, an V. Voyez aussi la Loi du* 18 *Décembre* 1789.

On entend par *Police administrative*, celle qui a pour objet « de maintenir habituellement l'ordre » public, dans chaque lieu et dans chaque partie de » l'administration principale ; elle tend particulière- » ment à prévenir les délits ». *Loi du* 3 *Brumaire, an IV, art.* 19.

Ainsi, quand l'*Agent municipal* visite les *marchés*, pour s'assurer de la salubrité des *comestibles*, quand il reçoit le serment des ministres des cultes, la *déclaration* des naissances, quand il prononce le *divorce*, quand il fait une proclamation, quand il assiste à une *inhumation* etc. Ce sont là autant d'actes de police *administrative*; parce qu'ils ont pour objet le *maintien habituel de l'Ordre public*, sans inculper aucun individu, sans l'intervention d'aucun délit et sans entraîner l'expectative d'une *condamnation* contre qui que ce soit.

Mais aussitôt qu'il y a *contravention* et *délit*, alors commence l'exercice de la *police judiciaire*.

ARTICLE DEUXIÈME.

De la Police judiciaire.

« La *Police judiciaire* recherche les délits que la » Police administrative n'a pû empêcher de commettre, » en rassemble les preuves, et en livre les auteurs aux » tribunaux chargés par la Loi de les punir ». *Loi du 3 Brumaire, an IV, art.* 20.

L'exercice de cette Police judiciaire est aussi attribué, pour certains cas, aux *Commissaires de police*, et par conséquent, aux *Agens municipaux*, qui sont appelés à remplir les fonctions de Commissaire de police.

« Les Commissaires de police, outre les fonctions » qui leur sont attribuées dans la Police administra- » tive, exercent la Police judiciaire, relativement à » tous les délits commis dans leurs arrondissemens » respectifs, dont la peine n'excède pas une amende » égale à la valeur de trois journées de travail, ou » trois jours d'emprisonnement. » *Loi du 3 Brumaire, an IV, art.* 28.

C'est-à-dire, qu'ils n'exercent la *Police judiciaire* que pour les délits qui sont de la compétence du tribunal de *Police municipale*.

Néanmoins, plusieurs Lois postérieures à celles du 3 Brumaire, an IV, ont donné aux *Agens municipaux* plus de latitude sur l'exercice de la Police judiciaire, en les faisant entrer, sur certains points, en concurrence avec les *Juges-de-paix*.

Il résulte donc, que *l'Agent municipal* doit être parfaitement instruit des cas pour lesquels il fait fonction *d'Officier judiciaire*, afin de n'être ni en *deçà*, ni *au-delà* de sa compétence, et afin de bien distinguer les diverses Autorités auxquelles il doit faire le renvoi.

C'est ce que nous allons indiquer dans le paragraphe suivant.

§ I.

Des délits et contraventions dont le renvoi doit être fait au tribunal de Police municipale par l'Agent municipal, faisant fonction d'Officier de Police judiciaire.

L'Agent municipal doit aller à la recherche des délits et contraventions de Police municipale, recevoir les rapports, dénonciations et plaintes qui y sont relatives, dresser des procès-verbaux indicatifs de leur nature, de leurs circonstances, du tems, du lieu où ils ont été commis, des personnes qui s'en sont rendu coupables, recueillir les preuves et indices qui existent contre les prévenus, et les dénoncer au Commissaire du Pouvoir Exécutif près l'Administration municipale, lequel traduit ensuite les prévenus au tribunal de Police municipale. *Loi du 3 Brumaire, an IV, art* 29.

Le tout dans les cas suivans :

1°. Contre ceux qui négligent d'éclairer ou nettoyer les rues, devant leurs maisons, dans les lieux où ce soin est à la charge des habitans.

2°. Contre ceux qui embarrassent ou dégradent la voie publique.

3°. Contre ceux qui contreviennent à la défense de rien exposer sur les fenêtres ou au devant de leur maison, sur la voie publique, de rien jetter qui puisse nuire ou endommager par sa chûte, ou causer des exhalaisons dangereuses.

4°. Contre ceux qui laissent divaguer des insensés ou des furieux, ou des animaux malfaisans ou féroces.

5°. Contre ceux qui exposent en vente des comestibles gâtés ou corrompus et nuisibles.

6°. Les boulangers et les bouchers qui vendent le pain et la viande au-delà du prix fixé par la taxe légalement faite et publiée.

7°. Les auteurs d'injures verbales dont il n'y a pas de poursuites par la voie criminelle.

8°. Les auteurs de rixe, attroupemens injurieux ou nocturnes, voies de fait et violences légères, pourvu qu'ils n'aient blessé ni frappé personne, et qu'ils ne soient pas notés *comme gens sans aveu* (auquel cas il y auroit lieu à l'exercice de la *Police judiciaire*). *Loi du 3 Brumaire an IV, art.* 605.

L'Agent municipal doit encore étendre son inspection sur les cas suivans qui sont déférés aux Commissaires de Police, aux termes du code rural.

9°. Le délabrement des fours et cheminées, lorsqu'il est tel qu'il pourroit occasionner un incendie ou autres accidens. *Loi du 6 octobre* 1791, *titre II, art.* 9.

10°. Feux allumés dans les champs plus près que de 50 toises des maisons, bois, bruyères, vergers, haies, meules de grains, de paille ou de foin. *Même titre, art.* 10.

11°. Achats dans les foires et marchés, de bestiaux volés. *Même titre, art.* 11.

12°. Dégâts que les bestiaux laissés à l'abandon feroient sur les propriétés d'autrui, soit dans les champs ouverts, soit dans un enclos rural, soit dans l'enceinte des habitations; *art.* 12.

13°. Négligence *d'enfouir* à quatre pieds de profondeur les bestiaux morts; *art.* 12.

14°. Destruction des greffes des arbres fruitiers ou autres; dégradation ou coupe des arbres sur pied, appartenant à autrui; *art.* 14.

15°. *Inondation* de l'héritage voisin, en lui transmettant les eaux d'une manière nuisible; *art.* 15.

16°. Dommages que peuvent causer aux chemins et propriétés voisines les eaux des moulins ou autres usines, par la trop grande élévation du déversoir ou autrement; *art.* 16.

17°. Encombrement des fossés, dégradations des clôtures, coupe de branches de haies vives, enlèvement de bois secs des haies; *art.* 17.

18°. Divagation des chèvres sur l'héritage d'autrui, dans les lieux qui ne sont sujets ni au parcours ni à la vaine pâture; *art.* 18.

Et dans le pays de parcours ou de vaine pâture, négligence d'attacher des animaux de cette espèce. *Même art.*

19°. Dommages faits par les bestiaux aux arbres fruitiers, aux haies, vignes et jardins. *Même art.*

20°. Coalition des propriétaires ou fermiers, pour faire baisser ou fixer à vil prix la journée des ouvriers ou les gages des domestiques; *art.* 19.

21°. Pareille coalition des domestiques, ouvriers et moissonneurs, pour faire hausser les gages et salaires; *art.* 20.

22°. Dans les lieux où l'usage de glaner, de rateller

et de grapiller est reçu, l'entrée dans les champs, prés et vignes récoltés et ouverts avant l'entier enlèvement des fruits; *art.* 21.

23°. Le glanage, le ratellage et le grapillage dans tout enclos rural, entouré d'un mur de quatre pieds, avec barrière ou porte, ou fermé de palissades, treillage, haie vive, haie sèche, ou enfin d'un fossé de quatre pieds de large et deux pieds de profondeur. *Même Loi, art. 6 de la 4e. section du premier titre, et art. 21 du titre II.*

24°. Introduction des troupeaux dans les champs moissonnés et ouverts avant l'expiration des deux jours qui ont suivi la récolte entière. *Même tit., art.* 22.

25°. Communication d'un troupeau atteint de maladies contagieuses; *art.* 23.

26°. Introduction de bestiaux sur le terrein d'autrui, dans les prairies artificielles, dans les vignes, oseraies, plans de capriers, ceux d'oliviers, de mûriers, de grenadiers, d'orangers et arbres du même genre: dans tous les plans et pépinières d'arbres fruitiers et autres, faits de main d'homme; *art.* 24.

27°. Passage des bestiaux revenant des foires, sur les terres des particuliers ou sur les communaux.

28°. Assistance à l'entrée des bestiaux dans les récoltes d'autrui; *art.* 26.

29°. Entrée à cheval dans les champs ensemencés; *art.* 27.

30°. Coupe ou destruction avant maturité, de petites parties de bled en verd, ou d'autres productions de la terre, sans intention manifeste de les voler; *art.* 28.

31°. Dévastation de récoltes sur pied, ou abbatis de

plan venus naturellement, ou faits de main d'homme; *art.* 29.

32°. Meurtre ou maltraitement de bestiaux ou de chiens de garde; *art.* 30.

33°. Rupture ou destruction d'instrumens pour l'exploitation; *art.* 31.

34°. Déplacement ou suppression de bornes ou pieds cormiers, ou tous autres arbres plantés ou reconnus pour servir de limites; *art.* 32.

35°. Enlèvement de fumiers, de marne, ou autres angrais; *art.* 33.

36°. Maraudage, larcin des productions de la terre; *art.* 34.

37°. Vol de récoltes, avec paniers ou sacs, ou à l'aide d'animaux de charge; *art.* 35.

38°. Enlèvement de bois, fait à dos d'homme, ou à charge de bête de somme; *art.* 36.

39°. Dégâts faits dans les taillis des particuliers, ou des communes, par des bestiaux ou des troupeaux; *art.* 37.

40°. Dévastation des bois, des récoltes; *art.* 39.

41°. Dégradation ou détérioration des chemins publics, usurpation sur leur largeur, et rupture des clôtures champêtres; *art.* 40 et 41.

42°. Accidens et dommages causés sur les chemins par la trop grande rapidité des voitures ou chevaux; *art.* 42.

43°. Coupe ou détérioration des arbres plantés sur la route; *art.* 43.

44°. Enlèvement de gazons, terres et pierres des chemins publics; *art.* 44.

L'*Agent municipal* est encore chargé (concurremment avec les gardes *forestiers* et *champêtres*) de rechercher les délits relatifs aux bois et productions de la terre. *Loi du 3 Brumaire, an IV, art.* 29.

Pour tous les délits ci-dessus énoncés, l'*Agent municipal* renvoye son procès-verbal au *Commissaire du Directoire Exécutif*, auprès de la Municipalité du canton, qui les traduit au Tribunal de police municipale.

§. II.

Des cas dont le renvoi doit être fait au Juge de paix par l'Agent municipal exerçant les fonctions d'Officier de police judiciaire.

Dans les cas de *délits* qui excèdent la compétence du tribunal de police municipale, et lorsqu'il n'y a pas de *Juge de paix* sur les lieux, l'*Agent municipal* le remplace pour les préliminaires de la procédure.

Il doit constater le délit par un procés-verbal, faire saisir les prévenus pris en *flagrant délit*, ou poursuivis à la clameur publique, et renvoyer les pièces (et les personnes constituées en état *d'arrestation*) devant le Juge de paix du canton, pour continuer l'instruction. *Loi du 3 Brumaire, an IV, art.* 36.

§ III.

Des cas dont le renvoi peut être fait au Directeur du jury par l'Agent municipal, exerçant les fonctions d'Officier de police judiciaire.

Lorsqu'il n'y a sur les lieux, ni Juge de paix, ni

Directeur du jury, l'*Agent municipal*, en sa qualité d'Officier de police judiciaire, peut renvoyer au *Directeur du jury d'accusation*, les cas suivans :

1° « Les attentats contre la liberté, ou sûreté » individuelle des citoyens.

2°. » Ceux commis contre le droit des gens.

3°. » La rebellion à l'exécution, soit des juge- » mens, soit de tous les actes exécutoires, émanés » des autorités constituées.

4°. » Des troubles occasionnés par des voyes de » fait, commises pour entraver la perception des » contributions, la libre circulation des subsistances » et autres objets de commerce. *Loi du 3 Brumaire*, » *art.* 140.

5°. » Les négligences, abus et malversations des » *Gardes champêtres* et forestiers. *Même Loi art.* 47.

6°. » L'évasion des prisonniers ». Voyez *Évasion.*

Bien entendu que le renvoi fait au Directeur du jury doit être précédé des procès-verbaux, perquisitions et arrestations qui sont autorisées par les Lois.

C'est ensuite au Directeur du jury à continuer l'instruction, conformément à la faculté qui lui en est accordée par l'art. 140 de la Loi du 3 Brumaire, an IV. Voyez *Arrestation*, *Délits*, *Fausse monnoie*, *Mandats d'amener.*

POSTILLON.

L'Agent municipal a le droit d'envoyer sur-le-champ en *prison*, tout *postillon* qui aura insulté ou menacé un *voyageur*, ou qui exigera de lui un prix au-dessus du tarif. Voyez *Jurisdiction*, *Voyageur.*

PRISONS.

Lorsque *l'Agent municipal* est commis par la municipalité à la surveillance d'une maison de détention, située dans sa commune, « il doit veiller à ce que la » nourriture des détenus soit suffisante et saine, et » s'il s'apperçoit de quelque tort, à cet égard, contre » la justice et l'humanité, il est tenu d'y pourvoir » par lui-même, ou d'y faire pourvoir par l'Administration municipale, laquelle a droit de condamner le geolier à l'amende, même de demander » sa destitution au département, sans préjudice de » la poursuite criminelle contre lui, s'il y a lieu ». *Loi du 3 Brumaire an IV, art.* 578.

QUALIFICATIONS.

Les *Agens* et *Adjoints municipaux* doivent se donner de garde, dans leurs actes, extraits, procès-verbaux, de désigner aucuns citoyens sous des *qualifications* qui rappellent le systême *féodal* ou *nobiliaire. Loi du 6 Fructidor an II, art.* 2. Voyez *Actes*, *Destitution*, *Noms.*

QUESTIONS.

Les *Agens* et *Adjoints municipaux* desirant s'éclairer sur les objets relatifs à leurs devoirs ou à leurs droits, ne doivent pas adresser leurs *questions* directement aux *Ministres*, et encore moins au *Directoire Exécutif*,

Mais leurs *lettres* et *mémoires* contenant des *questions*. doivent être envoyées à *l'Administration centrale* du département, qui est chargée de leur transmettre des *renseignemens* et les *solutions* dont ils ont besoin. *Arrêté du Directoire Exécutif, du 4 Nivose an V, art.* 6. Voyez *Correspondance.*

RASSEMBLEMENT.

RASSEMBLEMENT.

Les particuliers peuvent se livrer, dans leurs maisons, à l'exercice d'un *culte*, pourvu qu'il n'y ait pas un *rassemblement* de plus de dix personnes, sans y comprendre celles de la maison. *Loi du 7 Vendémiaire, an IV, art.* 16. Voyez *Attroupemens, Foires et marchés.*

REMPLACEMENT.

Si dans une commune où il n'y a qu'un *seul Commissaire de police*, celui-ci vient à s'absenter, ou s'il éprouve quelques empêchemens dans l'exercice de ses fonctions, c'est *l'Agent municipal* de la commune la plus prochaine qui *remplace* ce *Commissaire de police. Loi du 3 Brumaire, an IV, art.* 35.

Ce qui fait voir qu'un *Agent municipal* doit d'avance se prémunir d'instructions pour être en état de remplir, avec honneur et succès, les fonctions auxquelles il peut être appelé dans une *commune* plus considérable.

Lorsqu'une place *d'Agent municipal* ou *d'Adjoint* vient à vaquer par mort, démission, suspension destitution, dans une commune, l'Administration municipale doit nommer un *remplaçant provisoire*, qui reste en exercice jusqu'à l'époque ordinaire des élections; alors *l'Assemblée communale* nomme un *remplaçant définitif* pour le tems qui reste à expirer. *Constitution, art.* 42, 188. *Instruction du* 18 *Ventôse, an VI.*

RESPECT.

Si les *Agens et Adjoints municipaux* sont journellement occupés à protéger l'exécution de la *Loi*, il est juste aussi qu'ils en soient protégés. Ils sont tous compris, de droit, dans les dispositions générales, qui ordonnent qu'il soit porté respect aux *fonctionnaires publics* qui procédent au nom de la Loi. *L'art.* 559 *de la Loi du 3 Brumaire an IV* confirme ce rapprochement, en investissant les Administrations municipales du même droit que les tribunaux, pour punir les insultes qui leur seroient faites.

« Les Administrations *départementales et municipales*, » lorsqu'il se trouve dans le lieu de leur séance, » des *assistans* qui n'en sont pas membres, y exercent » les mêmes *fonctions de police* que celles *attribuées aux* » *Juges.* »

« Les dispositions *de la Loi du* 17 *Avril* 1791 sur le *res-* » *pect* dû aux Juges et aux jugemens, s'appliqueront aux » tribunaux de *police municipale et correctionnelle*, et à » leurs Officiers. » *Loi du* 22 *Juillet* 1791, *tit. I, art.* 48.

Or, ces *fonctions de police attribuées aux Juges*, sont aussi indiquées par *l'art.* 557 *de la Loi du* 3 *Brumaire, an IV.*

« Si quelques mauvais citoyens osoient *outrager* les » Juges, Accusateurs publics, Accusateurs nationaux, » Commissaires du Pouvoir Exécutif, Greffiers ou » Huissiers dans l'exercice de leurs fonctions, le *Pré-* » *sident* fait à l'instant saisir les coupables, et les fait » *déposer* dans la *maison d'arrêt.* »

L'art. 559 *approprie* ces dispositions aux administrations *départementales et municipales*, en ces termes :

« Après *avoir fait saisir* les perturbateurs aux termes » des art. 556 et 557, ci-dessus, les membres de ces » administrations dressent *procès-verbal* du délit, et » l'envoyent à l'Officier de *Police judiciaire.* »

C'est précisément la marche que doit tenir un *Agent*

ou *Adjoint municipal*, qui est troublé dans ses fonctions d'une manière outrageante.

Il doit sur-le-champ requérir la *force armée* pour *se saisir* du coupable, et le constituer en *état d'arrestation.*

Il est autorisé à cette mesure de sévérité par la Loi *du 22 Juillet* 1791, sur la *police correctionnelle* qui s'explique ainsi :

« Les outrages ou menaces par paroles, ou par » gestes faits aux fonctionnaires publics dans *l'exer-* » *cice de leurs fonctions*, seront punis d'une amende » qui ne pourra excéder dix fois la contribution mo- » biliaire, et d'un emprisonnement qui ne pourra » excéder deux années.

» La peine sera double en cas de récidive;

» Les mêmes peines seront infligées à ceux qui ou- » trageroient ou menaceroient par paroles ou par » gestes, soit les *gardes nationales*, soit la *gendarmerie* » *nationale*, *etc. tit. II*, *art.* 19 *et* 20.

» Les coupables des délits mentionnés aux art. » ci-dessus 19 et 20 du présent décret, *seront saisis* » *sur-le-champ* et conduits devant le *Juge-de-paix.* » *Même tit.*, *art.* 21.

En voilà sans doute assez pour rassurer les *Agens municipaux* sur la légitimité des *arrestations* qu'ils ordonnent en pareil cas.

RESPONSABILITÉ.

La *responsabilité* peut se considérer sous deux rapports ;

1°. Sous son rapport avec *l'Agent municipal ;*

2°. Sous son rapport avec la *commune.*

Dans l'un et l'autre cas, il est indispensable pour

les *Agens municipaux*, de connoître les effets et les conséquences de cette double espèce de *responsabilité*.

§. I.

De la responsabilité personnelle des Agens et Adjoints municipaux.

Les fonctions *d'Agent municipal* entraînent une *responsabilité personnelle* en beaucoup d'occasions, soit pour avoir excédé ses pouvoirs, soit pour cause de *négligence* et *d'inaction*.

Il n'est pas hors de propos d'offrir ici aux *Agens municipaux* le tableau de ces *responsabilités*.

Négligence de fournir aux Administrations municipales, dans le délai de la Loi, l'état des individus assujettis aux *patentes*. Voyez *Patentes*.

Négligence de fournir à l'Administration municipale, le *tableau* des habitans au-dessus de l'âge de 12 ans. Dans ce cas, « les *Agens municipaux* demeureront » personnellement responsables des *dommages et intérêts* résultant des délits commis à force ouverte, » ou par violence sur le territoire de la commune ». *Loi du* 10 *Vendémiaire an IV, tit. I, art.* 4. Voyez *Responsabilité des communes*.

» *Négligence* de coopérer de tout leur pouvoir à » assurer l'effet des mesures qui seront prises par la » *gendarmerie* pour l'arrestation des *militaires*, *réquisitionnaires* et *déserteurs*, soit en ne fournissant pas » la *liste* de ceux qui se trouveroient dans leur commune, soit à défaut de *prêter main-forte* en cas de » besoin ». *Loi du* 4 *Frimaire an IV*, 24 *Brumaire an VI*. *Arrêté du Directoire Exécutif du* 3 *Fructidor an VI*. Voyez *Déserteurs*.

« Tout *Administrateur de département*, *ou de can-» ton*, *Officier de police judiciaire*, *Accusateur public*, » *Juge*, *Commissaire du Directoire Exécutif*, tout *indi-» vidu* faisant partie de la *gendarmerie nationale*, qui » n'exécutera pas ponctuellement, en ce qui le con-» cerne, les Lois relatives aux *déserteurs*, aux *fuyards* » de la *réquisition* et à leurs complices, ou qui en em-» pêchera ou entravera l'exécution, *sera puni de deux* » *années d'emprisonnement. Loi du* 24 *Brumaire an IV*, *art.* 1.

« Tout *fonctionnaire public* convaincu d'avoir fa-» vorisé la *désertion*, empêché ou retardé le départ » des *déserteurs* ou des citoyens de la première réqui-» sition, soit par des écrits, soit par des discours, » sera, *outre l'emprisonnement*, condamné à une amende » qui ne pourra être moindre de 500 francs, ni » excéder 2000 francs. Il sera de plus, destitué de ses fonctions. *Même Loi*, *art.* 2.

La Loi du 4 *Thermidor* an III, déclare *l'Agent muni-cipal* personnellement *responsable* des événemens dé-sastreux survenus dans les *foires et marchés* de sa com-mune, dans le cas où il seroit constaté qu'il n'a pas fait tout ce qui étoit en son pouvoir, pour prévenir ou arrêter le désordre.

Nous ne pousserons pas plus loin l'examen des di-vers cas qui donnent ouverture à la responsabilité des *Agens municipaux*, parce qu'on les trouve rap-pelés aux articles *Amende*, *Destitution*, *Dommages et intérêts*, *Fers* et *Suspension*.

§ II.

RESPONSABILITÉ DES COMMUNES.

Il y a des cas où la Loi rend toute une *commune*

responsable des délits qui ont été commis sur son territoire. La Loi du 6 Brumaire, an V, art. 7, met les *propriétés* des *Défenseurs* de la Patrie et des autres citoyens *absens* pour *le service* public, sous la surveillance des *Agens et Adjoints municipaux* de chaque commune, et rend les communes *responsables* des atteintes portées à ces propriétés, quand elle ne les auront pas *prévenues*, ou *repoussées*, conformément aux loix existantes.

Mais la Loi du 10 Vendémiaire, an IV, étend plus loin encore la *responsabilité* des communes, en l'appliquant à tous les attentats commis sur les personnes et propriétés, sans distinction d'*absens* ni de *présens*, en ces termes:

« Chaque *commune* est *responsable* des délits commis » à *force ouverte* et par *violence*, sur son territoire, par » des attroupemens ou rassemblemens *armés*, ou non » *armés*, soit envers les *personnes*, soit contre les *pro-* » *priétés nationales* ou *privées*; ainsi que des *dommages* » *et intérêts* auxquels ils donneront lieu. » *Loi du* 10 *Vendémiaire, an IV, tit. IV, art.* 1.

C'est en pareil cas que l'*Agent municipal* doit faire preuve de courage et d'impartialité, en fournissant contre la *commune*, dont il est membre lui-même, les renseignemens qui doivent servir à sa condamnation.

Voici les dispositions de la Loi qui doit, à cet égard, lui servir de guide.

« Lorsqu'un délit de la nature de ceux exprimés aux » *articles précédens*, aura été commis sur une commune, » les *Officiers* municipaux, ou l'*Agent municipal* seront » tenus de faire constater sommairement dans les 24 » heures, et d'en adresser procès-verbal *sous trois jours*

» *au plus tard*, au Commissaire du Pouvoir Exécutif, » près le tribunal civil du département ». *Loi du* 10 *Vendémiaire, an IV, tit. V, art.* 2.

L'*Agent municipal* ne doit pas s'en tenir à ce procès-verbal; il est d'ailleurs obligé de remplir ses fonctions d'Officier de Police municipale, ou de *Police judiciaire. Même article.*

Sur le vu des procès-verbaux et autres pièces servant à constater les *voies de fait, excès* et *délits*, le *tribunal civil* du département fixe les *dommages et intérêts* dont la commune est tenue. Cette fixation doit être faite dans la décade, au plus tard, qui suit l'envoi des procès-verbaux. *Même titre, art.* 4 *et* 5.

Ces *dommages et intérêts* ne peuvent jamais être moindres que la valeur entière des objets pillés et choses enlevées. *Même titre, art.* 6.

Le Jugement du *tribunal civil* du département, portant fixation des *dommages et intérêts* à la charge de la *commune*, doit être envoyé dans les 24 heures, par le Commissaire du Pouvoir Exécutif, à l'Administration départementale, qui sera tenue de l'envoyer, sous trois jours, à l'Administration municipale du canton. *Même titre, art.* 7.

L'Administration *municipale* est tenue de verser le montant de ces *dommages et intérêts* dans la caisse du département, dans le délai d'une *décade*; et, à cet effet, elle doit faire provisoirement contribuer les vingt plus forts contribuables résidant dans la commune. *Même Loi, art.* 8.

Dans la décade du versement dans la caisse de l'Administration du département, l'Administration fera remettre les deniers aux parties intéressées.

A l'égard du remboursement dû aux *vingt plus*

forts contribuables, qui ont fait les avances, il se fait par la voye d'une *répartition* imposée par la municipalité, entre tous les habitans de la commune d'après *le tableau des domiciliés*, et on raison des facultés de chaque habitant. *Même titre, art.* 9.

En cas de réclamation d'un ou plusieurs contribuables, l'Administration centrale est autorisée à statuer sur les *réductions* convenables. *Même tit., art.* 10.

Chaque *contribuable* est tenu de fournir son contingent, dans la décade, sinon l'*Administration centrale* doit requérir la *force armée*, pour s'en procurer le payement par la voye de la *force armée*, aux frais des contribuables. *Même titre, art.* 11.

Les *Administrations centrales* et municipales, et les *Agens et Adjoints municipaux* sont tenus, sur leur responsabilité, chacun pour ce qui le concerne, de l'exécution de ces mesures. *Même titre, art.* 15.

Et dans le cas où l'*Agent municipal* auroit négligé de fournir à l'Administration municipale le tableau de population (Voyez *Tableau de population*), il demeure personnellement responsable des *dommages et intérêts* dûs par la commune. *Loi du* 10 *Vendémiaire, an IV, tit. II, art.* 4.

Néanmoins, il y a des modifications qui peuvent venir au secours de la *commune* ou de quelques-uns de ses habitans, pour écarter la *responsabilité*, ou en diminuer la charge.

Par exemple, si le *rassemblement* a été formé d'habitans de plusieurs communes, la *responsabilité* se partage *entre elles toutes*, tant pour les dommages et intérêts que pour l'amende. *Même Loi, tit. IV, art.* 3.

Si, parmi les habitans d'une commune, il s'en trouve qui n'aient pas participé au délit, ils ont leur recours en *garantie*, contre les auteurs et complices, en le faisant ainsi ordonner contre eux, en justice réglée. *Même Loi, tit. IV, art.* 4.

Dans le cas où le rassemblement auroit été formé d'individus étrangers à la *commune*, celle-ci est déchargée de *responsabilité*, si elle peut parvenir à prouver, qu'elle avoit pris toutes les mesures, qui étoient en son pouvoir pour prévenir le délit et en faire connoître les auteurs. *Même Loi, tit. IV, art.* 5.

SAISIE.

La saisie de faux poinçons chez les marchands ou fabricants d'ouvrages d'or et d'argent, ne peut être faite par les employés d'un bureau de garantie, qu'en présence de l'*Agent municipal. Loi du* 19 *Brumaire, an VI, art.* 101. Voyez *Assistance, Visite.*

SCELLÉS.

L'apposition des scellés semble être réservée aux Juges de paix. Néanmoins, il y a une occasion où les fonctions d'Officiers de police judiciaire entrent quelquefois dans celles de *l'Agent municipal*, lorsqu'il s'agit de fabrication ou de distribution de *fausse monnoie.* Voyez *fausse monnoie.*

Lorsque cette apposition est effectuée, *l'Agent municipal* est tenu d'en donner avis *sur-le-champ* au directeur du jury et à l'Accusateur public. *Loi du* 1er. *Brumaire an II, art.* 3.

SECOURS.

L'Agent municipal, en cas d'incendie, ou autres fléaux calamiteux, est autorisé à mettre les citoyens en réquisition, pour venir au *secours*, et à dresser un procès-verbal des refus qu'il éprouveroit à cet égard.

Son procès-verbal doit être envoyé au Commissaire du Directoire Exécutif près de la municipalité ; et celui-ci traduit le délinquant au tribunal de police municipale, pour y être condamné à l'amende. *Loi du 22 Juillet* 1791, *tit. I*, *art* 17. Voyez *Accidens*, *Epizootie*.

SÉPULTURES.

Nous avons vu dans différens *articles* ci-dessus, quelles étoient les formalités requises ; il nous reste à observer que cette *inhumation* doit être faite sans distinction, dans le *lieu public* indiqué pour cette destination, sans aucune distinction de personnes, et sans avoir égard aux *opinions religieuses* qu'elles ont professées. *Loi du* 12 *Frimaire*, *an II*.

Quant au mode de *cérémonies civiles* qui doit accompagner *l'inhumation* des citoyens, rien n'a été encore déterminé jusqu'à présent, si ce n'est que *l'inhumation* doit être effectuée sous *l'assistance* d'un *Commissaire civil* ; d'où il faut conclure que cette fonction fait partie des devoirs des *Agens municipaux*.

SERMENT.

Voyez *Déclarations*.

L'Agent municipal étoit autorisé par l'article V de la Loi du 7 Vendémiaire an IV, à recevoir des ministres du culte, la déclaration dont le modèle étoit inséré dans l'article 6 de la même Loi.

Mais l'article 25 de la Loi du 19 fructidor an V, a supprimé cette déclaration pour y substituer le serment de *haine à la royauté* et *à l'anarchie*, *d'attachement et de fidélité à la République et à la Constitution de l'an III*.

Or, cette dernière Loi n'ayant rien changé au mode de prestation de ce serment, il en résulte, qu'il doit être reçu par *l'Agent municipal* à qui il appartenoit de recevoir la *déclaration* prescrite par la Loi du 7 Vendémiaire.

SOCIÉTÉS POPULAIRES.

Aucune assemblée de citoyens ne peut se qualifier de *société populaire. Const., art.* 361.

Aucune société particulière, s'occupant de *questions* politiques, ne peut correspondre avec aucune autre, ni *s'affilier* à elle, ni tenir des *séances* publiques, composées de *sociétaires* et d'assistans distingués les uns des autres, ni imposer des conditions d'admission et d'éligibilité, ni s'arroger les droits d'exclusion, ni faire porter à ses membres aucun signe extérieur de leur association. *Const., art.* 362.

Si donc *l'Agent municipal* avoit connoissance qu'il se fût établi, dans le territoire de sa commune, une *société* qui fût en contravention à ces dispositions, il est de son devoir d'en donner avis à *l'Administration municipale.*

Les citoyens qui veulent former des *clubs* ou *associations*, sont tenus de faire préalablement, au greffe de la municipalité, la *déclaration* des *lieux* et *jours* de leur *réunion*, à peine de 200 francs d'amende. *Loi du* 22 *Juillet* 1791, *tit. I, art.* 14.

Faute de pouvoir justifier de cette *déclaration*, la réunion n'est plus considérée que comme un *rassemblement* illicite, et *l'Agent municipal* est autorisé à dresser procès-verbal de cette contravention. *Même art.*

STÈRE.

C'est la mesure introduite dans le nouveau systême

des poids et mesures, pour le bois de *chauffage*. Le *Stère* équivaut à une demi-voie de Paris, il se prête facilement aux usages journaliers, sans fatiguer la mémoire.

En effet, le double *stere* remplacera la voie de bois. A l'égard des autres dénominations de *kilostères*, *myriasteres*, *décisteres*, etc., il n'y a guères d'occasions où ils seront nécessaires. Voyez *Mesures républicaines*.

SUBSISTANCES.

La libre circulation des *subsistances* a toujours été considérée comme un des objets les plus importans à la tranquillité publique.

La loi du 21 *Prairial an V*, prononce une *amende* et l'emprisonnement de six mois, contre ceux qui seroient convaincus d'avoir porté atteinte à la circulation des grains, *art.* 2.

Mais ce qu'il est important d'observer, c'est que les mêmes peines sont prononcées contre les *Officiers municipaux* ou autres *fonctionnaires publics* « qui n'au» roient pas fait *tout* ce qui est en leur pouvoir, pour » empêcher *l'arrestation* des subsistances. *Même Loi*, *art.* 3.

SURVEILLANCE.

La Loi place plusieurs objets sous la surveillance particulière des *Agens et Adjoints municipaux*, tels que:

1°. Les propriétés des défenseurs de la patrie;

2°. Celle des citoyens absens pour le service public. *Loi du 6 Brumaire an V*, *art.* 7.

3°. La nourriture des détenus. Voyez *Prisons*.

Lorsque, dans le cours de l'exercice de ses fonctions, *l'Agent municipal* acquiert la connoissance ou reçoit la dénonciation d'un délit de nature à être puni, soit d'une amende au-dessus de la valeur de trois journées de travail, soit d'un emprisonnement de plus de trois jours, soit d'une peine afflictive ou infamante, il est tenu d'en donner avis sur-le-champ au Juge de paix de l'arrondissement dans lequel il a été commis, ou dans lequel réside le prévenu, et de lui transmettre tous les renseignemens, procès-verbaux et actes qui y sont relatifs. *Loi du 3 Brumaire an IV, art.* 83.

Le Juge de paix doit lui en accuser la réception le jour suivant. *Même Loi, art.* 84.

SUSPENSION.

L'Administration centrale ou départementale a le droit de *suspendre* de leurs fonctions les *Agens et Adjoints* de leur arrondissement, conformément à *l'art.* 194 de la *Constitution*, à la charge néanmoins de motiver cette *suspension* et de la soumettre au Directoire Exécutif.

Les Lois indiquent différens cas où cette suspension doit avoir lieu; par exemple:

1°. Dans le cas où *l'Agent municipal* auroit négligé de donner au Juge de paix du canton, avis d'un décès d'un *individu*, qui laisseroit parmi ses héritiers des *mineurs* ou des *absens*. *Arrêté du Directoire Exécutif, du 22 Prairial an V.* Voyez *Absens.*

2°. En cas de refus de sa part, *d'assister* les gardes champêtres et forestiers dans leurs perquisitions chez des particuliers. *Arrêté du Directoire Exécutif, du 4 Nivose an V, art.* 3. Voyez *Assistance.*

3°. En cas de négligence de faire arrêter sur-le-champ les colporteurs qui publieroient les *papiers-nouvelles* autrement que par leurs *titres. Loi du 5 Nivose an V. Arrêté du Directoire Exécutif, du 15 Frimaire an VI.* Voyez *Colporteurs.*

TABLEAU DE POPULATION.

Tous les ans il doit être fait dans chaque commune de la République, un *tableau* contenant les *noms*, *âge*, *état* ou *profession* de tous ses habitans au-dessus de l'âge de 12 ans, le lieu de leur habitation et l'époque de leur *entrée dans la commune. Loi du* 10 *Vendémiaire an IV, titre II, art.* 2.

L'Agent municipal est chargé de former ce tableau.

A cet effet, les *Agens municipaux* reçoivent de l'Administration municipale des *modèles imprimés*, qu'ils sont tenus de remplir dans la décade; ils doivent en envoyer, dans le même délai, un *double* à l'Administration du département, et un autre à *l'Administration municipale* du canton. *Même titre, art.* 3.

Les *Agens municipaux* qui n'exécuteroient pas les articles précédens, demeureront *personnellement responsables* des dommages et intérêts résultant des délits commis à force ouverte, ou par violence sur le territoire de la commune. *Même titre, art.* 4.

Il y a encore un autre *tableau* qui doit être confectionné par *l'Agent municipal* de chaque commune; c'est celui de tous les français de son arrondissement qui sont soumis à la *Conscription militaire*, conformément à la Loi du 19 *Fructidor an VI*. Voyez *Conscription militaire*.

TIMBRE.

Aux termes des articles 56, 60 et 61 de la Loi du 9 *Vendémiaire an* 6, tous *journaux*, *feuilles* et *affiches*, autres que ceux émanés de l'Autorité publique, doivent être *timbrés*, sous peine d'une amende de 100 francs pour chaque contravention contre les auteurs, *afficheurs*, *distributeurs et imprimeurs* desdits *journaux* et *affiches*, sauf leur recours les uns contre les autres, avec *lacération* des objets non revêtus de timbre.

Mais il n'appartient pas à *l'Agent municipal* d'exécuter d'office cette *lacération*. Ce qu'il doit faire se réduit à *saisir* la pièce en contravention, et à l'envoyer au *Commissaire du Directoire Exécutif* près *l'Administration municipale*, qui traduit les contrevenans en jugement, et fait prononcer la condamnation indiquée par la Loi.

Les *extraits* des actes doivent être délivrés sur papier *timbré*. *Même Loi, art.* 54.

VISA.

Les procès-verbaux de *perquisition* faits en vertu de *mandats d'arrêts*, doivent être revêtus du *visa* de *l'Agent municipal* de la commune. *Loi du* 3 *Brumaire an IV*, *art.* 135.

VISITES.

L'*Agent municipal* est autorisé à faire dans sa *commune*, les *visites* qui sont de la compétence de la Municipalité, en se faisant assister de deux voisins. *Loi du* 13 *Fructidor, an V*, *art.* 26.

Les *Agens municipaux* et leurs *Adjoints*, concurremment avec les *Directeurs de jury*, les *Juges de paix*, et les *Commissaires de police*, sont autorisés à faire des *visites domiciliaires* dans l'étendue de leur arrondissement, chez les personnes suspectées de *fabrication ou de distribution de fausses monnoies*. Voyez ci-dessus *Fausses monnoies*.

La *visite domiciliaire* est encore autorisée sur les dénonciations de *vols*.

L'*Agent municipal* peut entrer dans les maisons des citoyens, pour la confection de l'état des habitans, pour la vérification des registres des logeurs, pour l'exécution des lois sur les contributions directes, ou en vertu d'ordonnances, ou enfin sur le cri des citoyens. *Loi du* 22 *Juillet* 1791, *tit. I*, *art.* 8.

Il peut faire des visites en tout temps, dans les *Cafés*, *cabarets* et autres lieux publics, même dans les maisons de jeux, sur la désignation de deux citoyens domiciliés. *Même titre*, *art.* 9 et 10.

Ces *visites* ne peuvent avoir lieu dans *la nuit*, si ce n'est dans le cas d'incendie, d'inondation, ou de réclamation venant de l'intérieur de la maison. *Constitution*, *art.* 359.

Dans tous les cas de *visite domiciliaire*, et préalablement à son exécution, *l'Agent municipal* doit rendre, conformément à l'article 359 de la Constitution, une *ordonnance* qui désignera l'article de la Loi, qui autorise *la visite*, les personnes chez lesquelles cette visite doit être faite, et quel en est l'objet. *Loi du* 3 *Brumaire*, *an IV*, *art.* 543.

Lorsque l'*Agent municipal* effectue une *visite domiciliaire*, en vertu d'une mission particulière, qui n'est pas attachée essentiellement à ses fonctions, et comme commissaire *ad hoc* de la Municipalité, il doit être muni de deux expéditions de l'acte qui constitue son *pouvoir spécial*, et il est tenu d'en remettre une de ces deux expéditions au citoyen chez lequel il fera lesdites visites et perquisitions. *Loi du* 15 *Septembre* 1792, *art.* 4.

Lorsque *la visite* ou la perquisition se fait en vertu d'une loi particulière, dans l'étendue de son arrondissement, l'*Agent municipal* n'est tenu à aucune exhibition de titres, parce que la Loi est censée notoire à chacun; et qu'à l'égard de sa qualité d'*Agent*, elle est suffisamment *connue*, puisqu'il la tient du choix même de la commune. *Même Loi*, *art.* 5.

D'où

D'où il résulte que si l'*Agent municipal* effectue une visite, par droit *de suite*, hors de son ressort, il est tenu de représenter l'expédition de l'acte qui constitue sa qualité d'*Agent municipal*; cette qualité n'étant pas légalement notoire aux habitans d'une commune étrangère. Voyez *Droit de suite*, *Lieux publics*, et *Accident*.

VISITES ILLICITES.

L'*Agent municipal* doit borner ses visites aux cas qui lui sont indiqués par la Loi; la moindre extension à cet égard, seroit considérée comme une violation du domicile des citoyens et un abus d'autorité.

« Les Officiers de police qui, hors les cas indi-
» qués par les Lois, sans autorisation spéciale de la
» justice, ou de police de sûreté, feront des *visites*
» ou recherches dans les maisons des citoyens, se-
» ront condamnés par le Tribunal de Police, et en
» cas d'appel, par celui de district, à des domma-
» ges et intérêts, qui ne pourront être au-dessous
» de 100 francs, sans préjudice des peines pro-
» noncées par la Loi, dans les cas de voies *de fait*,
» *de violence* et autres délits. *Loi du 22 Juillet* 1791,
» *tit.* I.er, *art.* 11. »

VOYAGEURS.

L'Agent municipal connoît les plaintes *des voyageurs* contre les *postillons*, soit pour refus de marcher, soit pour exaction, menaces ou insultes; la *peine* est d'un ou de trois jours de *détention*. *Loi du 6 nivôse an IV, art. 4 et 5.* Voyez *Jurisdiction*, *Passe-Ports*, *Postillons*.

VOIERIE.

On entend par *voierie*, la police des *voies publiques*. Elle se distingue en *grande* et *petite voierie*.

La *petite voierie* est celle qui concerne la sûreté, la propreté et la liberté des rues, et chemins des communes, ainsi que les actes de surveillance qui constituent les *fonctions d'un Commissaire de police.*

A l'égard de la *grande voierie*, elle embrasse des objets plus étendus, tels que la confection et la réparation des chemins, ponts et chaussées; le pavé, les plantations sur les grandes routes, les fossés qui les conservent; les carrières qui souvent préjudicient à la sûreté des chemins, les voitures trop chargées qui en détruisent le pavé, les encombremens qui gênent la liberté du passage.

Elle surveille aussi les constructions, alignemens des édifices, les règlemens de saillies, soit sur les routes, soit dans les communes, etc.

La *grande voierie* étant attribuée aux *Corps administratifs*, par l'art. VI du titre XIV des décrets sur *l'organisation judiciaire*, *des Lois des* 11 septembre 1790 et 22 juillet 1791, art. XXIX, l'*Agent municipal* doit donc être instruit des Lois et *règlemens de cette matière*, pour être à portée de diriger sa surveillance, et de dénoncer les *contraventions.*

Ce sont les mêmes règlemens qui avoient lieu avant la *révolution*, dont l'exécution a été provisoirement ordonnée par la Loi du 22 juillet 1791, en ces termes:

« Sont également confirmés *provisoirement* les » *règlemens* qui subsistent touchant la *voierie*, » ainsi que ceux actuellement existans à l'égard » de la construction des bâtimens, et relatifs à » la solidité et à la sûreté. *Art. XXIX du titre I.* »

RECUEIL
PAR ORDRE
CHRONOLOGIQUE

Des Ordonnances, Lois, Arrêtés, Instructions, etc. cités dans le Manuel alphabétique des Agens et Adjoints municipaux.

1.

Extrait de l'Ordonnance des eaux et forêts, du mois d'Août 1669. (1)

Article XXXII du titre XXVII.

Faisons défenses à toutes personnes de porter et allumer feu, en quelque saison que ce soit, dans nos forêts, landes et bruyères, et celles des communautés et particuliers, à peine de punition corporelle, et d'amende arbitraire, outre la réparation des dommages que l'incendie pourroit avoir causés, dont les communautés et autres qui ont choisi les gardes, demeureront civilement responsables.

---

(1) Les articles V, VI et suivans du titre XXXI, relatifs à la police des bois, sont imprimés en entier dans le Manuel, pag. 161 et suivantes.

2.

Extrait du décret concernant les délits qui se commettent dans les forêts et bois. Du 11 décembre 1789.

4.° Défenses sont faites à toute personne de débiter, vendre ou acheter en fraude des bois coupés en délit, sous peine contre les vendeurs et acheteurs frauduleux, d'être poursuivis suivant la rigueur des ordonnances; voulons que par les gardes des bois, maréchaussées et huissiers sur ce requis, la saisie desdits bois coupés en délit soit faite; mais la perquisision desdits bois ne pourra l'être qu'en présence d'un Officier municipal, qui ne pourra s'y refuser.

5.°. Enjoignons au Ministère public de poursuivre les délits; autorisons en conséquence les maîtrises des eaux et forêts et tous autres Juges, à se faire prêter main-forte pour l'exécution de leurs ordonnances, jugemens et saisies, par les municipalités, gardes nationales et autres troupes, pour arrêter, désarmer et repousser les délinquans dans lesdites forêts et bois, à peine, en cas de refus desdites municipalités requises, d'en répondre en leur propre et privé nom.

6.° Autorisons tous lesdits Juges et municipalités de faire constituer prisonniers tous ceux qui seront trouvés en *flagrant délit*, tant de jour que de nuit.

3.

Extrait du décret relatif à la constitution des municipalités. Du 14 — 18 Décembre 1789.

Art. I. Les fonctions propres au pouvoir municipal, sous la surveillance et l'inspection des assemblées administratives, sont:

De régir les biens et revenus communs des villes, bourgs, paroisses et communautés;

De régler et d'acquitter celles des dépenses locales qui doivent être payées des deniers communs ;

De diriger et faire exécuter les travaux publics qui sont à la charge de la communauté ;

D'administrer les établissemens qui appartiennent à la commune, qui sont entretenus de ses deniers, ou qui sont particulièrement destinés à l'usage des citoyens dont elle est composée ;

De faire jouir les habitans des avantages d'nne bonne police, notamment de la propreté, de la salubrité, de la sûreté et de la tranquillité dans les rues, lieux et édifices publics.

4.

Extrait du décret concernant la chasse. Des 22, 23 *et* 28 — 30 *avril* 1790.

L'Assemblée nationale considérant que, par ses décrets des 4, 5, 7, 8 et 11 Août 1789, le droit exclusif de la chasse est aboli, et le droit rendu à tout propriétaire de détruire ou faire détruire, *sur ses possessions seulement*, toute espèce de gibier, sauf à se conformer aux lois de police qui pourroient être faites relativement à la sûreté publique ; mais que, par un abus répréhensible de cette disposition, la chasse est devenue une source de désordres qui, s'ils se prolongeoient davantage, pourroient devenir funestes aux récoltes, dont il est si instant d'assurer la conservation, a, par provision et en attendant que l'ordre de ses travaux lui permette de plus grands développemens sur cette matière, décrété ce qui suit :

ART. I. Il est défendu à toutes personnes de chasser, en

quelque tems et de quelque manière que ce soit, sur le terrain d'autrui, sans son consentement, à peine de 20 livres d'amende envers la commune du lieu, et d'une amende de 10 livres envers le propriétaire des fruits, sans préjudice de plus grands dommages-intérêts, s'il y écheoit.

Défenses sont pareillement faites, sous ladite peine de 20 livres d'amende, aux propriétaires ou possesseurs, de chasser dans leurs terres non closes, même en jachères, à compter du jour de la publication des présentes, jusqu'au premier Septembre prochain, pour les terres qui seront alors dépouillées, et pour les autres terres, jusqu'à la dépouille entière des fruits, sauf à chaque département à fixer pour l'avenir le tems dans lequel la chasse sera libre, dans son arrondissement, aux propriétaires sur leurs terres non closes.

II. L'amende et l'indemnité ci-dessus statuées contre celui qui aura chassé sur le terrain d'autrui, seront portées respectivement à 30 livres et à 15 livres, quand le terrain sera clos de murs ou de haies, et à 40 livres et 20 livres, dans le cas où le terrain clos tiendroit immédiatement à une habitation, sans entendre rien innover aux dispositions des autres lois qui protègent la sûreté des citoyens et de leurs propriétés, et qui défendent de violer les clôtures, et notamment celles des lieux qui forment leur domicile, ou qui y sont attachés.

III. Chacune de ces différentes peines sera doublée en cas de récidive : elle sera triplée, s'il survient une troisième contravention, et la même progression sera suivie pour les contraventions ultérieures ; le tout dans le courant de la même année seulement.

IV. Le contrevenant qui n'aura pas, huitaine après la signification du jugement, satisfait à l'amende prononcée contre lui, sera contraint par corps, et détenu en prison pendant vingt-quatre heures, pour la première fois; pour la seconde fois, pendant huit jours; et pour la troisième ou ultérieure contravention, pendant trois mois.

V. Dans tous les cas, les armes avec lesquelles la contravention aura été commise, seront confisquées, sans néanmoins que les gardes puissent désarmer les chasseurs.

VI. Les pères et mères répondront des délits de leurs enfans mineurs de vingt ans, non mariés et domiciliés avec eux, sans pouvoir néanmoins être contraints par corps.

VII. Si les délinquans sont déguisés ou masqués, ou s'ils n'ont aucun domicile connu, ils seront arrêtés sur-le-champ à la réquisition de la municipalité.

VIII. Les peines et contraintes ci-dessus seront prononcées sommairement et à l'audience par la municipalité du lieu du délit, d'après les rapports des gardes-messiers, baugards ou gardes-champêtres, sauf l'appel, ainsi qu'il a été réglé par le décret de l'Assemblée Nationale, du 23 Mars dernier : elle ne pourront l'être que, soit sur la plainte du propriétaire ou autre partie intéressée, soit même dans le cas où l'on auroit chassé en tems prohibé, sur la seule poursuite du Procureur de la commune.

IX. A cet effet, le conseil général de chaque commune est autorisé à établir un ou plusieurs gardes-messiers, baugards ou gardes-champêtres, qui seront reçus et assermentés par la municipalité, sans préjudice de la garde des bois et forêts, qui se fera comme par le passé, jusqu'à ce qu'il en ait été autrement ordonné.

X. Lesdits rapports seront ou dressés par écrit, ou faits de vive voix au greffe de la Municipalité, où il en sera tenu registre. Dans l'un et dans l'autre cas, ils seront affirmés entre les mains d'un Officier municipal, dans les vingt-quatre heures

N 4

du délit qui en sera l'objet, et ils feront foi de leur contenu jusqu'à la preuve contraire, qui pourra être admise sans inscription de faux.

XI. Il pourra être suppléé auxdits rapports par la déposition de deux témoins.

XII. Toute action pour délit de chasse sera prescrite par le laps d'un mois, à compter du jour où le délit aura été commis.

XIII. Il est libre à tous propriétaires ou possesseurs, de chasser ou faire chasser en tous tems, et nonobstant l'article premier des présentes, dans ses lacs et étangs, et dans celles de ses possessions qui sont séparées par des murs ou des haies vives, d'avec les héritages d'autrui.

XIV. Pourra également tout propriétaire ou possesseur, autre qu'un simple usager, dans les tems prohibés par ledit article premier, chasser ou faire chasser, sans chiens courans, dans ses bois et forêts.

XV. Il est pareillement libre, en tous tems, aux propriétaires ou possesseurs, et même au fermier, de détruire le gibier dans ses récoltes non closes, en se servant de filets ou autres engins qui ne puissent pas nuire aux fruits de la terre, comme aussi de repousser avec des armes à feu les bêtes fauves qui se répandroient dans sesdites récoltes.

5.

Extrait du décret sur l'organisation judiciaire. Du 16 Août 1790 — 24 Août 1790.

TITRE XI.

Des Juges en matière de police.

Art. III. Les objets de police, confiés à la vigilance et à l'autorité des corps municipaux, sont :

1.° Tout ce qui intéresse la sûreté et la commodité du passage dans les rues, quais, places et voies publiques; ce qui comprend le nettoiement, l'illumination, l'enlèvement des encombremens, la démolition ou la réparation des bâtimens menaçant ruine, l'interdiction de rien exposer aux fenêtres ou autre partie des bâtimens qui puisse nuire par sa chûte, et celle de ne rien jeter qui puisse blesser ou endommager les passans, ou causer des exhalaisons nuisibles;

2.° Le soin de réprimer et de punir les délits contre la tranquilité publique, tels que les rixes et disputes accompagnées d'ameutemens dans les rues, le tumulte excité dans les lieux d'assemblée publique, les bruits et attroupemens nocturnes qui troublent le repos des citoyens;

3.° Le maintien du bon ordre dans les endroits où il se fait de grands rassemblemens d'hommes, tels que les foires, marchés, réjouissances et cérémonies publiques, spectacles, jeux, cafés, églises et autres lieux publics;

4.° L'inspection sur la fidélité du débit des denrées qui se vendent au poids, à l'aune ou à la mesure, et sur la salubrité des commestibles exposés en vente publique;

5.° Le soin de prévenir par les précautions convenables, et celui de faire cesser par la distribution des secours nécescessaires, les accidens et fléaux calamiteux, tels que les incendies, les épidémies, les épizooties; en provoquant aussi, dans ces deux derniers cas, l'autorité des Administrations de département et de district;

6.° Le soin d'observer ou de remédier aux événemens fâcheux qui pourroient être occasionnés par les insensés ou les furieux laissés en liberté, et par la divagation des animaux malfaisans ou féroces.

IV. Les spectacles publics ne pourront être permis et autorisés que par les Officiers municipaux. Ceux des entrepreneurs et directeurs actuels qui ont obtenu des autorisations, soit des gouverneurs des anciennes provinces, soit de toute autre manière, se pourvoiront devant les Officiers municipaux, qui confirmeront leur jouissance pour le tems qui en reste à courir, à charge d'une redevance envers les pauvres.

V. Les contraventions à la police ne pourront être punies que de l'une de ces deux peines, ou de la condamnation à une amende pécuniaire, ou de l'emprisonnement, par forme de correction, pour un tems qui ne pourra excéder trois jours dans la campagne, et huit jours dans les villes, dans les cas les plus graves.

VI. Les appels des jugemens en matière de police seront portés au tribunal de district; et ces jugemens seront exécutés par provision, nonobstant l'appel et sans y préjudicier.

VII. Les Officiers municipaux sont spécialement chargés de dissiper les attroupemens et émeutes populaires . . . . et responsables de leur négligence dans cette partie de leur service.

6.

Extrait du décret concernant l'organisation judiciaire.
Des 6 et 7 --- 11 Septembre 1790.

TITRE XIV, *art.* 6.

L'Administration, en matière de grande voierie, appartient aux Corps administratifs, et la police de conservation, tant pour les grandes routes que pour les chemins vicinaux, aux Juges de district.

7.

Extrait du décret concernant la contribution foncière.
Des 20, 22 et 23 Novembre -- premier Décembre 1790.

ART. I. Il sera établi, à compter du premier Janvier 1791, une contribution foncière qui sera répartie, par égalité proportionnelle, sur toutes les propriétés foncières, à raison de leur revenu net, sans autres exceptions que celles déterminées ci-après pour les intérêts de l'agriculture.

II. Le revenu net d'une terre est ce qui reste à son propriétaire, déduction faite, sur le produit brut, des frais de culture, semences, récoltes et entretien.

III. Le revenu imposable est le revenu net moyen, calculé sur un nombre d'années déterminé.

Extrait de l'instruction.

La contribution foncière doit être répartie *sur toutes les propriétés foncières.* On comprend sous cette dénomination, outre les fonds territoriaux, les maisons; elles ont toujours participé aux impôts fonciers.

Elle doit être répartie sur toutes les propriétés foncières, *à raison de leur revenu net.* L'article II explique ce que l'on doit entendre par le *revenu net*, qui est *ce qui reste au propriétaire, déduction faite, sur le produit brut*, c'est-à-dire, sur la totalité de ce qu'un champ a rendu, de la quantité de gerbes suffisante pour *payer les frais de culture, de semences, de récolte et d'entretien ;* et l'article III définit *le revenu imposable*, qui est *le revenu net moyen, calculé sur un nombre d'années déterminé.*

La contribution foncière doit être répartie sur toutes les propriétés foncières, à raison de leur revenu net, *sans autres exceptions que celles qui seront déterminées pour les intérêts de l'Agriculture.*

Toutes les propriétés foncières, même celles dont le produit paroît nul, doivent être cotisées, parce que toutes sont protégées par la force publique ; mais elles ne doivent contribuer que pour une somme extrêmement modique, ainsi qu'il sera expliqué plus au long dans la partie de l'instruction qui concerne le titre III du décret. (*Cette instruction se trouve dans un code des contributions directes, in-4.°, qui se vend au Dépôt des Lois. Prix, 3 francs, franc de port.*)

8.

Extrait du décret relatif au respect dû aux juges et à leurs jugemens. Du 28 Février. — 17 Avril 1791.

Art. II. Les citoyens qui assisteront aux audiences des Juges de paix, à celles des tribunaux de districts, des tribunaux criminels, de ceux de police et de commerce, se tiendront découverts, dans le respect et le silence. Tout ce que les juges ordonneront pour le maintien de l'ordre, sera exécuté ponctuellement à l'instant même.

III. Si un ou plusieurs des assistans interrompent le silence, donnent des signes publics d'approbation ou de désapprobation, soit à la défense des parties, soit au jugement, causent ou excitent du tumulte de quelque manière que ce soit; et si, après l'avertissement des huissiers, ils ne rentrent pas dans l'ordre sur-le-champ, il leur sera enjoint de se retirer; et dans le cas où quelqu'un opposeroit à cette injonction la moindre résistance, les réfractaires seront saisis aussitôt, et déposés dans la maison d'arrêt, où ils demeureront vingt-quatre heures.

IV. Si quelques mauvais citoyens osoient outrager ou menacer les Juges ou les Officiers de justice dans l'exercice de leurs fonctions, les Juges feront saisir à l'instant les coupables, qui de suite seront déposés dans la maison d'arrêt. Les Juges les interrogeront publiquement dans les vingt-quatre heures, et pourront les condamner, par voie de police correctionnelle, jusqu'à huit jours de détention, selon la nature des circonstances.

V. Si les outrages étoient d'une telle gravité qu'ils méritassent peine afflictive ou infamante, les coupables saisis et interrogés dans les vingt-quatre heures, seront renvoyés dans la maison d'arrêt, pour subir les épreuves de l'instruction criminelle; et s'ils sont convaincus, ils seront punis selon toute la rigueur des Lois.

VI. Les assemblées délibérantes des municipalités et des administrations, s'il s'y trouve quelques assistans étrangers, exerceront dans le lieu de leurs séances les mêmes fonctions de police qui viennent d'être attribuées aux Juges. Après avoir fait saisir les perturbateurs, aux termes des articles III et IV ci-dessus, les membres de ces assemblées dresseront procès-verbal du délit, et le feront parvenir au tribunal qui suivra, pour l'interrogatoire et le jugement, ce qui est prescrit dans les articles IV et V.

VII. Toute rébellion des citoyens, avec ou sans armes, contre l'exécution des mandemens de justice, saisies, exécutions, ordonnances de prise de corps, contraintes par corps autorisées par la Loi, et ordonnées par jugement ou mandement de justice; toute violence exercée et tout mouvement populaire excité contre les Officiers municipaux, Administrateurs, Juges, Officiers ministériels, dépositaires de la force publique en fonctions, seront poursuivis contre les prévenus par la voie criminelle, et punis selon toute la rigueur des Lois.

IX. Si des Fonctionnaires publics ou Officiers ministériels d'exécution sont insultés, menacés ou attaqués dans l'exercice de leurs fonctions, ils prononceront à haute voix ces mots: *Force à la Loi.* A l'instant où ce cri sera entendu, les dépositaires de la force publique, et même tous les citoyens sont obligés par la constitution de prêter main-forte à l'exécution des jugemens et contraintes, et de régler leur action sur l'ordre de l'homme public, qui seul demeurera responsable.

X. Si un Fonctionnaire public, Administrateur, Juge, Officier ministériel d'exécution, exerçoit, sans titre légal, quelque contrainte contre un citoyen; ou si même, avec un titre légal, il employoit ou faisoit employer des violences inutiles, il sera responsable de sa conduite à la Loi, et puni sur la plainte de l'opprimé, portée et poursuivie selon les formes prescrites.

9.

Extrait du décret relatif au droit de pétition, et dispositions relatives aux lieux destinés à recevoir les affiches. Des 10 et 18 — 22 Mai 1791.

Art. XI. Dans les villes et dans chaque municipalité, il

sera, par les Officiers municipaux, né des lieux exclusivement destinés à recevoir les affiches des Lois et des actes de l'autorité publique. Aucun citoyen ne pourra faire des affiches particulières dans lesdits lieux, sous peine d'une amende de cent livres, dont la condamnation sera prononcée par voie de police.

10.

Extrait du décret relatif aux assemblées d'ouvriers artisans de même état et profession. Du 14 --- 17 *Juin* 1791.

Art, IV. Si, contre les principes de la Liberté et de la Constitution, des citoyens attachés aux mêmes professions, arts et métiers, prenoient des délibérations, ou faisoient entre eux des conventions tendant à refuser de concert, ou à n'accorder qu'à un prix déterminé le secours de leur industrie ou de leurs travaux, lesdites délibérations et conventions, accompagnées ou non du serment, sont déclarées inconstitutionnelles, attentatoires à la liberté et à la déclaration des droits de l'homme, et de nul effet; les corps administratifs et municipaux seront tenus de les déclarer telles. Les auteurs, chefs et instigateurs qui les auront provoquées, rédigées ou présidées, seront cités devant le tribunal de police, à la requête du Procureur de la commune (*aujourd'hui le Commissaire du Pouvoir exécutif*), condamnés chacun en cinq cents livres d'amende, et suspendus pendant un an de l'exercice de tous droits de citoyens actifs, et de l'entrée dans les assemblées primaires.

V. Il est défendu à tous corps administratifs et municipaux, à peine par leurs membres d'en répondre en leur propre nom, d'employer, admettre ou souffrir qu'on admette aux ouvrages de leurs professions, dans aucuns travaux publics, ceux des entrepreneurs, ouvriers et compagnons qui provoqueroient ou signeroient lesdites délibérations ou conventions, si ce n'est dans le cas où, de leur propre mouvement, ils se seroient présentés au greffe du tribunal de police, pour les rétracter ou désavouer.

VI. Si lesdites délibérations ou convocations, affiches apposées, lettres circulaires, contenoient quelques menaces contre les entrepreneurs, artisans, ouvriers et journaliers étrangers qui viendroient travailler dans le lieu, ou contre ceux qui se contenteroient d'un salaire inférieur, tous auteurs, instigateurs et signataires des actes ou écrits, seront punis d'une amende de mille livres chacun, et de trois mois de prison.

VII. Ceux qui useroient de menaces ou de violence contre les ouvriers usant de la liberté accordée par les lois constitutionnelles au travail et à l'industrie, seront poursuivis par la voie criminelle, et punis selon la rigueur des lois, comme perturbateurs du repos public.

VIII. Tous attroupemens composés d'artisans, ouvriers, compagnons, journaliers, ou excités par eux contre le libre exercice de l'industrie et du travail, appartenant à toutes sortes de personnes, et sous toute espèce de conditions convenues de gré à gré, ou contre l'action de la police, et à l'exécution des jugemens rendus en cette matière, ainsi que contre les enchères et adjudications publiques de diverses entreprises, seront tenus pour attroupemens séditieux, et comme tels ils seront dissipés par les dépositaires de la force publique, sur les réquisitions légales qui leur en seront faites, et punis selon toute la rigueur des lois sur les auteurs, instigateurs et chefs desdits attroupemens, et sur tous ceux qui auront commis des voies de fait et actes de violence.

Extrait

11.

Extrait du décret contre la sédition, et qui fixe les peines à prononcer contre ceux qui s'en seront rendus coupables. Du 18 juillet 1791.

Art. I. Toutes personnes qui auront provoqué le meurtre, le pillage, l'incendie, ou conseillé formellement la désobéissance à la loi, soit par des placards ou affiches, soit par des écrits publiés ou colportés, soit par des discours tenus dans des lieux ou assemblées publiques, seront regardées comme séditieuses ou perturbateurs de la paix publique; et en conséquence les officiers de police sont autorisés à les faire arrêter sur-le-champ, et à les remettre aux tribunaux pour être punis suivant la loi.

II. Tout homme, qui dans un attroupement ou un émeute, aura fait entendre un cri de provocation au meurtre, sera puni de trois ans de chaîne, si le meurtre ne s'en est pas suivi, et comme complice du meurtre s'il a eu lieu: tout citoyen présent est tenu de s'employer ou de prêter main-forte pour l'arrêter.

III. Tout cri contre la garde nationale, la force publique en fonctions, tendant à lui faire baisser ou déposer ses armes, est un cri de sédition, et sera puni d'un emprisonnement qui ne pourra excéder deux années.

12.

Extrait du décret relatif à l'organisation de la police municipale et correctionnelle. Du 19 juillet 1791. - 22 juillet.

Art. I. Dans les villes et dans les campagnes, les corps municipaux feront constater l'état des habitans, soit par des officiers municipaux, soit par des commissaires de police, s'il y en a, soit par des citoyens commis à cet effet. Chaque année, dans le courant des mois de novembre et de décembre, cet état sera vérifié de nouveau, et on y fera les changemens nécessaires : l'état des habitans de campagne sera recencé au chef-lieu du canton, par des commissaires que nommeront les officiers municipaux de chaque communauté particulière.

II. Le registre contiendra mention des déclarations que chacun aura faites de ses noms, âge, lieu de naissance, dernier domicile, profession, métier et autres moyens de subsistance. Le déclarant qui n'aurait à indiquer aucun moyen de subsistance, désignera les citoyens domiciliés dans la municipalité dont il sera connu, et qui pourront rendre bon témoignagne de sa conduite.

III. Ceux qui étant en état de travailler, n'auront ni moyens de subsistance, ni métier, ni répondans, seront inscrits avec la note de *gens sans aveu.*

Ceux qui refuseront toute déclaration, seront inscrits sur leur signalement et demeure, avec la note de *gens suspects.*

Ceux qui seront convaincus d'avoir fait de fausses déclaration, seront inscrits avec la note de *gens mal-intentionnés.*

Il sera donné communication de ces registres aux officiers et sous-officiers de la gendarmerie nationale, dans le cours de leurs tournées.

IV. Ceux des trois classes qui viennent d'être énoncées, s'ils prennent part à une rixe, à un attroupement séditieux, un acte de voie de fait ou de violence, seront soumis dès la première fois aux peines de la police correctionnelle, comme il sera dit ci-après.

V. Dans les villes et dans les campagnes, les aubergistes, maîtres d'hôtels garnis et logeurs seront tenus d'inscrire de suite et sans aucun blanc, sur un registre en papier timbré et paraphé par un Officier municipal ou un Commissaire de police, les noms, qualités, domicile habituel, dates d'entrée et de sortie de tous ceux qui coucheront chez eux, même une seule nuit; de représenter ce registre tous les quinze jours et en outre toutes les fois qu'ils en seront requis, soit aux Officiers municipaux, soit aux Officiers de police, ou aux citoyens commis par la municipalité.

VI. Faute de se conformer aux dispositions du précédent article, ils seront condamnés à une amende du quart de leur droit de patentes, sans que cette amende puisse être au-dessous de trois livres, et ils demeureront civilement responsables des désordres et des délits commis par ceux qui logeront dans leurs maisons.

VII. Les jeux de hasard où l'on admet soit le public, soit des affiliés, sont défendus sous les peines qui seront désignés ci-après.

Les propriétaires ou principaux locataires des maisons et appartemens où le public seroit admis à jouer des jeux de hasard, seront, s'ils demeurent dans ces maisons et s'ils n'ont pas averti la police, condamnés pour la première fois, à trois cents livres, et pour la seconde, à mille livres d'amende, solidairement avec ceux qui occuperont les appartemens employés à cet usage.

Règles à suivre par les Officiers municipaux, ou les citoyens commis par la municipalité, pour constater les contraventions de police.

VIII. Nul Officier municipal, Commissaire ou Officier de police municipal, ne pourra entrer dans les maisons des citoyens si ce n'est pour la confection des états ordonnés par les articles premier, 2 et 3, et la vérification des registres des logeurs; pour l'exécution des lois sur les contributions directes, ou en vertu des ordonnances, contraintes et jugemens dont ils seront porteurs; ou enfin sur le cri des citoyens, invoquant de l'intérieur d'une maison le secours de la force publique.

IX. A l'égard des lieux où tout le monde est admis indistinctement, tels que cafés, cabarets, boutiques et autres, les Officiers de police pourront toujours y entrer, soit pour prendre connoissance des désordres ou contraventions aux règlemens, soit pour vérifier les poids et mesures, le titre des matières d'or et d'argent, la salubrité des comestibles et médicamens.

X. Ils pourront aussi entrer en tout tems dans les maisons où l'on donne habituellement à jouer des jeux de hasard, mais seulement sur la désignation qui leur en auroit été donnée par deux citoyens domiciliés.

Ils pourront également entrer en tout tems dans les lieux livrés notoirement à la débauche.

XI. Hors les cas mentionnés aux articles 8, 9 et 10, les Officiers de police qui, sans autorisation spéciale de justice ou de la police de sûreté, feront des visites ou recherches dans les maisons des citoyens, seront condamnés par le tribunal de police, et en cas d'appel, par celui de district, à des dommages et intérêts qui ne pourront être au-dessous de cent liv. sans préjudice des peines prononcées par la loi, dans le cas de voies de fait, de violences et autres délits.

XII. Les Commissaires de police, dans les lieux où il y en a, les appariteurs et autres agens assermentés, dresseront dans leurs visites et tournées, le procès-verbal des contraventions en présence de deux des plus proches voisins, qui apposeront leur signatures, et des experts en chaque partie d'art, lorsque la municipalité, soit par voie d'administration, soit comme tribunal de police, aura jugé à propos d'en indiquer.

XIII. La municipalité soit par voie d'administration, soit comme tribunal de police, pourra, dans les lieux où la loi n'y aura pas pourvu, commettre à l'inspection du titre des matières d'or ou d'argent, à celle de la salubrité des commestibles et médicamens, un nombre suffisant de gens de l'art, lesquels, après avoir prêté serment, rempliront, à cet égard seulement, les fonctions de commissaire de police.

Délits de police municipale, et peines qui seront prononcées.

XIV. Ceux qui voudront former des sociétés ou clubs, seront tenus, à peine de deux cent livres d'amende, de faire préalablement, au greffe de la municipalité, la déclaration des lieux et jours de leur réunion : et en cas de récidive, ils seront condamnés à cinq cent livres d'amende : l'amende sera poursuivie contre les présidens, secrétaires ou commissaires de ces clubs ou sociétés.

XV. Ceux qui négligeront d'éclairer et de nettoyer les rues devant leurs maisons, dans les lieux où ce soin est laissé à la charge des citoyens;

Ceux qui embarrasseront ou dégraderont les voies publiques;

Ceux qui contreviendront à la défense de rien exposer sur les fenêtres ou au-devant de leur maison sur la voie publique de rien jeter qui puisse nuire ou endommager par sa chûte ou causer des exhalaisons nuisibles;

Ceux qui laisseront divaguer des insensés ou furieux, ou des animaux malfaisans ou féroces;

Seront indépendamment des réparations ou indemnités envers les parties lésées, condamnés à une amende qui ne pourra être au-dessous de quarante sous, ni excéder cinquante livres, et si le fait est grave, à la détention de police municipale : la peine sera double en cas de récidive.

XVI. Ceux qui, par imprudence ou par la rapidité de leurs chevaux, auront blessé quelqu'un dans les rues ou voies publiques, seront, indépendamment des indemnités, condamnés à huit jours de détention, et à une amende égale à la totalité de leur contribution mobiliaire, sans que l'amende puisse être au-dessous de trois cents livres. S'il y a eu fracture de membre, ou si, d'après les certificats des gens de l'art, la blessure est telle qu'elle ne puisse se guérir en moins de quinze jours, les délinquants seront renvoyés à la police correctionnelle.

XVII. Les refus des secours et services requis par la police, en cas d'incendie ou autres fléaux calamiteux, sera puni par une amende du quart de la contribution mobiliaire, sans que l'amende puisse être au-dessous de trois livres.

XVIII. Le refus ou la négligence d'exécuter les réglemens de voierie, ou d'obéir à la sommation de réparer ou démolir les édifices menaçant ruine sur la voie publique, seront, outre les frais de la démolition ou de la réparation de ces édifices, punis d'une amende de la moitié de la contribution mobiliaire, laquelle amende ne pourra être au-dessous de six livres.

XIX. En cas de rixe ou dispute avec ameutement du peuple;

En cas de voies de fait ou violences légères, dans les assemblées et lieux publics; en cas de bruit ou attroupemens nocturnes;

Ceux des trois premières classes mentionnés en l'article 3, seront, dès la première fois, punis ainsi qu'il sera dit au titre de la police correctionnelle.

Les autres seront condamnés à une amende du tiers de leur contribution mobiliaire, laquelle ne sera pas au-dessous de douze livres; et pourront l'être, suivant la gravité du cas, à une détention de trois jours dans les campagnes, et de huit jours dans les villes.

Tous ceux qui, après une première condamnation prononcée par la police municipale, se rendroient encore coupables de l'un des délits ci-dessus, seront renvoyés à la police correctionnelle.

XX. En cas d'exposition en vente de commestibles gâtés, corrompus et nuisibles, ils seront confisqués et détruits, et le délinquant condamné à une amende du tiers de sa contribution mobiliaire, laquelle amende ne pourra être au-dessous de trois livres.

XXI. En cas de vente et de médicamens gâtés, le délinquant sera renvoyé à la police correctionnelle, et puni de cent livres d'amende, et d'un emprisonnement qui ne pourra excéder six mois.

La vente des boissons falsifiées sera punie ainsi qu'il sera dit au titre de la police correctionnelle.

XXII. En cas d'infidélité des poids et mesures dans la vente des denrées et autres objets qui se débitent à la mesure, au poids ou à l'aune, les faux poids et fausses mesures seront confisqués et brisés, et l'amende sera, pour la première fois, de cent livres au moins, et de la quotité du droit de patentes du vendeur, si ce droit est de plus de cent livres.

XXIII. Les délinquans, aux termes de l'article précédent, seront en outre condamnés à la détention de la police municipale; et, en cas de récidive, les prévenus seront renvoyés à la police correctionnelle.

XXIV. Les vendeurs convaincus d'avoir trompé, soit sur le

titre des matières d'or ou d'argent, soit sur la qualité d'une pierre fausse vendue pour fine, seront renvoyés à la police correctionnelle.

XXV. Quant à ceux qui seroient prévenus d'avoir fabriqué, fait fabriquer ou employé de faux poinçons, marqué ou fait marquer des matières d'or ou d'argent au-dessous du titre annoncé par la marque, ils seront, dès la première fois, renvoyés par un mandat d'arrêt du Juge de paix, devant le juré d'accusation; jugés, s'il y a lieu, selon la forme établie pour l'instruction criminelle; et s'ils sont convaincus, punis des peines établies dans le code pénal.

XXVI. Ceux qui ne paieront pas dans les trois jours, à dater de la signification du jugement, l'amende prononcée contre eux, y seront contraints par les voies de droit, néanmoins la contrainte par corps ne pourra entraîner qu'une détention d'un mois à l'égard de ceux qui sont insolvables.

XXVIII. En cas de récidive, toutes les amendes établies par le présent décret seront doubles, et tous les jugemens seront affichés aux dépens des condamnés.

XXVIII. Pourront être saisis et retenus jusqu'au jugement, tous ceux qui par imprudence ou la rapidité de leurs chevaux, auront fait quelques blessures dans la rue ou voie publique, ainsi que ceux qui seroient prévenus des délits mentionnés aux articles 19, 21 et 22 : ils seront contraignables par corps au paiement des dommages et intérêts, ainsi que des amendes.

Confirmation de divers règlemens et dispositions contre l'abus de la taxe des denrées.

XXIX. Les règlemens actuellement existant sur le titre des matières d'or et d'argent; sur la vérification de la qualité des pierres fines ou fausses, la salubrité des comestibles et des médicamens, sur les objets de serrurerie, continueront d'être exécutés jusqu'à ce qu'il en ait été autrement ordonné. Il en sera de même de ceux qui établissent des dispositions de sûreté, tant pour l'achat et la vente des matières d'or et d'argent, des drogues, médicamens et poisons, que pour la représentation, le dépôt et adjudication des effets précieux dans les Mont-de-Piété, Lombards, ou autres maisons de ce genre.

Sont également confirmés provisoirement, les règlemens qui subsistent touchant la voirie, ainsi que ceux actuellement existant, à l'égard de la construction des bâtimens, et relatifs à leur solidité et sûreté, sans que de la présente disposition il puisse résulter la conservation des attributions ci-devant faites sur cet objet à des tribunaux particuliers.

XXX. La taxe des subsistances ne pourra, provisoirement, avoir lieu dans aucune ville ou commune du royaume, que sur le pain et la viande de boucherie, sans qu'il soit permis, en aucun cas, de l'étendre sur le vin, sur le bled, les autres grains, ni autre espèce de denrées; et ce, sous peine de distitution des Officiers municipaux.

XXXI. Les réclamations élevées par les marchands, relativement aux taxes, ne seront en aucun cas du ressort des tribunaux de district; elles seront portées devant le directoire de département, qui prononcera sans appel. Les réclamations des particuliers contre les marchands qui vendroient au-dessus de la taxe, seront portées et jugées au tribunal de police, sauf l'appel au tribunal de district.

Forme de procéder et règles à observer par le tribunal de la police municipale.

XXXII. Tous ceux qui, dans les villes et les campagnes auront été arrêtés, seront traduits directement chez un Juge de paix, lequel renverra par devant le Commissaire de police, ou l'Officier municipal chargé de l'administration de cette partie ; lorsque l'affaire sera de la compétence de la police municipale.

XXXIII. Tout Juge de paix d'une ville, dans quelque quartier qu'il se trouve établi, sera compétent pour prononcer, soit la liberté des personnes amenées, soit le renvoi à la police municipale, soit le mandat d'amener devant lui ou devant un autre Juge de paix, soit enfin le mandat d'arrêt, tant en matière de police correctionnelle qu'en matière criminelle.

XXXIV. Néanmoins pour assurer le service dans la ville de Paris, il sera déterminé par la municipalité un lieu vers le centre de la ville, où se trouveront toujours deux Juges de paix, lesquels pourront chacun donner, séparément, les ordonnances nécessaires.

Les Juges de paix rempliront tour à tour ce service pendant vingt-quatre heures.

XXXV. Les personnes prévenues de contravention aux lois et réglemens de police, soit qu'il y ait eu un procès-verbal ou non, seront citées devant le tribunal par les appariteurs, ou par tous autres huissiers, à la requête du procureur de la commune, ou des particuliers qui croiront avoir à se plaindre. Les parties pourront comparaître volontairement, ou sur un simple avertissement, sans qu'il soit besoin de citation.

XXXVI. Les citations seront données à trois jours, ou à l'audience la plus prochaine.

XXXVII. Les défauts seront signifiés par un huissier commis par le tribunal de police municipale ; ils ne pourront être rabattus qu'autant que la personne citée comparaîtra dans la huitaine après la signification du jugement, et demandera à être entendue sans délai : si elle ne comparoît pas, le jugement demeurera définitif, et ne pourra être attaqué que par la voie d'appel.

XXXVIII. Les personnes citées comparoîtront par elles-mêmes ou par des fondés de procuration spéciale : il n'y aura point d'avoués aux tribunaux de police municipale.

XXXIX. Les procès-verbaux, s'il y en a, seront lus ; les témoins, s'il faut en appeler, seront entendus ; la défense sera proposée, les conclusions seront données par le procureur de la commune ou son substitut ; le jugement préparatoire ou définitif sera rendu avec expression de motifs, dans la même audience, ou au plus tard dans la suivante.

XL. L'appel des jugemens ne sera pas reçu, s'il est interjeté après huit jours depuis la signification des jugemens à la partie condamnée.

XLI. La forme de procéder sur l'appel en matière de police, sera la même qu'en première instance.

XLII. Le tribunal de police sera composé de trois membres, que les officiers municipaux choisiront parmi eux ; de cinq dans les villes où il y a soixante mille ames ou davantage, de neuf à Paris.

XLIII. Aucun jugement ne pourra être rendu que par trois juges, et sur les conclusions du procureur de la commune ou de son substitut.

XLIV. Le nombre des audiences sera réglé d'après le nombre des affaires, qui seront toutes terminées au plus tard dans la quinzaine.

XLV. Extrait des jugemens rendus par la police municipale, sera déposé, soit dans un lieu central, soit au greffe du tribunal de police correctionnelle, dans tous les cas ou le présent décret aura renvoyé à la police correctionnelle les délinquants en récidive.

XLVI. Aucun tribunal de police municipale, ni aucun corps municipal ne pourra faire de règlement ; le corps municipal néanmoins pourra, sous l'intitulé de *délibérations*, et sauf la réformation, s'il y a lieu, par l'administration du département, sur l'avis de celle du district, faire des arrêtés sur les objets qui suivent :

1°. Lorsqu'il s'agira d'ordonner les précautions locales sur les objets confiés à sa vigilance et à son autorité, par les articles 3 et 4 du titre XI du décret sur l'*organisation judiciaire*.

2°. De publier de nouveau les lois et règlemens de police, ou de rappeler les citoyens à leur observation.

XLVII. Les objets confisqués resteront au greffe du tribunal de police, mais seront vendus au plus tard dans la quinzaine au plus offrant et dernier enchérisseur, selon les formes ordinaires. Le prix de cette vente et les amendes versées dans les mains du receveur du droit d'enregistrement, seront employés sur les mandats du procureur-syndic du district, visé par le procureur-général-syndic du département, un quart aux menus frais du tribunal, un quart aux frais des bureaux de paix et de jurisprudence charitable, un quart aux dépenses de la municipalité, et un quart au soulagement des pauvres de la commune.

XLVIII. Les commissaires de police, dans les lieux où il y en a, porteront, dans l'exercice de leurs fonctions, un chaperon aux trois couleurs de la nation, placé sur l'épaule gauche. Les appariteurs chargés d'une exécution de police, présenteront, comme les autres huissiers, une baguette blanche, aux citoyens qu'ils sommeront d'obéir à la loi. Les dispositions du décret sur le respect dû aux jugemens, s'appliqueront aux tribunaux de police municipale et correctionnelle, et à leurs officiers.

TITRE II.

POLICE CORRECTIONNELLE.

Dispositions générales sur les peines de la Police correctionnelle et les maisons de correction.

ART. I. Les peines correctionnelles seront :

1°. L'amende, 2°. la confiscation, en certain cas, de la matière du délit, 3°. l'emprisonnement.

II. Il y aura des maisons de correction destinées, 1°. aux jeunes gens au-dessous de l'âge de vingt-un ans, qui devront y être enfermés conformément aux articles 15, 16 et 17 du titre X du décret sur l'organisation judiciaire ; 2°. aux personnes condamnées par voie de police correctionnelle.

III. Si la maison de correction est dans le même local que la maison destinée aux personnes condamnées par jugement des tribunaux criminels, le quartier de la correction sera entièrement séparé.

IV. Les jeunes gens détenus d'après l'arrêté des familles, seront séparés de ceux qui auront été condamnés par la police correctionnelle.

V. Toute maison de correction sera maison de travail. Il sera établi par les conseils ou directoires de département, divers genres de travaux communs ou particuliers, convenables aux personnes des deux sexes ; les hommes et les femmes seront séparés.

VI. La maison fournira le pain, l'eau et le coucher. Sur le produit du travail du détenu, un tiers sera appliqué à la dépense commune de la maison.

Sur une partie des deux autres tiers, il lui sera permis de se procurer une nourriture meilleure et plus abondante.

Le surplus sera réservé pour lui être remis après que le tems de sa détention sera expiré.

Il lui sera également permis de se procurer une nourriture meilleure et plus abondante, sur sa fortune particulière, à moins que le jugement de condamnation n'en ait ordonné autrement.

Classification des délits, et peines qui seront prononcées.

VII. Les délits punissables par la voie de la police correctionnelle seront,

1°. Les délits contre les bonnes mœurs

2°. Les troubles apportés publiquement à l'exercice d'un culte religieux quelconque.

3°. Les insultes et les violences graves envers les personnes.

4°. Les troubles apportés à l'ordre social et à la tranquillité publique, par la mendicité, par les tumultes, par les attroupemens ou autres délits.

5°. Les atteintes portées à la propriété des citoyens, par dégâts, larcins ou simples vols, escroqueries, ouvertures de maisons de jeux où le public est admis.

Premier genre de délits.

VIII. Ceux qui seraient prévenus d'avoir attenté publiquement aux mœurs, par outrage à la pudeur des femmes, par actions déshonnêtes, par exposition ou vente d'images obscènes ; d'avoir favorisé la débauche ou corrompu des jeunes gens de l'un et de l'autre sexe, pourront être saisis sur le champ, et conduits devant le juge de paix, lequel est autorisé à les faire retenir jusqu'à la prochaine audience de la police correctionnelle.

IX. Si le délit est prouvé, les coupables seront condamnés, selon la gravité des faits, à une amende de cinquante à cinq cents livres, et à un emprisonnement qui ne pourra excéder six mois, s'il s'agit d'images obscénes. Les estampes et les planches seront en outre confisquées et brisées.

Quand aux personnes qui auroient favorisé la débauche ou corrompu des jeunes gens de l'un et de l'autre sexe, elles seront, outre l'amende, condamnées à une année de prison.

X. Les peines portées en l'article précédent, seront doubles en cas de récidive.

Deuxième genre de délits.

XI. Ceux qui auroient outragé les objets d'un culte quelconque, soit dans un lieu public, soit dans les lieux destinés à l'exercice de ce culte, ou ses ministres en fonctions, ou interrompu par un trouble public les cérémonies religieuses de quelque culte que ce soit, seront condamnés à une amende qui ne pourra excéder cinq cents livres, et à un emprisonnement qui ne ponrra excéder un an. L'amende sera toujours de cinq cents livres, et l'emprisonnement de deux ans, en cas de récidive.

XII. Les auteurs de ces délits pourront être saisis sur le champ, et conduits devant le Juge de paix.

Troisième genre de délits.

XIII. Ceux qui, hors les cas de légitime défense et sans excuse suffisante, auroient blessé ou même frappé des citoyens, si le délit n'est pas de la nature de ceux qui sont punis des peines portées au code pénal, seront jugés par la police correctionnelle; et en cas de conviction, condamnés, selon la gravité des faits, à une amende qui ne pourra excéder cinq cents livres, et s'il y a lieu, à un emprisonnement qui ne pourra excéder six mois.

XIV. La peine sera plus forte, si les violences ont été commises envers des femmes ou des personnes de soixante-dix ans et au-dessus, ou des enfans de seize ans et au-dessous, ou ou par des apprentifs, compagnons ou domestiques, à l'égard de leur maître; enfin, s'il y a eu effusion de sang, et en outre dans le cas de récidive; mais elle ne pourra excéder mille livres d'amende, et une année d'emprisonnement.

XV. En cas d'homicide dénoncé comme involontaire, ou reconnu tel par la déclaration du juré, s'il est la suite de l'imprudence ou de la négligence de son auteur, celui-ci sera condamné à une amende qui ne pourra excéder le double de sa contribution mobiliaire, et s'il y a lieu, à un emprisonnement qui ne pourra excéder un an.

XVI. Si quelqu'un ayant blessé un citoyen dans les rues et voies publiques par l'effet de son imprudence ou de sa négligence, soit par la rapidité de ses chevaux, soit de toute autre manière, il en est résulté fracture de membres; ou si d'après le certificat de gens de l'art, la blessure est telle qu'elle exige un traitement de quinze jours, le délinquant sera condamné à une amende qui ne pourra excéder cinq cents livres et à un emprisonnement qui ne pourra excéder six mois. Le maître sera civilement responsable des condamnations pécuniaires prononcées contre le cocher ou conducteur de chevaux, ou les autres domestiques.

XVIII. Toutes les peines ci-dessus seront prononcées indépendamment des dommages et intérêts des parties.

XVIII. Quant aux simples injures verbales, si elles ne sont pas adressées à un fonctionnaire public en exercice de ses fonc-

tions

tions, elles seront jugées dans la forme établie en l'article 10 du titre III du décret sur l'organisation judiciaire.

XIX. Les outrages ou menaces par paroles ou par gestes faites aux fonctionnaires publics dans l'exercice de leurs fonctions, seront punis d'une amende qui ne pourra excéder dix fois la contribution mobiliaire, et d'un emprisonnement qui ne pourra excéder deux années.

La peine sera double en cas de récidive.

XX. Les mêmes peines seront infligées à ceux qui outrageraient ou menaceraient par paroles ou par gestes, soit les gardes nationales, soit la gendarmerie nationale, soit les troupes de ligne se trouvant ou sous les armes, ou au corps de garde, ou dans un poste de service, sans préjudice des peines plus fortes, s'il y a lieu contre ceux qui les frapperaient, et sans préjudice également de la défense et de la résistance légitime; conformément aux Lois militaires.

XXI. Les coupables des délits mentionnés aux articles 13, 14, 15, 16, 19 et 20 du présent décret, seront saisis sur-le-champ, et conduits devant le Juge de paix.

Quatrième genre de délits.

XXII. Les mendians valides pourront être saisis et conduits devant le Juge de paix, pour être statué à leur égard, conformément aux Lois sur la répression de la mendicité.

XXIII. Les circonstances aggravantes seront,

1.° De mendier avec menaces et violences.

2.° De mendier avec armes.

3.° De s'introduire dans l'intérieur des maisons, ou mendier la nuit.

4.° De mendier deux ou plusieurs ensemble.

5.° De mendier avec faux certificats ou congés, infirmités supposées ou déguisement.

6.o De mendier après avoir été repris de justice.

7.o Et deux mois après la publication du présent décret de mendier hors du canton de son domicile.

XXIV. Les mendians contre lesquels il se réunira une ou plusieurs de ces circonstances aggravantes, pourront être condamnés à un emprisonnement qui n'excédera pas une année. La peine sera double en cas de récidive.

XXV. L'insubordination accompagnée de violences ou de menaces dans les ateliers publics ou les ateliers de charité, sera punie d'un emprisonnement qui ne pourra excéder deux années.

La peine sera double en cas de récidive.

XXVI. Les peines portées dans la Loi sur les associations et attroupemens des ouvriers et gens du même état, seront prononcées par le tribunal de la police correctionnelle.

XXVII. Tous ceux qui dans l'adjudication de la propriété ou de la location, soit des domaines nationaux, soit de tous autres domaines appartenant à des communautés ou à des particuliers, troubleraient la liberté des enchères, ou empêcheraient que les adjudications ne s'élevassent à leur véritable valeur, soit par offre d'argent, soit par des conventions frauduleuses, soit par des violences ou voies de fait exercées avant ou pendant les enchères, seront punis d'une amende qui ne pourra excéder cinq cents livres, et d'un emprisonnement qui ne pourra excéder une année.

La peine sera double en cas de récidive.

XXVIII. Les personnes comprises dans les trois classes mentionnées en l'article 2 du titre Ier., qui seront surprises dans une rixe, attroupement ou un acte quelconque de simple violence, seront punies par un emprisonnement qui ne pourra excéder trois mois. En cas de récidive, la détention sera d'une année.

XXIX. Les citoyens domiciliés qui, après avoir été réprimés une fois par la police municipale, pour rixes, tumultes, attroupemens nocturnes, ou désordres en assemblées publiques, commettraient, pour la deuxième fois, le même genre de délit, seront condamnés par la police correctionnelle, à une amende qui ne pourra excéder trois cents livres, et un emprisonnement qui ne pourra excéder quatre mois.

XXX. Ceux qui se rendraient coupables des délits mentionnés dans les six articles précédens, seront saisis sur-le-champ, et conduits devant le Juge de paix.

Cinquième genre de délits.

XXXI. Tous dégâts commis dans les bois, toutes violations de clôtures, de murs, haies et fossés, quoique non suivis de vol, les larcins de fruits et de productions de terrein cultivé, autres que ceux mentionnés dans le code pénal, seront punis, ainsi qu'il sera dit à l'égard de la police rurale.

XXXII. Les larcins, filouteries et simples vols qui n'appartiennent ni à la police rurale, ni au code pénal, seront, outre les restitutions, dommages et intérêts, punis d'un emprisonnement qui ne pourra excéder deux ans. La peine sera double en cas de récidive.

XXXIII. Le vol de deniers ou d'effets mobiliers appartenans à l'Etat, et dont la valeur sera au-dessous de dix livres, sera puni d'une amende du double de la valeur, et d'un emprisonnement d'une année. La peine sera double en cas de récidive.

XXXIV. Les coupables des délits mentionnés aux trois précédens articles, pourront être saisis sur-le-champ et conduits devant le Juge de paix.

XXXV. Ceux qui par dol, ou à l'aide de faux noms, ou de fausses entreprises, ou d'un crédit imaginaire, ou d'espérances et de craintes chimériques, auraient abusé de la crédulité de quelques personnes, et escroqué la totalité ou partie de leur fortune, seront poursuivis devant les tribunaux de district; et si l'escroquerie est prouvée, le tribunal de district, après avoir prononcé les restitutions, dommages et intérêts, est autorisé à condamner par voie de police correctionnelle, à une amende qui ne pourra excéder cinq mille livres, et à un emprisonnement qui ne pourra excéder deux ans. En cas d'appel, le condamné gardera prison, à moins que les juges ne trouvent convenable de le mettre en liberté, sur une caution triple de l'amende et des dommages et intérêts prononcés. En cas de récidive, la peine sera double.

Tous les jugemens de condamnation à la suite des délits mentionnés au présent article, seront imprimés et affichés.

XXXVI. Ceux qui tiendront des maisons de jeux de hasard où le public seroit admis, soit librement, soit sur la présentation des affiliés, seront punis d'une amende de mille à trois mille livres, avec confiscation des fonds trouvés exposés au jeu, et d'un emprisonnement qui ne pourra excéder un an. L'amende, en cas de récidive, sera de cinq mille à dix mille livres; et l'emprisonnement ne pourra excéder deux ans, sans préjudice de la solidarité pour les amendes qui auroient été prononcées par la police municipale, contre les propriétaires et principaux locataires, dans les cas et aux termes de l'article 7 du titre premier du présent décret.

XXXVII. Ceux qui tiendront des maisons de jeux de hasard, s'ils sont pris en flagrant délit, pourront être saisis et conduits devant le Juge de paix.

XXXVIII. Toute personne convaincue d'avoir vendu des boissons falsifiées par des mixtions nuisibles, sera condamnée à une amende qui ne pourra excéder mille livres, et à un emprisonnement qui ne pourra excéder une année. Le jugement sera imprimé et affiché.

La peine sera double en cas de récidive.

XXXIX. Les marchands ou tous autres vendeurs convaincus d'avoir trompé, soit sur le titre des matières d'or ou d'argent, soit sur la qualité d'une pierre fausse vendue pour fine, seront, outre la confiscation des marchandises, et la restitution envers l'acheteur, condamnés à une amende de mille à trois mille livres, et à un emprisonnement qui ne pourra excéder deux années : la peine sera double en cás de récidive.

Tout jugement de condamnation à la suite des délits mentionnés au présent article, sera imprimé et affiché.

XL. Ceux qui, condamnés une fois par la police municipale pour infidélité sur les poids et mesures, commettroient de nouveau le même délit, seront condamnés par la police correctionnelle, à la confiscation des marchandises fausses, ainsi que des faux poids et mesures, lesquels seront brisés, à une amende qui ne pourra excéder mille livres, et à un emprisonnement qui ne pourra excéder une année. Tout jugement à la suite des délits mentionnés au présent article, sera imprimé et affiché : à la seconde récidive, ils seront poursuivis criminellement et condamnés aux peines portées au code pénal.

XLI. Les dommages et intérêts, ainsi que la restitution et les amendes qui seront prononcés en matière de police correctionnelle, emporteront la contrainte par corps.

XLII. Les amendes de la police correctionnelle et de la police municipale, seront solidaires entre les complices : celles qui ont la contribution mobiliaire pour base, seront exigées d'après la cote entière de cette contribution, sans déduction de ce qu'on aurcit payé pour la contribution foncière.

13.

Décret qui règle la couleur des affiches. Du 22 — 28 Juillet 1791.

L'Assemblée nationale décrète que les affiches des actes émanés de l'Autorité publique, seront seules imprimées sur papier blanc ordinaire; et celles faites par des particuliers, ne pourront l'être que sur papier de couleur, sous peine de l'amende ordinaire de Police municipale.

14.

Décret relatif à la force publique contre les attroupemens. Des 26 et 27 Juillet. — 3 Août 1791.

Art. I. Toutes personnes surprises en flagrant délit, ou poursuivies par la clameur publique, seront saisies et conduites devant l'Officier de Police.

II. Tous les citoyens inscrits ou non sur le rôle de la garde nationale, sont tenus, par leur serment civique, de prêter secours à la gendarmerie nationale, à la garde soldée des villes, et à tout fonctionnaire public, aussitôt que les mots, *force à la loi*, auront été prononcés, et sans qu'il soit besoin d'aucune autre réquisition.

III. Si des voleurs ou des brigands se portent en troupe sur un territoire quelconque, ils seront repoussés, saisis et livrés aux Officiers de police par la gendarmerie nationale et la garde soldée des villes, sans qu'il soit besoin de réquisition.

Ceux des citoyens qui se trouveront en activité de service de garde nationale, prêteront main-forte au besoin; et si un supplément de force est nécessaire, les troupes de ligne, ainsi que tous les citoyens inscrits, seront tenu d'agir sur la réquisition du Procureur de la commune (1), ou, à son défaut, de la municipalité.

VI. Si le nombre des brigands ou voleurs rendoit nécessaire une plus grande force, avis en sera donné sur-le-champ par la municipalité ou le Procureur de la commune, au Juge de paix du canton et au Procureur-syndic du district; ceux-ci, et toujours le Procureur-syndic, à défaut, ou en cas de négligence de Juge de paix, seront tenus de réquérir soit la gendarmerie nationale, soit la garde soldée des villes qui peuvent se trouver dans le canton du lieu du délit, ou même dans les autres cantons du district, subsidiairement les troupes de ligne qui seront à douze mille du lieu de l'incursion, et enfin dans le cas de nécessité, les citoyens inscrits dans le canton et dans le district pour le service de la garde nationale.

X. Les attroupemens séditieux contre la perception des cens, redevances, agriers et champarts, contre celle des contributions publiques, contre la liberté absolue de la circulation des subsistances, des espèces d'or et d'argent, ou toutes autres espèces monnoyées, contre celle du travail et de l'industrie, ainsi que des conventions relatives au prix des salaires, seront dissipés par la gendarmerie nationale, les gardes soldées des villes et les citoyens qui se trouveront de service en qualité de gardes nationales; les coupables seront saisis pour être jugés et punis selon la Loi.

---

(1) La constitution de l'an III n'admettant plus de Procureur de la commune, ni de Procureur-syndic de département ou de district; il faut y substituer le Commissaire du Directoire Exécutif, près l'Administration municipale, ou centrale.

XI. Si ces troupes se trouvent insuffisantes, le Procureur de la commune sera tenu d'en donner avis sur-le-champ au Juge de paix du canton et au Procureur-syndic du district.

XII. Ceux-ci, et toujours le Procureur-syndic, à défaut ou en cas de négligence du Juge de paix, seront tenus de requérir à l'instant le nombre nécessaire de troupes de ligne qui se trouveraient à douze milles; et subsidiairement les citoyens inscrits dans la garde nationale, soit du canton où le trouble se manifeste, soit des autres cantons du district. Les citoyens actifs des communes troublées par ces désordres, seront en même-temps sommés de prêter secours pour dissiper l'attroupement, saisir les chefs et principaux coupables, et pour rétablir la tranquillité publique et l'exécution de la Loi.

XIII. La même forme de réquisition et d'action énoncée aux trois articles précédens, aura lieu dans le cas d'attroupement séditieux et d'émeute populaire contre la sûreté des personnes quelles qu'elles puissent être, contre les propriétés, contre les Autorités, soit municipales, soit administratives, soit judiciaires: contre les tribunaux civils, criminels et de police; contre l'exécution des jugemens, ou pour la délivrance des prisonniers ou condamnés; enfin contre la liberté ou la tranquillité des assemblées constitutionnelles.

XIV. Tout citoyen est tenu de prêter main-forte pour saisir sur-le-champ et livrer aux Officiers de police quiconque violera le respect dû aux fonctionnaires publics en exercice de leurs fonctions, et particulièrement aux juges ou aux jurés.

XVI. Si la sédition parvenoit à s'étendre dans une partie considérable d'un district, le Procureur-général-syndic du département sera tenu de faire les réquisitions nécessaires aux gendarmes nationaux et gardes soldées, même, en cas de besoin, aux troupes de ligne, et subsidiairement aux citoyens inscrits comme gardes nationales dans des districts autres que celui où le désordre a éclaté; d'inviter en même-temps tous les citoyens actifs du district troublé par ce désordre, à se réunir pour opérer le rétablissement de la tranquillité, et l'exécution de la Loi.

XXI. Les réquisitions seront faites aux chefs commandans en chaque lieu, et lues à la troupe assemblée.

XXII. Les réquisitions adressées aux Commandans, soit des troupes de ligne, soit des gardes nationales, soit de la gendarmerie nationale, seront faites par écrit et dans la forme suivante.

Nous, ... requérons, *en vertu de la Loi*, N. . . . . Commandant, etc., de prêter le secours des troupes de ligne, ou de la gendarmerie nationale, ou de la garde nationale, nécessaire pour repousser les brigands, etc., prévenir ou dissiper les attroupemens, etc., ou pour assurer le paiement de, etc., ou pour procurer l'exécution de tel jugement ou telle ordonnance de police, etc.

Pour la garantie dudit ou desdits Commandans, nous apposons notre signature.

XXXII. Les Officiers municipaux de chaque commune, aussitôt qu'ils remarqueront des mouvemens séditieux prêts à éclater, seront tenus, sous leur responsabilité, d'en donner avis, tant au Procureur de la commune qu'aux Juges de paix du canton et au Procureur-syndic, lesquels requerront un service de vigilance de la part, soit des troupes de ligne, soit de gendarmerie nationale, soit des citoyens inscrits dans le canton ou le district, selon l'importance des faits Dans ce cas et toutes les fois que le Procureur-syndic fera une réquisition, il sera tenu d'en avertir le Procureur-général-syndic.

XXXIV. Les corps municipaux, les directoires de districts et de départemens seront chargés, aussi sous leur responsabilité, de prendre toutes les mesures de police et de prudence les plus capables de prévenir et de calmer les désordres; ils sont chargés en outre d'avertir les Procureurs des communes, les Juges de paix, les Procureurs-syndics et les Procureurs-généraux-syndics dans toutes les circonstances où, soit la réquisition, soit l'action de la force publique, deviendra nécessaire.

XXXV. Les Officiers municipaux auront toujours, sous leur responsabilité, le droit de suspendre la réquisition, ou d'arrêter l'action de la force publique faite ou provoquée par les Procureurs des communes.

XXXVI. En cas de négligence très-grave ou d'abus du pouvoir touchant la réquisition et l'action de la force publique, les Procureurs des communes. les Commissaires de police, les Juges de paix, les Procureurs-syndics, et les Procureurs-généraux-syndics seront jugés par les tribunaux criminels, destitués de leurs emplois, et privés pendant deux ans de l'exercice du droit de citoyen actif, sans préjudice des peines plus fortes portées par le code pénal contre les crimes attentatoires à la tranquillité publique.

15.

Extrait du décret relatif à la police de la navigation et des ports de commerce. Des 9 — 13 Août 1791.

Art. III. Les Juges de paix du canton, le Maire ou le premier Officier municipal du lieu, et le Syndic des gens de mer, seront tenus de se rendre au premier avertissement de quelque échouement, bris ou naufrage, pour procurer les secours nécessaires.

IV. Les ordres seront donnés par le Juge de paix, dès qu'il sera présent, à son défaut, par l'Officier municipal, et à leur défaut, par le Syndic des gens de mer.

16.

Extrait du décret relatif à la résidence des fonctionnaires publics. Des 22, 23, 24, 25, 26, 28 *et* 29 *Mars.* 12 *Septembre* 1791.

ART. I. Les fonctionnaires publics seront tenus de résider pendant toute la durée de leurs fonctions, dans les lieux où ils les exercent, s'ils n'en sont dispensés pour causes approuvées.

II. Les causes ne pourront être approuvées et les dispenses leur être accordées que par le corps dont ils sont membres, ou par leurs supérieurs s'ils ne tiennent pas à un corps, ou par les directoires administratifs dans les cas spécifiés par la loi.

17.

Extrait du décret sur l'administration forestière. Des 20 *Août*, 2, 3, 4 *et* 15 *Septembre*--29 *Septembre* 1791.

TITRE IV, article V.

Les gardes suivront les bois de délit dans les lieux où ils auront été transportés, et les mettront en séquestre; mais ils ne pourront s'introduire dans les atteliers, bâtimens et cours adjacentes, qu'en présence d'un officier municipal, ou par autorité de justice.

18.

Extrait du décret concernant la police de sûreté, la justice criminelle et l'établissement des Jurés. Du 16 — 29 Septembre 1791.

TITRE III.

Art. I. Tous ceux qui auront connoissance d'un meurtre ou d'une mort dont la cause est inconnue ou suspecte, seront tenus d'en donner avis sur-le-champ à l'Officier de police de sûreté du lieu, ou à son défaut au plus voisin, lequel se rendra incontinent sur les lieux.

II. Dans les cas énoncés en l'article précédent, l'inhumation ne pourra être faite qu'après que l'Officier de police se sera rendu sur les lieux, accompagné d'un chirurgien ou homme de l'art, et aura dressé un procès-verbal détaillé du cadavre et de toutes les circonstances, en présence de deux citoyens actifs, lesquels, ainsi que le chirurgien ou homme de l'art, signeront l'acte avec lui.

III. L'Officier de police, assisté comme il vient d'être dit, entendra les parens, voisins ou domestiques du décédé, ou ceux qui se sont trouvés en sa compagnie avant son décès, ou il recevra sur-le-champ leurs déclarations, et les interpellera de les signer; ou de déclarer s'ils ne le savent faire.

IV. L'Officier de police pourra défendre que qui que ce soit ne sorte de la maison, ou s'éloigne du lieu dans lequel le mort aura été trouvé, et ce jusqu'à la clôture du procès-verbal et des déclarations.

V. L'Officier de police fera saisir sur-le-champ celui ou ceux qui seront prévenus d'avoir été les auteurs ou les complices du meurtre, et après avoir reçu leurs déclarations, il pourra délivrer des mandats d'arrêt contre eux et les faire conduire à la maison d'arrêt du tribunal du district.

VI. En cas de meurtre ou de mort, dont la cause est inconnue et suspecte, l'Officier de police sera personnellement tenu, sans attendre aucune réquisition, et sans y préjudicier, de commencer la poursuite et de délivrer à cet effet les mandats nécessaires.

TITRE IV.

Du flagrant délit.

Art. I. Lorsqu'un Officier de police apprendra qu'il se commet un délit grave dans un lieu, ou que la tranquillité publique y aura été violemment troublée, il sera tenu de s'y transporter aussitôt, d'y dresser procès-verbal détaillé du corps du délit, quel qu'il soit, et de toutes ses circonstances, enfin de tout ce qui peut servir à conviction ou à décharge.

II. En cas de flagrant délit ou sur la clameur publique, l'Officier de police fera saisir et amener devant lui les prévenus, sans attendre les déclarations des témoins; et si les prévenus ne peuvent être saisis, il délivrera un *mandat d'amener* pour les faire comparoître devant lui.

III. Tout dépositaire de la force publique, et même tout citoyen, sera tenu de s'employer pour saisir un homme trouvé en flagrant délit ou poursuivi par la clameur publique, comme coupable d'un délit, et de l'amener devant l'Officier de police le plus voisin.

IV. Tout dépositaire de la force publique et même tout citoyen, pourra conduire devant l'officier de police, un homme fortement soupçonné d'être coupable d'un délit déjà dénoncé, comme dans le cas où il seroit trouvé saisi des effets volés, ou d'instrumens servant à faire présumer qu'il est l'auteur du délit;

sauf à être responsable s'ils ont agi méchamment et par envie de nuire.

V. L'Officier de police recevra les éclaircissemens donnés par le prévenu, et s'il les trouve suffisans pour détruire les inculpations formées contre lui, il ordonnera qu'il soit remis sur-le-champ en liberté. (*Voyez la Loi du 3 Brumaire an IV.*)

19.

Décret concernant les biens et usages ruraux, et la police rurale. Du 28 Septembre 1791. — 6 Octobre suivant.

L'assemblée nationale a décrété ce qui suit :

TITRE PREMIER.

Des biens et des usages ruraux.

SECTION PREMIÈRE.

Des principes généraux sur la propriété territoriale.

ART. I. Le territoire de la France, dans toute son étendue, est libre comme les personnes qui l'habitent : ainsi toute propriété territoriale ne peut être sujette envers les particuliers, qu'aux redevances et aux charges dont la convention n'est pas défendue par la Loi; et envers la nation, qu'aux contributions publiques établies par le Corps législatif, et aux sacrifices que peut exiger le bien général, sous la condition d'une juste et préalable indemnité.

II. Les propriétaires sont libres de varier à leur gré la culture et l'exploitation de leurs terres, de conserver à leur gré leurs récoltes, et de disposer de toutes les productions de leur propriété dans l'intérieur du royaume et au-dehors, sans préjudicier au droit d'autrui et en se conformant aux Lois.

III. Tout propriétaire peut obliger son voisin au bornage de leurs propriétés contigues, à moitié frais.

IV. Nul ne peut se prétendre propriétaire exclusif des eaux d'un fleuve ou d'une rivière navigable ou flottable; en conséquence tout propriétaire riverain peut en vertu du droit commun, y faire des prises d'eau, sans néanmoins en détourner ni embarasser le cours d'une manière nuisible au bien général et à la navigation établie.

SECTION II.

Des baux des biens de campagne.

Art. I. La durée et les clauses des baux des biens de campagne seront purement conventionnelles.

II. Dans un bail de six années, ou au-dessous, fait après la publication du présent décret, quand il n'y aura pas de clause sur le droit du nouvel acquéreur à titre singulier, la résiliation du bail, en cas de vente du fonds, n'aura lieu que de gré à gré.

III. Quand il n'y aura pas de clause sur ce droit dans les baux de plus de six années, en cas de vente du fonds, le nouvel acquéreur à titre singulier pourra exiger la résiliation sous la condition de cultiver lui-même sa propriété, mais en signifiant le congé au fermier, au moins un an à l'avance, pour qu'il sorte à pareil mois et jour que ceux auquel le bail auroit fini, et en dédommageant au préalable ce fermier, à dire d'experts, des avantages qu'il auroit retirés de son exploitation ou culture continuée jusqu'à la fin de son bail, d'aprè le prix de la ferme, et d'après les avances et les améliorations qu'il aura faites à l'époque de la résiliation.

IV. La tacite reconduction n'aura plus lieu à l'avenir en bail à ferme ou à loyer des biens ruraux.

V. A l'avenir il ne sera payé aucun droit de quint, treizième, lods et ventes, et autres précédemment connus sous le titre de droit de vente, à raison des baux à ferme ou à loyer faits pour un temps certain et limité, encore qu'ils excèdent le terme de neuf années, soit que le bail soit fait moyennant une redevance annuelle, soit pour une somme une fois payée, nonobstant toutes Lois, coutumes, statuts ou jurisprudence à ce contraires, sans préjudice de l'exécution des Lois, coutumes ou statuts qui assujétissent les baux à vie et les aliénations d'usufruits à des droits de vente ou autres droits seigneuriaux.

SECTION III.

Des diverses propriétés rurales.

ART. I. Nul agent de l'agriculture, employé avec des bestiaux au labourage, ou a quelque travail que ce soit, ou occupé à la garde des troupeaux, ne pourra être arrêté, sinon pour crime, avant qu'il n'ait été pourvu à la sûreté desdits animaux, et en cas de poursuite criminelle, il y sera également pourvu immédiatement après l'arrestation, et sous la responsabilité de ceux qui l'auront exercée.

II. Aucun engrais ni ustensile, ni autre meuble utile à l'exploitation de terres, et aucuns bestiaux servant au labourage, ne pourront être saisis ni vendus pour contributions publiques, et ils ne pourront l'être pour aucune cause de dettes, si ce n'est au profit de la personne qui aura fourni lesdits effets ou bestiaux, ou pour l'acquittement de la créance du propriétaire envers son fermier; et ce seront toujours les derniers objets saisis, en cas d'insuffisance d'autres objets mobiliers.

III. La même règle aura lieu pour les ruches; et pour

aucune

aucune raison, il ne sera permis de troubler les abeilles dans leurs courses et leurs travaux; en conséquence, même en cas de saisie légitime, une ruche ne pourra être déplacée que dans les mois de Décembre, Janvier et Février.

IV. Les vers à soie sont de même insaisissibles pendant leur travail, ainsi que la feuille de mûrier qui leur est nécessaire pendant leur éducation.

V. Le propriétaire d'un essaim a le droit de le réclamer et de s'en ressaisir, tant qu'il n'a point cessé de le suivre; autrement l'essaim appartient au propriétaire du terrain sur lequel il s'est fixé.

SECTION IV.

Des Troupeaux, des Clôtures, du Parcours et de la vaine Pâture.

Art. I. Tout propriétaire est libre d'avoir chez lui telle quantité et telle espèce de troupeaux qu'il croit utiles à la culture et à l'exploitation de ses terres, et de les y faire pâturer exclusivement, sauf ce qui sera réglé ci-après relativement au parcours et à la vaine pâture.

II. La servitude réciproque de paroisse à paroisse, connue sous le nom de *parcours*, et qui entraîne avec elle le droit de vaine pâture, continuera provisoirement d'avoir lieu avec les restrictions déterminées à la présente section, lorsque cette servitude sera fondée sur un titre ou sur une possession autorisée par les Lois et les coutumes. A tous autres égards, elle est abolie.

III. Le droit de vaine pâture dans une paroisse, accompagné ou non de la servitude du parcours, ne pourra exister que dans les lieux où il est fondé sur un titre particulier, ou autorisé par la Loi ou par un usage local immémorial, et à la charge que la vaine pâture n'y sera exercée que conformément aux règles et usages locaux, qui ne contrarieront point les réserves portées dans les articles suivans de la présente section.

IV. Le droit de clorre et de déclorre ses héritages, résulte essentiellement de celui de propriété, et ne peut être contesté à aucun propriétaire. L'assemblée nationale abroge toutes Lois et coutumes qui peuvent contrarier ce droit.

V. Le droit de parcours et le droit simple de vaine pâture, ne pourront, en aucun cas, empêcher les propriétaires de clorre leurs héritages; et tout le tems qu'un héritage sera clos de la manière qui sera déterminée par l'article suivant, il ne pourra être assujéti ni à l'un ni à l'autre droit ci-dessus.

VI. L'héritage sera réputé clos, lorsqu'il sera entouré d'un mur de quatre pieds de hauteur, avec barrière ou porte, ou lorsqu'il sera exactement fermé et entouré de palissades ou de treillages, ou d'une haie-vive, ou d'une haie sèche faite avec des pieux, ou cordélée avec des branches, ou de toute autre manière de faire les haies en usage dans chaque localité, ou enfin d'un fossé de quatre pieds de large au moins à l'ouverture, et de deux pieds de profondeur.

VII. La clôture affranchira de même du droit de vaine pâture réciproque entre particuliers, si ce droit n'est pas fondé sur un titre. Toutes Lois et tous usages contraires sont abolis.

VIII. Entre particuliers, tout droit de vaine pâture fondé sur un titre, même dans les bois, sera rachetable à dire d'expert, suivant l'avantage que pourroit en retirer celui qui avoit ce droit, s'il n'étoit pas réciproque, ou eu égard au désavantage qu'un des propriétaires auroit à perdre la réciprocité si elle existoit; le tout sans préjudice au droit de cantonnement, tant pour les particuliers que pour les communautés, confirmé par l'article VIII du décret des 16 et 17 Septembre 1790.

IX. Dans aucun cas et dans aucun tems, le droit de parcours, ni celui de vaine pâture, ne pourront s'exercer sur les prairies artificielles, et ne pourront avoir lieu sur aucune terre ensemencée ou couverte de quelques productions que ce soit, qu'après la récolte.

X. Par-tout où les prairies naturelles sont sujettes au parcours ou à la vaine pâture, ils n'auront lieu provisoirement que dans le tems autorisé par les Lois et coutumes, et jamais tant que la première herbe ne sera pas récoltée.

XI. Le droit dont jouit tout propriétaire de clorre ses héritages, a lieu même par rapport aux prairies dans les paroisses, où sans titres de propriété, et seulement par l'usage, elles deviennent communes à tous les habitans, soit immédiatement après la récolte de la première herbe, soit dans tout autre tems déterminé.

XII. Dans les pays de parcours ou de vaine pâture soumis à l'usage du troupeau en commun, tout propriétaire ou fermier pourra renoncer à cette communauté, et faire garder, par troupeau séparé, un nombre de têtes de bétail proportionné à l'étendue des terres qu'il exploitera dans la paroisse.

XIII. La quantité de bétail, proportionnellement à l'étendue du terrain, sera fixée dans chaque paroisse, à tant de bêtes par arpent, d'après les réglemens et usages locaux; et à défaut de documens positifs à cet égard, il y sera pourvu par le conseil-général de la commune.

XIV. Néanmoins, tout chef de famille domicilié, qui ne sera ni propriétaire ni fermier d'aucun des terreins sujets au parcours ou à la vaine pâture, et le proptiétaire ou fermier à qui la modicité de son exploitation n'assureroit pas l'avantage qui va être déterminé, pourront mettre sur lesdits terreins, soit par troupeau séparé, soit en troupeau en commun, jusqu'au nombre de six bêtes à laine et d'une vache avec son veau, sans préjudicier aux droits desdites personnes sur les terres communales, s'il y en a dans la paroisse, et sans entendre rien innover aux Lois, coutumes ou usages locaux, et de tems immémorial qui leur accorderoient un plus grand avantage.

XV. Les propriétaires ou fermiers exploitant des terres sur les paroisses sujettes au parcours ou à la vaine pâture, et dans lesquelles ils ne seraient pas domiciliés, auront le même droit de mettre dans le troupeau commun, ou de faire garder par troupeau sépa é, une quantité de têtes de bétail proportionnée à l'étendue de leur exploitation, et suivant les dispositions de l'article XIII de la présente section; mais dans aucun cas ces propriétaires ou fermiers ne pourront céder leurs droits à d'autres.

XVI. Quand un propriétaire d'un pays de parcours ou de vaine pâture aura clos une partie de sa propriété, le nombre des têtes de bétail qu'il pourra continuer d'envoyer dans le troupeau commun, ou par troupeau séparé, sur les terres particulières des habitans de la communauté, sera restreint proportionnellement et suivant les dispositions de l'article XIII de la présente section.

XVII. La communauté, dont le droit de parcours sur une paroisse voisine sera restreint par des clôtures faites de la manière déterminée à l'article VI de cette section, ne pourra prétendre à cet égard à aucune espèce d'indemnité, même dans le cas où son droit serait fondé sur un titre; mais cette commuuauté aura le droit de renoncer à la faculté réciproque qui résultoit de celui de parcours entre elle et la paroisse voisine; ce qui aura également lieu, si le droit de parcours s'exerçoit sur la propriété d'un particulier.

XVIII. Par la nouvelle division du royaume, si quelques

sections de paroisse se trouvent réunies à des paroisses soumises à des usages différens des leurs, soit relativement au parcours ou à la vaine pâture, soit relativement aux troupeaux en commun, la plus petite partie dans la réunion suivra la loi de la plus grande, et les Corps administratifs décideront des contestations qui naîtroient à ce sujet. Cependant, si une propriété n'étoit point enclavée dans les autres, et qu'elle ne gênât point le droit provisoire de parcours ou de vaine pâture auquel elle n'étoit point soumise, elle serait exceptée de cette règle.

XIX. Aussitôt qu'un propriétaire aura un troupeau malade, il sera tenu d'en faire la déclaration à la municipalité; elle assignera sur le terrein du parcours ou de vaine pâture, si l'un ou l'autre existe dans la paroisse, un espace où le troupeau malade pourra pâturer exclusivement, et le chemin qu'il doit suivre pour se rendre au pâturage. Si ce n'est point un pays de parcours ou de vaine pâture, le propriétaire sera tenu de ne point faire sortir de ses héritages son troupeau malade.

XX. Les Corps administratifs emploieront constamment les moyens de protection et d'encouragement qui sont en leurs pouvoirs pour la multiplication des chevaux, des troupeaux et de tous bestiaux de race étrangère qui seront utiles à l'amélioration de nos espèces, et pour le soutien de tous les établissemens de ce genre.

Ils encourageront les habitans des campagnes par des récompenses, et suivant les localités, à la destruction des animaux malfaisans qui peuvent ravager les troupeaux, ainsi qu'à la destruction des animaux et des insectes qui peuvent nuire aux récoltes.

Ils emploiront particulièrement tous les moyens de prévenir et d'arrêter les épizooties et la contagion de la morve des chevaux.

SECTION V.

Des récoltes.

Art. I. La municipalité pourvoira à faire serrer la récolte d'un cultivateur absent, infirme, ou accidentellement hors d'état de le faire lui-même, et qui réclamera ce secours; elle aura soin que cet acte de fraternité et de protection de la loi soit exécuté aux moindres frais. Les ouvriers seront payés sur la récolte de ce cultivateur.

II. Chaque propriétaire sera libre de faire sa récolte, de quelque nature qu'elle soit, avec tout instrument et au moment qui lui conviendra, pourvu qu'il ne cause aucun dommage aux propriétaires voisins.

Cependant, dans les pays où le ban de vendange est en usage, il pourra être fait à cet égard un réglement chaque année par le conseil-général de la commune, mais seulement pour les vignes non-closes : les réclamations qui pourroient être faites contre le réglement, seront portées au Directoire du Département, qui y statuera sur l'avis du Directoire de District.

III. Nulle autorité ne pourra suspendre ou intervertir les travaux de la campagne, dans les opérations de la semence et des récoltes.

SECTION VI.

Des chemins.

Art. I. Les Agens de l'Administration ne pourront fouiller dans un champ pour y chercher des pierres, de la terre ou du sable, nécessaires à l'entretien des grandes routes ou autres ouvrages publics, qu'au préalable ils n'aient averti le propriétaire, et qu'il ne soit justement indemnisé à l'amiable, ou à dire d'experts, conformément à l'article premier du présent décret.

II. Les chemins reconnus par le Directoire de District pour être nécessaires à la communication des paroisses, seront rendus praticables, et entretenus aux dépens des communautés sur le territoire desquelles ils sont établis; il pourra y avoir à cet effet une imposition au marc la livre de la contribution foncière.

III. Sur la réclamation d'une des communautés, ou sur celles des particuliers, le Directoire de Département, après avoir pris l'avis de celui du District, ordonnera l'amelioration d'un mauvais chemin, afin que la communication ne soit interrompue dans aucune saison, et il en déterminera la largeur.

SECTION VII.

Des Gardes champêtres.

Art. I. Pour assurer les propriétés et conserver les récoltes, il pourra être établi des gardes champêtres dans les municipalités, sous la jurisdiction des juges de paix et sous la surveillance des officiers municipaux. Ils seront nommés par le conseil général de la commune, et ne pourront être changés ou destitués que dans la même forme.

II. Plusieurs municipalités pourront choisir et payer le même garde-champêtre, et une municipalité pourra en avoir plusieurs. Dans les municipalités où il y a des gardes pour la conservation des bois, ils pourront remplir les deux fonctions.

III. Les gardes champêtres seront payés par la communauté ou les communautés, suivant le prix déterminé par le conseil général; leurs gages seront prélevés sur les amendes qui appartiendront en entier à la communauté. Dans le cas où elles ne suffiroient pas au salaire des gardes, la somme qui manqueroit seroit répartie au marc la livre de la contribution foncière, mais seroit à la charge de l'exploitant : toutefois les gages des gardes des bois communaux seront prélévés sur le produit de ces bois, et séparés des gages de ceux qui conservent les autres propriétés rurales.

IV. Dans l'exercice de leurs fonctions, les gardes champêtres pourront porter toutes sortes d'armes qui seront jugées leur être nécessaires par le Directoire du Département. Ils auront sur le bras une plaque de métal ou d'étoffe, où seront inscrits ces mots : LA LOI, le nom de la municipalité, celui du garde.

V. Les gardes champêtres seront âgés au moins de vingt-cinq ans; ils seront reconnus pour gens de bonnes mœurs, et ils seront reçus par le juge de paix; il leur fera prêter le serment de veiller à la conservation de toutes les propriétés qui sont sous la foi publique, et de toutes celles dont la garde leur aura été confiée par l'acte de leur nomination.

VI. Ils feront, affirmeront et déposeront leurs rapports devant le juge de paix de leur canton ou l'un de ses assesseurs, ou feront devant l'un ou l'autre leurs déclarations. Leurs rapports, ainsi que leurs déclarations, lorsqu'ils ne donneront lieu qu'à des réclamations pécuniaires, feront foi en justice pour tous les délits mentionnés dans la police rurale, sauf la preuve contraire.

VII. Ils seront responsables des dommages dans le cas où ils négligeront de faire dans les vingt-quatre heures le rapport des délits.

VIII. La poursuite des délits ruraux sera faite au plus tard dans le délai d'un mois, soit par les parties lézées, soit par le procureur de la commune ou ses substituts, s'il y en a, soit par des hommes de loi commis à cet effet par la municipalité, faute de quoi il n'y aura plus lieu à poursuite.

TITRE II.

De la Police rurale.

Art. I. La police des campagnes est spécialement sous la jurisdiction des juges de paix et des officiers municipaux, et sous la surveillance des gardes champêtres et de la gendarmerie nationale.

II. Tous les délits ci-après mentionnés sont, suivant leur nature, de la compétence du juge de paix ou de la municipalité du lieu où ils auront été commis.

III. Tout délit rural ci-après mentionné, sera punissable d'une amende ou d'une détention, soit municipale, soit correctionnelle, ou d'une détention et d'amende réunies suivant les circonstances et la gravité du délit, sans préjudice de l'indemnité qui pourra être due à celui qui aura souffert le dommage. Dans tous les cas, cette indemnité sera payable par préférence à l'amende. L'indemnité et l'amende sont dues solidairement par les délinquans.

IV. Les moindres amendes seront de la valeur d'une journée de travail au taux du pays, déterminée par le Directoire du Département. Toutes les amendes ordinaires qui n'excéderont pas la somme de trois journées de travail, seront doubles en cas de récidive dans l'espace d'une année, ou si le délit a été commis avant le lever ou après le coucher du soleil; elles seront triples quand les deux circonstances précédentes se trouveront réunies : elles seront versées dans la caisse de la municipalité du lieu.

V. Le défaut de paiement des amendes et des dédommagemens ou indemnités, n'entraînera la contrainte par corps que vingt-quatre heures après le commandement. La détention remplacera l'amende à l'égard des insolvables, mais sa durée en commutation de peine ne pourra excéder un mois. Dans les délits pour lesquels cette peine n'est point prononcée, et dans les cas graves où la détention est jointe à l'amende, elle pourra être prolongée du tems prescrit par la loi.

VI. Les délits mentionnés au présent décret, qui entraîneroient une détention de plus de trois jours dans les campagnes, et de plus de huit jours dans les villes, seront jugés par voie de police correctionnelle, les autres le seront par voie de police municipale.

VII. Les maris, pères, mères, tuteurs, maîtres, entrepreneurs de toute espèce, seront civilement responsables des délits commis par leurs femmes et enfans, pupilles, mineurs n'ayant pas plus de vingt ans et non-mariés, domestiques, ouvriers, voituriers et autres subordonnés. L'estimation du dommage sera toujours faite par le juge de paix ou ses assesseurs, ou par des experts par eux nommés.

VIII. Les domestiques, ouvriers, voituriers ou autres subordonnés, seront, à leur tour, responsables de leurs délits envers ceux qui les emploient.

IX. Les Officiers municipaux veilleront généralement à la tranquillité, à la salubrité et à la sûreté des campagnes ; ils seront tenus particulièrement de faire, au moins une fois par an, la visite des fours et cheminées de toutes maisons et de tous bâtimens éloignés de moins de cent toises d'autres habitations : ces visites seront préalablement annoncées huit jours d'avance.

Après la visite, ils ordonneront la réparation ou la démolition des fours et cheminées qui se trouveront dans un état de délabrement qui pourroit occasionner une incendie ou d'autres accidens ; il pourra y avoir lieu à une amende au moins de six livres, et au plus de vingt-quatre livres.

X. Toute personne qui aura allumé du feu dans les champs plus près de cinquante toises des maisons, bois, bruyères, vergers, haies, meules de grains, de pailles, de foin, sera condamnée à une amende égale à la valeur de douze journées de travail, et paiera en outre le dommage que le feu auroit occasionné. Le délinquant pourra de plus, suivant les circonstances, être condamné à la détention de police municipale.

XI. Celui qui achetera des bestiaux hors des foires et marchés, sera tenu de les restituer gratuitement au propriétaire, en l'état où ils se trouveront, dans le cas où ils auroient été volés.

XII. Les dégâts que les bestiaux de toute espèce, laissés à l'abandon, feront sur les propriétés d'autrui, soit dans l'enceinte des habitations, soit dans un enclos rural, soit dans les champs ouverts, seront payés par les personnes qui ont la jouissance des bestiaux : si elles sont insolvables, ces dégâts seront payés par celles qui en ont la propriété. Le propriétaire qui éprouvera les dommages aura le droit de saisir les bestiaux, sous l'obligation de les faire conduire dans les vingt-quatre heures au lieu du dépôt qui sera désigné à cet effet par la municipalité.

Il sera satisfait aux dégâts par la vente des bestiaux, s'ils ne sont pas réclamés, ou si le dommage n'a point été payé dans la huitaine du jour du délit.

Si ce sont des volailles, de quelque espèce que ce soit, qui causent le dommage, le propriétaire, le détenteur ou le fermier qui l'éprouvera, pourra les tuer, mais seulement sur le lieu, au moment du dégât.

XIII. Les bestiaux morts seront enfouis dans la journée, à quatre pieds de profondeur, par le propriétaire, et dans son terrein, ou voiturés à l'endroit désigné par la municipalité, pour y être également enfouis, sous peine, par le délinquant de payer une amende de la valeur d'une journée de travail, et les frais de transport et d'enfouissement.

XIV. Ceux qui détruiront les greffes des arbres fruitiers ou autres, et ceux qui écorceront ou couperont en tout ou en partie des arbres qui ne leur appartiendront pas, seront condamnés à une amende double du dédommagement dû au propriétaire et à une détention de police correctionnelle qui ne pourra excéder six mois.

XV. Personne ne pourra inonder l'héritage de son voisin, ni lui transmettre volontairement les eaux d'une manière nuisible, sous peine de payer le dommage et une amende qui ne pourra excéder la somme du dédommagement.

XVI. Les propriétaires ou fermiers des moulins et usines construits ou à construire, seront garans de tous dommages que les eaux pourroient causer aux chemins et aux propriétés voisines, par la trop grande élévation du déversoir, ou autrement. Ils seront forcés de tenir les eaux à une hauteur qui ne nuise à personne, et qui sera fixée par le directoire du département, d'après l'avis du directoire de district. En cas de contravention, la peine sera une amende qui ne pourra excéder la somme du dédommagement.

XVII. Il est défendu à toute personne de recombler les fossés, de dégrader les clôtures, de couper des branches de haies vives, d'enlever des bois secs des haies, sous peine d'une amende de la valeur de trois journées de travail. Le dédommagement sera payé au propriétaire; et suivant la gravité des circonstances, la détention pourra avoir lieu, mais au plus pour un mois.

XVIII. Dans les lieux qui ne sont sujets ni au parcours, ni à la vaine pâture, pour toute chèvre qui sera trouvée sur l'héritage d'autrui contre le gré du propriétaire de l'héritage, il sera payé une amende de la valeur d'une journée de travail par le propriétaire de la chèvre.

Dans les pays de parcours ou de vaine pâture, où les chèvres ne sont pas rassemblées et conduites en troupeaux communs, celui qui aura des animaux de cette espèce, ne pourra les mener aux champs qu'attachés, sous peine d'une amende de la valeur d'une journée de travail par tête d'animal.

En quelque circonstance que ce soit, lorsqu'elles auront fait du dommage aux arbres fruitiers ou autres, haies, vignes, jardins, l'amende sera double, sans préjudice du dédommagement dû au propriétaire.

XIX. Les propriétaires ou les fermiers d'un même canton, ne pourront se coaliser pour faire baisser ou fixer à vil prix la journée des ouvriers ou les gages des domestiques, sous peine d'une amende du quart de la contribution mobiliaire des délinquans, et même de la détention de police municipale, s'il y a lieu.

XX. Les moissonneurs, les domestiques et ouvriers de la campagne, ne pourront se liguer entre eux pour faire hausser et déterminer le prix des gages ou les salaires, sous peine d'une amende qui ne pourra excéder la valeur de douze journées de travail, et en outre de la détention de police municipale.

XXI. Les glaneurs, les rateleurs et les grapilleurs, dans les lieux où les usages de glaner, de rateler ou de grapiller sont reçus, n'entreront dans les champs, prés et vignes récoltés et ouverts, qu'après l'enlèvement entier des fruits. En cas de contravention, les produits du glanage, du ratelage et grapillage seront confisqués, et suivant les circonstances, il pourra y avoir lieu à la détention de police municipale. Le glanage, le ratelage et le grapillage sont interdits dans tout enclos rural, tel qu'il est défini à l'article VI de la quatrième section du titre premier du présent décret.

XXII. Dans les lieux de parcours ou de vaine pâture, comme dans ceux où ces usages ne sont point établis, les pâtres et les bergers ne pourront mener les troupeaux d'aucune espéce dans les champs moissonnés et ouverts, que deux jours après la récolte entiére, sous peine d'une amende de la valeur d'une journée de travail : l'amende sera double, si les bestiaux d'autrui ont pénétrés dans un enclos rural.

XXIII. Un troupeau atteint de maladie contagieuse, qui sera rencontré au pâturage sur les terres du parcours ou de la vaine pâture, autres que celles qui auront été désignées pour lui seul, pourra être saisi par les gardes champêtres, et même par toute personne; il sera ensuite mené au lieu du dépôt qui sera indiqué à cet effet par la municipalité.

Le maître de ce troupeau sera condamné à une amende de la valeur d'une journée de travail par tête de bêtes à laine, et à une amende triple par tête d'autre bétail.

Il pourra en outre, suivant la gravité des circonstances, être responsable du dommage que son troupeau auroit occasionné, sans que cette responsabilité puisse s'étendre au-delà des limites de la municipalité.

A plus forte raison, cette amende et cette responsabilité auront lieu, si ce troupeau a été saisi sur les terres qui ne sont point sujètes au parcours ou à la vaine pâture.

XXIV. Il est défendu de mener sur le terrein d'autrui, des bestiaux d'aucune espèce, et en aucun tems, dans les prairies artificielles, dans les vignes, oseraies, dans les plants de capriers, dans ceux d'oliviers, de mûriers, de grenadiers, d'orangers et arbres du même genre, dans tous les plants et pépinières d'arbres fruitiers ou autres, faits de main d'homme.

L'amende encourue pour le délit, sera une somme de la valeur du dédommagement dû au propriétaire : l'amende sera double, si le dommage a été fait dans un enclos rûral; et suivant les circonstances il pourra y avoir lieu à la détention de police municipale.

XXV. Les conducteurs des bestiaux revenant des foires, ou les menant d'un lieu à un autre, même dans les pays de parcours ou de vaine pâture, ne pourront les laisser pacager sur les terres des particuliers, ni sur les communaux, sous peine d'une amende de la valeur de deux journées de travail, en outre du dédommagement. L'amende sera égale à la somme du dédommagement, si le dommage est fait sur un terrein ensemencé, ou qui n'a pas été dépouillé de sa récolte, ou dans un enclos rural.

A défaut de paiement, les bestiaux pourront être saisis et vendus jusqu'à concurrence de ce qui sera dû pour l'indemnité, l'amende et autres frais relatifs; il pourra même y avoir lieu envers les conducteurs, à la détention de police municipale, suivant les circonstances.

XXVI, Quiconque sera trouvé gardant à vue ses bestiaux

dans les récoltes d'autrui, sera condamné en outre du paiement du dommage, à une amende égale à la somme du dédommagement, et pourra l'être, suivant les circonstances, à une détention qui n'excédera pas une année.

XXVII. Celui qui entrera à cheval dans les champs ensemencés, si ce n'est le propriétaire ou ses agens, paiera le dommage et une amende de la valeur d'une journée de travail: l'amende sera double si le délinquant y est entré en voiture. Si les blés sont en tuyau, et que quelqu'un y entre même à pied, ainsi que dans toute autre récolte pendante, l'amende sera au moins de la valeur de trois journées de travail, et pourra être d'une somme égale à celle due pour dédommagement au propriétaire.

XXVIII. Si quelqu'un, avant leur maturité, coupe ou détruit de petites parties de blé en verd, ou d'autres productions de la terre, sans intention manifeste de les voler, il paiera en dédommagement au propriétaire, une somme égale à la valeur que l'objet auroit eu dans sa maturité; il sera condamné à une amende égale à la somme du dédommagement, et il pourra l'être à la détention de police municipale.

XXIX. Quiconque sera convaincu d'avoir dévasté des récoltes sur pied, ou abattu des plants venus naturellement, ou faits de main d'homme, sera puni d'une amende double du dédommagement dû au propriétaire, et d'une détention qui ne pourra excéder deux années.

XXX. Toute personne convaincue d'avoir, de dessein prémédité, méchamment, sur le territoire d'autrui, blessé ou tué des bestiaux ou chiens de garde, sera condamnée à une amende double de la somme du dédommagement. Le délinquant pourra être détenu un mois, si l'animal n'a été que blessé, et six mois, si l'animal est mort de sa blessure, ou en est resté estropié,

estropié : la détention pourra être du double, si le délit a été commis la nuit, ou dans une étable, ou dans un enclos rural.

XXXI. Toute rupture ou destruction d'instrument de l'exploitation des terres, qui aura été commise dans les champs ouverts, sera punie d'une amende égale à la somme du dédommagement dû au cultivateur, et d'une détention qui ne sera jamais de moins d'un mois, et qui pourra être prolongée jusqu'à six, suivant la gravité des circonstances.

XXXII. Quiconque aura déplacé ou supprimé des bornes, ou pieds-cormiers, ou autres arbres plantés ou reconnus pour établir les limites entre différens héritages, pourra, en outre du paiement du dommage et des frais de remplacement des bornes, être condamné à une amende de la valeur de douze journées de travail, et sera puni par une détention dont la durée, proportionnée à la gravité des circonstances, n'excédera pas une année. La détention cependant pourra être de deux années, s'il y a transposition de bornes à fin d'usurpation.

XXXIII. Celui qui sans la permission du propriétaire ou fermier, enlèvera des fumiers, de la marne, ou tous autres engrais portés sur les terres, sera condamné à une amende qui n'excédera pas la valeur de six journées de travail, en outre du dédommagement, et pourra l'être à la détention de Police municipale. L'amende sera de douze journées, et la détention pourra être de trois mois, si le délinquant a fait tourner à son profit lesdits engrais.

XXXIV. Quiconque maraudera, dérobera des productions de la terre qui peuvent servir à la nourriture des hommes, ou d'autres productions utiles, sera condamné à une amende égale au dédommagement dû au propriétaire ou fermier ; il pourra aussi, suivant les circonstances du délit, être condamné à la détention de police municipale.

XXXV. Pour tout vol de récolte fait avec des paniers ou des sacs, ou à l'aide des animaux de charge, l'amende sera du double du dédommagement; et la détention qui aura toujours lieu, pourra être de trois mois, suivant la gravité des circonstances.

XXXVI. Le maraudage ou enlèvement de bois, fait à dos d'homme dans les bois taillis ou futaies, ou autres plantations d'arbres des particuliers ou communautés, sera puni d'une amende double du dédommagement dû au propriétaire. La peine de la détention pourra être la même que celle portée en l'article précédent.

XXXVII. Le vol dans les bois taillis, futaies et autres plantations d'arbres des particuliers ou communautés, exécuté à charge de bête de somme ou de charette, sera puni par une détention qui ne pourra être moins de trois jours, ni excéder six mois. Le coupable paiera en outre une amende triple de la valeur du dédommagement dû au propriétaire.

XXXVIII. Les dégâts faits dans les bois taillis des particuliers ou des communautés par bestiaux ou troupeaux, seront punis de la manière suivante:

Il sera payé d'amende, pour une bête à laine, une livre; pour un cochon, une livre; pour une chèvre, deux livres; pour un cheval ou autre bête de somme, deux livres; pour un bœuf, une vache ou un veau, trois livres.

Si les bois taillis sont dans les six premières années de leur croissance, l'amende sera double.

Si les dégâts sont commis en présence du pâtre, et dans les bois taillis de moins de six années, l'amende sera triple.

S'il y a récidive dans l'année, l'amende sera double; et s'il y a réunion des deux circonstances précédentes, ou récidive avec une des deux circonstances, l'amende sera quadruple.

Le dédommagement dû au propriétaire sera estimé de gré à gré, ou à dire d'experts.

XXXIX. Conformément au décret sur les fonctions de la gendarmerie nationale, tout dévastateur des bois, des récoltes, ou chasseur masqué, pris sur le fait, pourra être saisi par tout gendarme national, sans aucune réquisition d'Officier civil.

XL. Les cultivateurs ou tous autres qui auront dégradé ou détérioré, de quelque manière que ce soit, des chemins publics, ou usurpé sur leur largeur, seront condamnés à la réparation ou à la restitution, et à une amende qui ne pourra être moindre de trois livres, ni excéder vingt-quatre livres.

XLI. Tout voyageur qui déclora un champ pour se faire un passage dans sa route, paiera le dommage fait au propriétaire, et de plus, une amende de la valeur de trois journées de travail, à moins que le juge de paix du canton ne décide que le chemin public étoit impraticable; et alors les dommages et les frais de clôture seront à la charge de la communauté.

XLII. Le voyageur qui, par la rapidité de sa voiture ou de sa monture, tuera ou blessera des bestiaux sur les chemins, sera condamné à une amende égale à la somme du dédommagement dû au propriétaire des bestiaux.

XLIII. Quiconque aura coupé ou détérioré des arbres plantés sur les routes, sera condamné à une amende du triple de la valeur des arbres, et à une détention qui ne pourra excéder six mois.

XLIV. Les gazons, les terres ou les pierres des chemins publics, ne pourront être enlevés en aucun cas, sans l'autorisation du directoire du département. Les terres ou matériaux appartenant aux communautés, ne pourront également être enlevés, si ce n'est par suite d'un usage général établi dans la commune pour les besoins de l'agriculture, et non aboli par une délibération du Conseil-général.

Celui qui commettra l'un de ces délits, sera, en outre de la réparation du dommage, condamné, suivant la gravité des circonstances, à une amende qui ne pourra excéder vingt-quatre livres, ni être moindre de trois livres; il pourra de plus être condamné à la détention de police municipale.

XLV. Les peines et les amendes déterminées par le présent décret, ne seront encourues que du jour de sa publication.

20.

Extrait du décret relatif aux visites ou perquisitions domiciliaires. Du 15 Septembre 1792.

Art. IV. Tous commissaires de municipalité ou de comités de sections, chargés de faire des visites, perquisitions ou actes d'autorité publique dans les maisons, seront munis de deux expéditions de l'acte qui constitue leur pouvoir spécial, et tenus d'en remettre une au citoyen chez lequel ils feront lesdites visites ou perquisitions.

V. Lorsque les visites, perquisitions ou actes d'autorité se feront en exécution d'une loi particulière, d'une délibération légale, dans toute l'étendue d'une commune, les commissaires ne seront tenus d'exhiber leurs pouvoirs, et de les faire connoître aux citoyens qui les demanderont.

21.

Décret relatif aux mesures de sûreté et de tranquillité publique pour la ville de Paris. Du 19 Septembre 1792.

TITRE PREMIER.

Des mesures de sûreté et de tranquillité publique pour la ville de Paris. (1)

Art. I. Les citoyens domiciliés à Paris depuis plus de huit jours, seront tenus, dans le délai de vingt-quatre heures après la publication du présent décret, de se faire enregistrer dans la section de leur domicile.

II. Ils seront également tenus de déclarer le lieu de leur habitation ordinaire, l'époque de leur arrivée à Paris, les divers changemens de leur domicile à Paris, et leur occupation journalière. Le registre contiendra, à chaque article, une énonciation sommaire desdites déclarations.

III. Il sera délivré à chaque citoyen un extrait de cet enregistrement, sur une carte signée par le président et les secrétaires de la section.

IV. Les citoyens seront tenus de présenter leur carte civique à la première réquisition des Officiers de police et des Commandans de la force armée.

V. Tout citoyen qui ne pourra pas représenter sa carte, sera conduit à la section dont il se réclamera; et s'il n'est pas reconnu par elle, il pourra être détenu dans une maison d'arrêt pendant l'espace de trois mois.

---

(1) On a cité cette loi, quoique particulière à la commune de Paris, parce que les mesures de sûreté qu'elle prescrit ont été ou peuvent être adoptées dans un grand nombre de communes.

VI. Ceux qui auront fait de fausses déclarations ; ou qui seront surpris avec de fausses cartes, pourront être détenus pendant l'espace de six mois.

VII. Les étrangers arrivant à Paris, seront tenus de faire, dans les vingt-quatre heures de leur arrivée, la déclaration prescrite par l'article II, et de se conformer aux dispositions du présent décret. Les personnes qui les logeront seront personnellement responsables de l'exécution du présent article, sous peine d'une amende qui pourra être portée au double de leur contribution mobiliaire.

VIII. En cas de changement de domicile, les citoyens seront tenus dans le même délai, de se faire inscrire dans la section où ils prendront leur nouveau domicile ; et dans le cas où ils ne sortiroient pas de l'arrondissement de la même section, de faire énoncer sur l'article du registre qui les concerne, l'indication de leur nouvelle habitation.

22.

Extrait du décret qui détermine les causes, le mode et les effets du divorce. Du 20 Septembre 1792.

§. II.

Mode du divorce par consentement mutuel.

Art. I. Le mari ou la femme qui demanderont conjointement le divorce, seront tenus de convoquer une assemblée de six au moins des plus proches parens, ou amis à défaut de parens ; trois des parens ou amis seront choisis par le mari, les trois autres seront choisis par la femme.

II. L'assemblée sera convoquée à jour fixe et lieu convenu avec les parens ou amis ; il y aura au moins un mois d'intervalle entre le jour de la convocation et celui de l'assemblée. L'acte de convocation sera signifié par un huissier aux parens ou amis convoqués.

III. Si, au jour de la convocation, un ou plusieurs des parens ou amis convoqués, ne peuvent se trouver à l'assemblée, les époux les feront remplacer par d'autres parens ou amis.

IV. Les deux époux se présenteront en personne à l'assemblée ; ils y exposeront qu'ils demandent le divorce. Les parens ou amis assemblés leur feront les observations et représentations qu'ils jugeront convenables. Si les époux persistent dans leur dessein, il sera dressé, par un officier municipal requis à cet effet, un acte contenant simplement que les parens ou amis ont entendu les époux en assemblée duement convoquée, et qu'ils n'ont pu les concilier. La minute de cet acte, signée des membres de l'assemblée, des deux époux et de l'Officier municipal, avec mention de ceux qui n'auront su ou pu signer, sera déposée au greffe de la municipalité ; il en sera délivré expédition gratuitement, et sans droit d'enregistrement.

V. Un mois au moins, et six mois au plus après la date de l'acte énoncé dans l'article précédent, les époux pourront se présenter devant l'Officier public chargé de recevoir les actes de mariage dans la municipalité ou le mari a son domicile ; et sur leur demande, cet Officier public sera tenu de prononcer leur divorce, sans entrer en connoissance de cause. Les parties et l'Officier public se conformeront aux formes prescrites à ce sujet, dans la loi sur les actes de naissance, mariage et décès.

VI. Après le délai de six mois, mentionné dans le précédent article, les époux ne pourront être admis au divorce par consentement mutuel, qu'en observant de nouveau les mêmes formalités et les mêmes délais.

VII. En cas de minorité des époux ou de l'un d'eux, ou

s'ils ont des enfans nés de leur mariage, les délais ci-dessus indiqués, d'un mois pour la convocation de l'assemblée de famille, et d'un mois au moins après l'acte de non-conciliation pour faire prononcer le divorce, seront doubles; mais le délai fatal de six mois après l'acte de non-conciliation, pour faire prononcer le divorce, restera le même.

Mode du divorce sur la demande d'un des conjoints, pour simple cause d'incompatibilité.

VIII. Dans le cas où le divorce sera demandé par l'un des époux contre l'autre, pour cause d'incompatibilité d'humeur ou de caractère, sans autre indication de motifs, il convoquera une première assemblée de parens, ou d'amis à défaut de parens, laquelle ne pourra avoir lieu qu'un mois après la convocation.

IX. La convocation sera faite devant l'un des Officiers municipaux du domicile du mari, en la maison commune du lieu, au jour et heure indiqués par cet Officier. L'acte en sera signifié à l'époux défendeur, avec déclaration des noms et demeures des parens ou amis au nombre de trois au moins, que l'époux demandeur entend faire trouver à l'assemblée, et invitation à l'époux défendeur de comparoître à l'assemblée, et d'y faire trouver de sa part également trois au moins de ses parens ou amis.

X. L'époux demandeur en divorce sera tenu de se présenter en personne à l'assemblée. Il entendra, ainsi que l'époux défendeur, s'il comparoît, les représentations des parens ou amis à l'effet de les concilier. Si la conciliation n'a pas lieu, l'assemblée se prorogera à deux mois, et les époux y demeureront ajournés. L'Officier municipal sera tenu de se retirer pendant ces explications et les débats de famille; en cas de non-conciliation, il sera rappelé dans l'assemblée pour en dresser acte; ainsi que de la prorogation dans la forme prescrite par l'article IV ci-dessus : expédition de cet acte sera délivrée à l'époux demandeur, qui sera tenu de le faire signifier à l'époux défendeur, si celui-ci n'a pas comparu à l'assemblée.

XI. A l'expiration des deux mois, l'époux demandeur sera tenu de comparoître de nouveau en personne. Si les représentations qui lui seront faites, ainsi qu'à son époux, s'il comparoît, ne peuvent les concilier, l'assemblée se prorogera à trois mois, et les époux y demeureront ajournés : il en sera dressé acte, et la signification en sera faite, s'il y a lieu, comme au cas de l'article précédent.

XII. Si à la troisième séance de l'assemblée à laquelle le provoquant sera également tenu de comparoître en personne, il ne peut être concilié, et persiste définitivement dans sa demande, acte en sera dressé : il lui en sera délivré expédition, qu'il fera signifier à l'époux défendeur.

XIII. Si aux première, seconde ou troisième assemblées, les parens ou amis indiqués par le demandeur en divorce ne peuvent s'y trouver, il pourra les faire remplacer par d'autres à son choix. L'époux défendeur pourra aussi faire remplacer à son choix les parens ou amis qu'il aura fait présenter aux premières assemblées; et enfin l'Officier municipal lui-même, chargé de la rédaction des actes de ces assemblées, pourra, en cas d'empêchement, être remplacé par un de ses collègues.

XIV. Huitaine au moins, ou au plus dans les six mois après la date du dernier acte de non-conciliation, l'époux provoquant pourra se présenter, pour faire prononcer le divorce, devant l'Officier public chargé de recevoir les actes de mariage dans la municipalité où le mari a son domicile; il observera, ainsi que l'Officier public, les formes prescrites à ce sujet dans la Loi sur les actes de naissance, mariage et décès. Après les six mois, il ne pourra y être admis qu'en observant de nouveau les mêmes formalités et les mêmes délais.

Mode du divorce sur la demande d'un des époux, pour cause déterminée.

XV. En cas de divorce demandé par l'un des époux pour l'un des sept motifs déterminés, indiqués dans l'article IV du §. premier ci-dessus, ou pour cause de séparation de corps, aux termes de l'article V, il n'y aura lieu à aucun délai d'épreuve.

XVI. Si les motifs déterminés sont établis par des jugemens, comme dans les cas de séparation de corps, ou de condamnation à des peines afflictives ou infamantes, l'époux qui demandera le divorce pourra se pourvoir directement pour le faire prononcer devant l'Officier public chargé de recevoir les actes de mariage dans la municipalité du domicile du mari. L'Officier public ne pourra entrer en aucune connoissance de cause. S'il s'élève devant lui des contestations sur la nature ou la validité des jugemens représentés, il renverra les parties devant le tribunal de district, qui statuera en dernier ressort, et prononcera si ces jugemens suffisent pour autoriser le divorce.

XVII. Dans le cas de divorce pour absence de cinq ans sans nouvelles, l'époux qui le demandera pourra également se pourvoir directement devant l'Officier public de son domicile, lequel prononcera le divorce sur la présentation qui lui sera faite d'un acte de notoriété, constatant cette longue absence.

XVIII. A l'égard du divorce fondé sur les autres motifs déterminés, indiqués dans l'article IV du § premier ci-dessus, le demandeur sera tenu de se pourvoir devant des arbitres de famille, en la forme prescrite dans le code de l'ordre judiciaire pour les contestations entre mari et femme.

XIX. Si d'après la vérification des faits, les arbitres jugent la demande fondée, ils renverront le demandeur en divorce devant l'Officier du domicile du mari.

XX. L'appel du jugement arbitral en suspendra l'exécution; cet appel sera instruit sommairement, et jugé dans le mois.

23.

Décret qui détermine le mode de constater l'état civil des citoyens. Du 20 Septembre 1792.

TITRE PREMIER.

Des Officiers publics par qui seront tenus les registres des naissances, mariages et décès.

Art. I. Les municipalités recevront et conserveront à l'avenir, les actes destinés à constater les naissances, mariages et décès.

II. Les conseils-généraux des communes nommeront parmi les membres, suivant l'étendue et la population des lieux, une ou plusieurs personnes qui seront chargées de ces fonctions.

III. Les nominations seront faites par la voie du scrutin, et à la pluralité absolue des suffrages; elles seront publiées et affichées.

IV. En cas d'absence ou empêchement légitime de l'Officier public, chargé de recevoir les actes de naissance, mariage et décès, il sera remplacé par le Maire, ou par un Officier municipal, ou par un autre membre du conseil-général, à l'ordre de la liste.

TITRE II.

De la tenue et dépôt des registres.

Art. I. Il y aura dans chaque municipalité trois registres pour constater, l'un les naissances, l'autre les mariages, le troisième les décès.

II. Les trois registres seront doubles, sur papier timbré, fournis aux frais de chaque district, et envoyés aux municipalités par les directoires, dans les quinze premiers jours du mois de décembre de chaque année; ils seront cotés par premier et dernier, et paraphés sur chaque feuillet, le tout sans frais, par le président de l'administration du district, ou à son défaut, par un des membres du directoire, suivant l'ordre de la liste.

III. Les actes de naissance, mariage et décès, seront écrits sur les registres doubles, de suite et sans aucun blanc. Les renvois et ratures seront approuvés et signés de la même manière que le corps de l'acte. Rien n'y sera écrit par abréviation, ni aucune date mise en chiffres.

IV. Toute contravention aux dispositions de l'article précédent, sera punie de dix livres d'amende pour la première fois, de vingt livres d'amende en cas de récidive, et même des peines portées par le code pénal en cas d'altération ou de faux.

V. Il est expressément défendu d'écrire et de signer, en aucun cas, les actes sur feuilles volantes, à peine de cent livres d'amende, de destitution et de privation pendant dix ans, de la qualité et des droits de citoyen actif.

VI. Les actes contenus dans ces registres, et les extraits qui en seront délivrés, feront foi et preuve en justice, des naissances, mariages et décès.

VII. Les actes qui seront inscrits dans les registres, ne seront points sujets au droit d'enregistrement.

VIII. Dans les quinze premiers jours du mois de Janvier de chaque année, il sera fait à la fin de chaque registre une table par ordre alphabétique des actes qui y seront contenus.

IX. Dans le mois suivant, les municipalités seront tenues d'envoyer au directoire de leur district, l'un des registres doubles.

X. Les directoires de district vérifieront si les actes ont été dressés, et les registres tenus dans les formes prescrites.

XI. Dans les quinze premiers jours du mois de Mars, les Procureurs-syndics seront tenus d'envoyer ces registres aux directoires de département, avec les observations des directoires de district.

XII. Ces registres seront déposés et conservés aux archives des directoires de département.

XIII. Les autres registres doubles seront déposés et conservés aux archives des municipalités.

XIV. Les Procureurs-généraux-syndics des départemens seront chargés des dénonciations et poursuites, en cas de contravention au présent décret.

XV. Tous les dix ans, les tables annuelles faites à la fin de chaque registre, seront refondues dans une seule; néanmoins, pour déterminer une époque fixe et uniforme, la première de ces tables générales sera faite en 1800.

XVI. Cette table décennale sera mise sur un registre séparé, tenu double, timbré, coté et paraphé.

XVII. L'un des doubles de ces registres sera envoyé, dans les quinze premiers jours du mois de Mai de la onzième année, aux directoires de district, et transmis dans le mois suivant, par le Procureur-syndic, au directoire du département, pour être placé dans le même dépôt.

XVIII. Toutes personnes sont autorisées à se faire délivrer des extraits des actes de naissance, mariage et décès, soit sur les registres conservés aux archives des municipalités, soit sur ceux déposés aux archives des départemens. Les extraits devront être sur papier timbré; ils ne seront pas sujets au droit d'enregistrement.

XIX. Il ne sera payé que six sous pour chaque extrait des actes de naissance, décès et publication de mariage, et douze sous pour chaque extrait des actes de mariage, non compris le timbre.

XX. Les extraits demandés sur les registres courans, seront délivrés par celui qui sera chargé de les tenir. Après le dépôt, les extraits seront expédiés par les secrétaires-greffiers des municipalités ou des départemens.

XXI. Les registres courans seront tenus par celui qui sera chargé de recevoir les actes : il en répondra.

XXII. Dans les villes dont l'étendue et la population exigent qu'il y ait plus d'un Officier public chargé de constater les naissances, mariages et décès, il sera fourni trois registres doubles à chacun d'eux : ils seront tenus de se conformer aux règles ci-dessus prescrites.

TITRE III.

Naissances.

Art. I. Les actes de naissance seront dressés dans les vingt-quatre heures de la déclaration qui sera faite par les personnes ci-après désignées, assistées de deux témoins de l'un ou de l'autre sexe, parens ou non parens, âgés de vingt-un ans.

II. En quelque lieu que la femme mariée accouche, si son mari est présent et en état d'agir, il sera tenu de faire la déclaration.

III. Lorsque le mari sera absent ou ne pourra agir, ou que la mère ne sera pas mariée, le chirurgien ou la sage-femme qui auront fait l'accouchement, seront obligés de déclarer la naissance.

IV. Quand une femme accouchera, soit dans une maison publique, soit dans la maison d'autrui, la personne qui commandera dans cette maison, ou qui en aura la direction, sera tenue de déclarer la naissance.

V. En cas de contravention aux précédens articles, la peine contre les personnes chargées de faire la déclaration, sera de deux mois de prison; cette peine sera poursuivie par le Procureur de la commune devant le tribunal de police correctionnelle, sauf les poursuites criminelles en cas de suppression, enlèvement ou défaut de représentation de l'enfant.

VI. L'enfant sera porté à la maison commune, ou autre lieu public servant aux séances de la commune; il sera présenté à l'Officier public. En cas de péril imminent, l'Officier public sera tenu, sur la réquisition qui lui en sera faite, de se transporter, soit dans une maison publique, soit dans la maison où sera le nouveau né.

VII. La déclaration contiendra le jour, l'heure et le lieu de la naissance, la désignation du sexe de l'enfant, le prénom qui lui sera donné, les prénoms et noms de ses père et mère, leur profession, leur domicile; les prénoms, noms, profession et domicile des témoins.

VIII. Il sera de suite dressé acte de cette déclaration sur le registre double à ce destiné; cet acte sera signé par le père ou autres personnes qui auront fait la déclaration, par les témoins et par l'Officier public, si aucun des déclarans et témoins ne peuvent ou ne savent signer, il en sera fait mention.

IX. En cas d'exposition d'enfant, le juge de paix ou l'officier de police qui en aura été instruit, sera tenu de se rendre sur le lieu de l'exposition, de dresser procès-verbal de l'état de l'enfant, de son âge apparent, des marques extérieures, vêtemens et autres indices qui peuvent éclairer sur sa naissance : il recevra aussi les déclarations de ceux qui auroient quelques connoissances relatives à l'exposition de l'enfant.

X. Le Juge de paix ou l'Officier de police sera tenu de remettre, dans les vingt-quatre heures, à l'Officier public, une expédition de ce procès-verbal, qui sera transcrit sur le registre double des actes de naissance.

XI. L'Officier public donnera un nom à l'enfant, et il sera pourvu à sa nourriture et à son entretien, suivant les lois qui seront portées à cet effet,

XII. Il est défendu aux Officiers publics d'insérer par leur propre fait, dans la rédaction des actes et sur les registres, aucunes clauses, notes ou énonciations autres que celles contenues aux déclarations qui leur seront faites, à peine de destitution, qui sera prononcée par voie d'administration, par les directoires de département, sur la dénonciation, soit des parties, soit des Procureurs des communes ou Procureurs syndics, et sur la réquisition des Procureurs-généraux-syndics.

XIII. Si, antérieurement à la publication de la présente loi, quelques personnes avoient négligé de faire constater la naissance de leurs enfans dans les formes usitées, elles seront tenues, dans la huitaine qui suivra ladite publication, d'en faire la déclaration, conformément aux dispositions ci-dessus.

TITRE IV.

TITRE IV.

Mariages.

SECTION PREMIÈRE.

Qualités et conditions requises pour pouvoir contracter Mariage.

ART. I. L'âge requis pour le mariage, est quinze ans révolus pour les hommes et treize ans révolus pour les filles.

II. Toute personne sera majeure à vingt-un an accomplis.

III. Les mineurs ne pourront être mariés sans le consentement, de leurs père ou mère, ou parens ou voisins, ainsi qu'il va être dit.

IV. Le consentement du père sera suffisant.

V. Si le père est mort ou interdit, le consentement de la mère suffira également.

VI. Dans le cas où la mère seroit décédée ou en interdiction, le consentement des cinq plus proches parens paternels ou maternels, sera nécessaire.

VII. Lorsque les mineurs n'auront point de parens ou n'en auront pas au nombre de cinq dans le district, on y suppléera par des voisins pris dans le lieu où les mineurs seront domiciliés.

VIII. Les parens et les voisins assemblés dans la maison commune du lieu du domicile du mineur, délibéreront à cet égard, devant le maire ou autre officier municipal à l'ordre de la liste, en présence du procureur de la commune.

IX. Le consentement sera donné ou refusé, d'après la majorité des suffrages.

X. Toute personne engagée dans les liens du mariage, ne peut en contracter un second, que le premier n'ait été dissous conformément aux lois.

XI. Le mariage est prohibé entre les parens naturels et légitimes en ligne directe, entre les alliés dans cette ligne, et entre le frère et la sœur.

XII. Ceux qui sont incapables de consentement, ne peuvent se marier.

XIII. Les mariages faits contre la disposition des articles précédens, seront nuls et de nul effet.

SECTION II.

Publications.

Art. I. Les personnes majeures qui voudront se marier, seront tenues de faire publier leurs promesses réciproques dans le lieu du domicile actuel de chacune des parties. Les promesses des personnes mineures seront publiées dans celui de leurs pères et mères; et si ceux-ci sont morts ou interdits, dans celui où sera tenue l'assemblée de famille requise pour le mariage des mineurs.

II. Le domicile relativement au mariage, est fixé par une habitation de six mois dans le même lieu.

III. Le mariage sera précédé d'une publication faite le dimanche à l'heure de midi, devant la porte extérieure et principale de la maison commune, par l'Officier public: le mariage ne pourra être contracté que huit jours après cette publication.

IV. Il sera dressé acte de cette publication sur un registre particulier à ce destiné; ce registre ne sera pas tenu double, et sera déposé, lorsqu'il sera fini, aux archives de la municipalité.

V. L'acte de publication contiendra les prénoms, noms, profession domicile des futurs époux, ceux de leurs pères et mères, et les jour et heure de la publication. Il sera signé par l'Officier public.

VI. Un extrait de l'acte de publication sera affiché à la porte de la maison commune, dans un table... ' ce destiné.

VII. Dans les villes dont la population excède dix mille ames, un pareil tableau sera en outre placé sur la principale porte du chef-lieu des sections sur lesquelles les futurs époux habiteront.

SECTION III.

Oppositions.

Art. I. Les personnes dont le consentement est requis pour les mariages des mineurs, pourront seules s'y opposer.

II. Seront également reçues à former opposition aux mariages, soit des majeurs, soit des mineurs, les personnes déjà engagées par le mariage avec l'une des parties.

III. Dans le cas de démence des majeurs, et lorsqu'il n'y aura point encore d'interdiction prononcée, l'opposition de deux parens sera admise.

IV. L'acte d'opposition en contiendra les motifs, et sera signé par la partie opposante, ou par son fondé de procuration spéciale, sur l'original et sur la copie. Il sera donné copie des procurations en tête de celle de l'opposition.

V. L'acte d'opposition sera signifié au domicile des parties et à l'Officier public qui mettra son *visa* sur l'orignal.

VI. Il sera fait une mention sommaire des oppositions par l'Officier public, sur les registres des publications.

VII. La validité de l'opposition sera jugée en première instance par le Juge de paix du domicile de celui contre lequel l'opposition aura été formée ; il y sera statué dans trois jours. L'appel sera porté au tribunal de district, sans que les parties soient obligées de se présenter au bureau de conciliation : le tribunal prononcera sommairement et dans la huitaine. Les délais, soit pardevant le Juge de paix, soit pardevant le tribunal d'appel, ne pourront être prorogés.

VIII. Une expédition des jugemens de main-levée sera remise à l'Officier public, qui en fera mention en marge de celle des oppositions sur le registre des publications.

IX. Toutes oppositions formées hors les cas, les formes, et par toutes personnes autres que celles ci-dessus désignées, seront regardées comme non avenues, et l'officier public pourra passer outre à l'acte de mariage ; mais dans les cas et les formes ci-dessus spécifiées, il ne pourra passer outre au préjudice des oppositions, à peine de destitution, de trois cents livres d'amende, et de tous dommages et intérêts.

SECTION IV.

Des formes intrinsèques de l'acte de mariage.

Art. I. L'acte de mariage sera reçu dans la maison commune du lieu du domicile de l'une des parties.

II. Le jour où les parties voudront contracter leur mariage sera par elles désigné, et l'heure indiquée par l'Officier public chargé d'en recevoir la déclaration.

III. Les parties se rendront dans la salle publique de la maison commune, avec quatre témoins majeurs, parens ou non parens, sachant signer, s'il peut s'en trouver aisément dans le lieu qui sachent signer.

IV. Il sera fait lecture en leur présence, par l'Officier public, des pièces relatives à l'état des parties et aux formalités du mariage, tels que les actes de naissance, les consentemens des pères et mères, l'avis de la famille, les publications, oppositions et jugemens de main-levée.

V. Après cette lecture, le mariage sera contracté par la déclaration que fera chacune des parties à haute voix, en ces termes :

Je déclare prendre (le nom) en mariage.

VI. Aussitôt après cette déclaration faite par les parties, l'Officier public, en leur présence et en celle des mêmes témoins, prononcera, au nom de la loi, qu'elles sont unies en mariage.

VII. L'acte de mariage sera de suite dressé par l'Officier public ; il contiendra, 1°. les prénoms, noms, âge, lieu de naissance, profession et domicile des époux ; 2°. Les prénoms, noms, profession, et domicile des pères et mères ; 3°. les prénoms, noms, âge, profession, domicile des témoins, et leur déclaration s'ils sont parens ou alliés des parties ; 4°. la mention des publications dans les divers domiciles, des oppositions qui auroient été faites, et des jugemens de main-levée ; 5°. la mention du consentement des pères et mères, ou de la famille dans les cas où il y a lieu : 6°. la mention des déclarations des parties, et de la prononciation de l'Officier public.

VIII. Cet acte sera signé par les parties, par leurs pères, mères et parens présens, par les quatre témoins, et par l'Officier public ; en cas qu'aucun d'eux ne sût ou ne pût signer, il en sera fait mention.

IX. Si, antérieurement à la publication de la présente loi, quelques personnes s'étoient mariées devant des Officiers civils, elles seront tenues de venir dans la huitaine, déclarer leur mariage devant l'Officier public de la municipalité de leur domicile, lequel en dressera acte sur le registre aux formes ci-dessus prescrites.

SECTION V.

Du divorce dans ses rapports avec les fonctions de l'Officier public chargé de constater l'état civil des citoyens.

Art. I. Aux termes de la constitution, le mariage est dissoluble par le divorce.

II. La dissolution du mariage par le divorce, sera prononcée par l'Officier public chargé de recevoir les actes de naissance, mariage et décès, dans la forme qui suit :

III. Lorsque deux époux demanderont conjointement le divorce, ils se présenteront accompagnés de quatre témoins majeurs, devant l'Officier public, en la maison commune, aux jour et heure qu'il aura indiqués; ils justifieront qu'ils ont observé les délais exigés par la Loi sur le mode du divorce; ils représenteront l'acte de non-conciliation qui aura dû leur être délivré par leurs parens assemblés; et sur leur réquisition, l'Officier public prononcera que leur mariage est dissous.

IV. Il sera dressé acte du tout sur le registre des mariages; cet acte sera signé des parties, des témoins et de l'Officier public, où il sera fait mention de ceux qui n'auront pu ou su signer.

V. Si le divorce est demandé par l'un des conjoints seulement, il sera tenu de faire signer à son conjoint un acte aux fins de le voir prononcer : cet acte contiendra réquisition de se trouver en la maison commune de la municipalité, dans l'étendue de laquelle le mari a son domicile, et devant l'Officier public chargé des actes de naissance, mariages et décès, dans le délai qui aura été fixé par cet Officier. Ce délai ne pourra être moindre de trois jours, et en outre d'un jour par dix lieues, en cas d'absence du conjoint appelé.

VI. A l'expiration du délai, le conjoint demandeur se présentera, accompagné de quatre témoins majeurs, devant l'Officier public : il représentera les différens actes ou jugemens qui doivent justifier qu'il a observé les formalités et les délais exigés par la loi sur le mode du divorce, et qu'il est fondé à le demander : il représentera aussi l'acte de réquisition qu'il aura dû faire signer à son conjoint, aux termes de l'article précédent, et sur sa réquisition, l'Officier public prononcera, en présence ou en absence du conjoint duement appelé, que le mariage est dissous.

VII. Il sera donné acte du tout sur le registre des mariages, en la forme réglée par l'article 4 ci-dessus.

VIII. S'il s'élève des contestations de la part du conjoint contre lequel le divorce sera demandé, sur aucuns des actes ou jugemens représentés par le conjoint demandeur, l'Officier public n'en pourra prendre connoissance; il renverra les parties a se pourvoir.

IX. L'Officier public qui aura prononcé le divorce, et en aura fait dresser acte sur les registres des mariages, sans qu'il lui ait été justifié des délais, des actes et des jugemens exigés par la loi sur le divorce, sera destitué de son état, condamné à cent livres d'amende, et aux dommages-intérêts des parties.

TITRE V.

Décès.

Art. I. La déclaration du décès sera faite par les plus proches parens ou voisins de la personne décédée, à l'Officier public, dans les vingt-quatre heures.

II. L'officier public se transportera au lieu où la personne sera décédée ; et après s'être assuré du décès, il en dressera l'acte sur les registres doubles. Cet acte contiendra les prénoms, noms, âge, profession et domicile du décédé ; s'il étoit marié ou veuf, dans ces deux cas, les prénoms et noms de l'épouse, les prénoms, noms, âge, profession et domicile des déclarans ; et au cas qu'ils soient parens, leur degré de parenté.

III. Le même acte contiendra de plus, autant qu'on pourra le savoir, les prénoms, noms, profession et domicile des père et mère du décédé, et le lieu de sa naissance.

IV. Cet acte sera signé par les déclarans et par l'Officier public ; mention sera faite de ceux qui ne sauroient ou ne pourroient signer.

V. En cas de décés dans les hôpitaux, maisons publiques ou dans des maisons d'autrui, les supérieurs, directeurs, administrateurs et maîtres de ces maisons, seront tenus d'en donner avis, dans les vingt-quatre heures, à l'Officier public, qui dressera l'acte de décès sur les déclarations qui lui auront été faites, et sur les renseignemens qu'il aura pu prendre, concernant les prénoms, noms, âge, lieu de naissance, profession et domicile du décédé.

VI. Si dans le cas du précédent article, l'Officier public a pu connoître le domicile de la personne décédée, il sera tenu d'envoyer un extrait de l'acte du décès à l'Officier public du lieu de ce domicile, qui le transcrira sur ses registres.

VII. Les corps de ceux qui auront été trouvés morts avec des signes ou indices de mort violente, ou autres circonstances qui donnent lieu de le soupçonner, ne pourront être inhumés qu'après que l'Officier de police aura dressé procès-verbal, aux termes de l'article 2 du titre 3 de la Loi sur la police de sûreté.

VIII. L'Officier de police, après avoir dressé le procès-verbal de l'état du cadavre, et des circonstances y relatives, sera tenu d'en donner sur-le-champ avis à l'Officier public, et de lui en remettre un extrait contenant des renseignemens sur les prénoms, noms, âge, lieu de naissance, profession et domicile du décédé.

IX. L'Officier public dressera l'acte de décès, sur les renseignemens qui lui auront été donnés par l'Officier de police.

TITRE VI.

Dispositions générales.

Art. I. Dans la huitaine, à compter de la publication du présent décret, le Maire ou un Officier municipal, suivant l'ordre de la liste, sera tenu, sur la réquisition du procureur de la commune, de se transporter, avec le secrétaire-greffier, aux églises paroissiales, presbytères, et aux dépôts des registres de tous les cultes; ils y dresseront un inventaire de tous les registres existans entre les mains des curés et autres dépositaires. Les registres courans seront clos et arrêtés par le Maire ou Officier municipal.

II. Tous les registres, tant anciens que nouveaux, seront portés et déposés dans la maison commune.

III. Les actes de naissance, mariage et décès, continueront d'être inscrits sur les registres courans, jusqu'au premier Janvier 1793.

IV. Dans deux mois, à compter de la publication du présent décret, il sera dressé un inventaire de tous les registres de baptêmes, mariages et sépultures existant dans les greffes des tribunaux. Dans le mois suivant, les registres et une expédition de l'inventaire, délivrée sur papier timbré et sans frais, seront, à la diligence des procureurs-généraux-syndics, transportés et déposés aux archives des départemens.

V. Aussitôt que les registres courans auront été clos, arrêtés et portés à la maison commune, les municipalités seules recevront les actes de naissances, mariages et décès, et conserveront les registres. Défenses sont faites à toutes personnes de s'immiscer dans la tenue de ces registres; et dans la réception de ces actes.

VI. Les corps administratifs sont spécialement chargés par la Loi, de surveiller les municipalités dans l'exercice des nouvelles fonctions qui leur sont attribuées.

VII. Toutes les Lois contraires aux dispositions de celle-ci, sont et demeurent abrogées.

VIII. L'Assemblée nationale, après avoir déterminé le mode de constater désormais l'état civil des citoyens, déclare qu'elle n'entend ni innover, ni nuire à la liberté qu'ils ont tous de consacrer les naissances, mariages et décès par les cérémonies du culte auquel ils sont attachés, et par l'intervention des ministres de ce culte.

24.

Extrait du décret additionnel concernant le mode de constater l'état civil des citoyens, par les municipalités. Du 19 Décembre 1792.

SECTION PREMIÈRE.

Articles communs à toutes les Municipalités de la République.

Art. I. Les personnes désignées par la loi du 20 Septembre dernier pour faire les déclarations de naissance et de décès, seront tenues de faire ces déclarations dans les trois jours de la naissance et du décès, sous peine de prison, qui sera prononcée par voie de police correctionnelle, et ne pourra excéder deux mois pour la première fois, et six mois en cas de récidive; sauf les poursuites criminelles en cas de suppression, d'enlèvement ou de défaut de représentation de l'enfant ou de récélement du décès. Les déclarations de décés seront faites avant l'inhumation, à peine de prison, comme il est dit ci-dessus.

II. Il sera payé pour chaque extrait d'acte de divorce, la même taxe que pour un extrait d'un acte de mariage.

III. Le registre particulier prescrit pour les publications de mariage, servira aussi pour les actes préliminaires du divorce, qui doivent être dressés par un Officier municipal; et il sera payé pour chaque extrait d'acte préliminaire du divorce, la même taxe que pour un extrait de publication de mariage.

IV. Les actes de divorce ne seront point enregistrés sur le registre des actes de mariage, dans lequel ils seront insérés, mais sur la première expédition qui en sera faite, et qui ne sera délivrée qu'après le paiement du droit d'enregistrement, duquel, ainsi que de la date et du remboursement, il sera fait mention à côté de l'acte en marge du registre de la municipalité.

V. Les registres desdits actes préliminaires du divorce, et ceux de publication des mariages et d'opposition auxdits mariages, seront sur papier timbré, fournis aux frais de chaque district, et envoyés aux municipalités par les directoires, tous les quinze premiers jours du mois de Décembre de chaque année; ils seront cotés par premier et dernier, et paraphés sur chaque feuillet par le président de l'administration du district, ou à son défaut, par un des membres du directoire. Tous lesdits registres et extraits qui en seront délivrés, sont exempts de la formalité et du droit d'enregistrement.

25.

Extrait du décret contenant des mesures pour l'extinction de la mendicité. Du 24 Vendémiaire, an II.

TITRE II.

Des moyens de répression.

Art. I. Toute personne qui, huit jours après la publication de la Loi, sera convaincue d'avoir demandé de l'argent ou du pain dans les rues, ou voies publiques, sera réputée mendiant, arrêtée par la gendarmerie, ou les gardes nationales, et conduite au Juge-de-paix du canton.

II. Le Juge-de-paix sera tenu, dans le plus bref délai, d'interroger le mendiant, de constater le délit par un procès-verbal qui contiendra son signalement, d'en envoyer copie au directoire du district, qui en fera parvenir une expédition au directoire du département et au commandant de la gendarmerie nationale de son arrondissement.

III. Si par l'interrogatoire le mendiant est reconnu domicilié du canton ou du district, il sera renvoyé avec un passe-port au lieu de son domicile, après avoir entendu lecture de la loi sur la mendicité.

IV. Si le mendiant n'est point domicilié dans le ressort du district dans lequel il a été arrêté, et que néanmoins il accuse un domicile, il sera conduit provisoirement dans la maison d'arrêt. Le Juge-de-paix écrira à la municipalité dont il se fera réclamer; et si celle-ci reconnoît que le détenu est son domicilié, et non repris de justice, il sera renvoyé chez lui avec un passe-port et aux frais de la nation, s'il n'a devers lui les moyens pour s'y rendre.

V. A défaut de réponse de la municipalité dans un délai convenable, le mendiant sera conduit dans la maison de répression, d'où il pourra sortir toutes les fois qu'il sera réclamé par sa municipalité, et que sa détention ne sera pas liée à des causes aggravantes.

VI. Tout mendiant reconnu étranger, sera conduit sur la frontière de la République, aux frais de la nation; il lui sera payé trois sous par lieue, jusqu'au premier village du territoire étranger.

VII. Les mendians arrêtés, et qui se trouveront accusés ou violemment soupçonnés de crime, seront conduits dans la maison d'arrêt pour être jugés.

VIII. Les enfans arrêtés avec les mendians, en seront séparés; il sera pris tous les renseignemens nécessaires pour constater leur état civil : si leur âge ne les soumet pas au travail, ils seront traités comme les enfans abandonnés; ils ne pourront être remis à leurs pères avoués, s'ils sont vagabonds, que lorsque ceux-ci auront obtenu leur élargissement par une bonne conduite, et justifié, à la suite de leur liberté, d'un an de domicile fixe dans la même municipalité.

26.

Extrait du décret sur les prévenus de fabrication ou distribution de fausse monnoie. Du premier jour du deuxième mois de l'an second.

Art. II. Tout commissaire de police, huissier, gendarme ou autre fonctionnaire public, chargé de l'arrestation d'un prévenu de fabrication ou distribution de faux assignats, ou fausse monnoie, sera tenu, au moment où il exécutera sa mission, (soit qu'il arrête le prévenu, ou que celui-ci soit en fuite) d'apposer les scellés sur les papiers, meubles et effets du prévenu, et d'y établir un gardien, à peine de destitution, et de répondre du dommage que sa négligence aura causé à la République.

III. Celui qui aura fait apposer les scellés, sera tenu d'en donner avis sur-le-champ au Commissaire national du district où siégera le Juré d'accusation, et à l'accusateur public du Tribunal qui devra prononcer définitivement sur leur sort.

27.

Extrait du décret relatif aux enfans nés hors mariage. Du 12 Brumaire, an II.

X. A l'égard des enfans nés hors du mariage, dont le père et la mère seront encore existans lors de la promulgation du code civil, leur état et leurs droits seront en tous points réglés par les dispositions du code.

XI. Néanmoins en cas de mort de la mère avant la publication du code, la reconnoissance du père faite devant un Officier public, suffira pour constater à son égard l'état de l'enfant né hors du mariage et le rendre habile à lui succéder.

XII. Il en sera de même dans le cas où la mère seroit absente, ou dans l'impossibilité absolue de confirmer par son aveu la reconnoissance du père.

28.

Décret de la Convention nationale relatif à la faculté qu'ont tous les citoyens de se nommer comme il leur plaît, en se conformant aux formalités prescrites par la Loi. Du 24 Brumaire an II.

La Convention nationale, sur la proposition d'un de ses membres, décrète l'insertion au bulletin et au procès-verbal des divers discours et adresses lus à sa barre par les commissaires des sociétés populaires de Clermont-Oise, Mouy et Liancourt, département de l'Oise, et la mention de l'action civique de la citoyenne *Lebarbier*. Elle accepte l'offrande des différens dons qu'ils apportent, et renvoie à son comité d'instruction publique la demande faite au nom de la municipalité de Liancourt de changer son nom en celui de *Unité-de-l'Oise*.

Sur la proposition faite d'approuver le nom de *Liberté* décerné à la citoyenne *Goux*, la Convention nationale la renvoie pardevant la municipalité de son domicile actuel, pour y déclarer le nouveau nom qu'elle adopte, en se conformant aux formes ordinaires.

Enfin, sur la proposition faite qu'il soit défendu à tout citoyen de prendre pour nom propre ceux de *Liberté* et *Égalité*, la Convention nationale passe à l'ordre du jour sur cette proposition, motivé sur ce que chaque citoyen a la faculté de se nommer comme il lui plaît, en se conformant aux formalités prescrites par la Loi.

29.

Extrait du décret de la Convention nationale, sur l'Ère, le commencement et l'organisation de l'année, et sur les noms des jours et des mois. Du 4 Frimaire an II.

ART. I. L'Ère des français compte de la fondation de la République, qui a eu lieu le 22 Septembre 1792 de l'Ère vulgaire, jour où le soleil est arrivé à l'équinoxe vrai d'automne, en entrant dans le signe de la Balance, à 9 heures 18 minutes 30 secondes du matin, pour l'observatoire de Paris.

II. L'Ère vulgaire est abolie pour les usages civils.

III. Chaque année commence à minuit, avec le jour où tombe l'équinoxe vrai d'automne, pour l'observatoire de Paris.

IV. La première année de la République française a commencé à minuit le 22 Septembre 1792, et a fini à minuit, séparant le 21 du 22 Septembre 1793.

V. La seconde année a commencé le 22 Septembre 1793, à minuit, l'équinoxe vrai d'automne étant arrivé ce jour-là, pour l'observatoire de Paris, à 3 heures 11 minutes 38 secondes du soir.

VI. Le décret qui fixoit le commencement de la seconde année au premier Janvier 1793, est rapporté; tous les actes datés l'an second de la République, passés dans le courant du premier Janvier au 21 Septembre inclusivement, sont regardés comme appartenant à la première année de la République.

VII. L'année est divisée en douze mois égaux, de trente jours chacun : après les douze mois, suivent cinq jours pour compléter l'année ordinaire; ces cinq jours n'appartiennent à aucun mois.

VIII.

VIII. Chaque mois est divisé en trois parties égales, de dix jours chacune, qui sont appelées *Décades*.

IX. Les noms des jours de la décade sont :

Primedi,	Sextidi,
Duodi,	Septidi,
Tridi,	Octidi,
Quartidi,	Nonidi,
Quintidi,	Décadi.

Les noms des mois sont :

Pour l'Automne . . .	Vendémiaire. Brumaire. Frimaire.
Pour l'Hiver	Nivôse. Pluviôse. Ventôse.
Pour le Printems . . .	Germinal. Floréal. Prairial.
Pour l'Eté	Messidor. Thermidor. Fructidor.

Les cinq derniers jours s'appellent les sans-culotides. (Le décret du 7 Fructidor an III, a substitué la dénomination de *jours complémentaires* à celle *de sans-culotides*).

30.

Décret relatif à la sépulture des citoyens dans les cimetières publics, quelles que soient leurs opinions religieuses. Du 12 Frimaire an II.

La Convention nationale, après avoir entendu le rapport du comité de législation, sur la pétition de Rogeau, membre de la commune de Warloy-Baillon, district d'Amiens, dans laquelle il expose qu'un attroupement considérable de femmes, a empêché l'inhumation d'une protestante, franche aristocrate, dans le cimetière de cette commune, et demande des mesures pour empêcher le renouvellement de pareille scène; que chaque citoyen exerce librement le culte qu'il adopte; qu'il y ait, autant que faire se pourra, un lieu particulier de sépulture pour chaque secte, etc.

Considérant qu'aucune Loi n'autorise à refuser la sépulture dans les cimetières publics aux citoyens décédés, quelles que soient leurs opinions religieuses et l'exercice de leur culte, passe à l'ordre du jour.

31.

Décret de la Convention nationale, portant que les marchés et les comptes seront stipulés et rendus en livres, décimes et centimes. Du 17 Frimaire an II.

Art. I. A compter du premier Germinal de l'année actuelle, deuxième de la République, tous les marchés qui seront passés avec les fournisseurs et entrepreneurs de la République, seront stipulés en livres, décimes et centimes.

II. Les comptes des dépenses publiques de toute espèce, de la présente année et des suivantes, au lieu d'être rendus, comme par le passé, en livres, sous et deniers tournois, le seront en livres, décimes et centimes.

III. Dans la reddition des comptes des dépenses publiques pour la présente année, la réduction des sous et deniers en décimes et centimes, sera faite par émargement à la fin de chaque chapitre de recette ou de dépense,

32.

Extrait du décret de la Convention nationale, sur l'organisation de l'instruction publique. Du 29 Frimaire an II.

III. Les citoyens et citoyennes qui voudront user de la liberté d'enseigner, seront tenus,

1°. De déclarer à la municipalité ou section de la commune, qu'ils sont dans l'intention d'ouvrir une école;

2°. De désigner l'espèce de science ou art qu'ils se proposent d'enseigner.

IV. Les citoyens et citoyennes qui se vouent à l'instruction ou à l'enseignement de quelque art ou science que ce soit, seront désignés sous le nom d'*instituteurs* ou d'*institutrices*.

SECTION II.

De la surveillance de l'enseignement.

ART. I. Les instituteurs ou institutrices sont sous la surveillance immédiate de la municipalité ou section, des pères, mères, tuteurs ou curateurs, et sous la surveillance de tous les citoyens.

II. Tout instituteur ou institutrice qui enseigneroit dans son école des préceptes ou maximes contraires aux Lois et à la morale républicaine, sera dénoncé par la surveillance, et puni selon la gravité du délit.

III. Tout instituteur ou institutrice qui outrage les mœurs publiques, est dénoncé par la surveillance, et traduit devant la police correctionnelle, ou tout autre tribunal compétent, pour y être jugé suivant la loi. (*Voyez ci-après l'arrêté du 17 Pluviôse, an VI*).

33.

Décret de la Convention nationale relatif aux arbres de la liberté. Du 3 Pluviôse an II.

La Convention nationale décrète que dans toutes les communes de la République française où l'arbre de la liberté auroit péri, il en sera planté un d'ici au premier Germinal; elle confie cette plantation et son entretien aux soins des bons citoyens, afin que dans chaque commune l'arbre de la liberté fleurisse sous l'égide de la constitution française.

34.

Extrait du décret de la Convention nationale relatif au grand livre des propriétés territoriales, qui fait défense d'insérer dans les actes aucunes clauses ou expressions tendant à rappeler le régime féodal ou nobiliaire. Du 8 Pluviôse, an II.

Art. IV. Il est fait défenses à tous notaires, greffiers et autres dépositaires quelconques, d'insérer à l'avenir dans les minutes, expéditions ou extraits d'actes de toute nature, quelque soit leur date, des clauses, qualifications, énonciations ou expressions, tendant à rappeler d'une manière directe ou indirecte le régime féodal ou nobiliaire, ou la royauté, sous les peines portées par l'article 7 de la Loi du 17 Juillet 1793, sauf auxdits dépositaires à délivrer lesdits extraits ou expéditions, après les avoir purgés de tout ce qui est proscrit par la présente Loi et celle antérieure.

35.

Décret de la Convention nationale relatif aux déclarations sur l'état civil des enfans. Du 19 Floréal an II.

La Convention nationale, après avoir entendu le rapport de son comité de législation sur l'exposé qui lui a été fait, que l'Officier public de la Commune de Paris a refusé de recevoir la déclaration faite par une citoyenne, que l'enfant dont elle est devenue mère est d'un autre que de son mari ;

Considérant qu'il est dans les principes de notre législation que la Loi ne reconnoît d'autre père que celui qui est désigné par le mariage ; qu'une déclaration contraire est immorale, et qu'une mère ne sauroit être admise à disposer à son gré de l'état des enfans de son mari ;

Approuve le refus fait par l'Officier public de la commune de Paris, de recevoir une semblable déclaration, et décrète que l'acte de naissance énoncé dans celui fait par le commissaire de la section de Châlier, le 23 Pluviôse, n°. 85, sera rédigé sans faire mention de cette déclaration, et que si elle a été insérée sur le registre de la section, elle y sera rayée.

36.

Extrait du décret de la Convention nationale relatif aux secours accordés aux familles des défenseurs de la patrie. Du 13 Prairial an II.

Les citoyennes devenues mères par adoption, qui ont soigné dès l'enfance leurs fils adoptifs, employés à la défense de la patrie, ou requis pour la servir, jouiront de tous les bienfaits de la Loi envers les enfans, mères et veuves des défenseurs de la patrie. (Art. 13 du tit. 1er.)

37.

Loi portant qu'aucun citoyen ne pourra porter de nom ni de prénom autres que ceux exprimés dans son acte de naissance. Du 6 Fructidor, an II de la République française.

La Convention nationale, après avoir entendu le rapport de son comité de législation, décrète :

Art. I. Aucun citoyen ne pourra porter de nom ni de prénom autres que ceux exprimés dans son acte de naissance : ceux qui les auroient quittés seront tenus de les reprendre.

II. Il est également défendu d'ajouter aucun surnom à son nom propre, à moins qu'il n'ait servi jusqu'ici à distinguer les membres d'une même famille, sans rappeler des qualifications féodales et nobiliaires.

III. Ceux qui enfreindroient les dispositions des deux articles précédens, seront condamnés à six mois d'emprisonnement et à une amende égale au quart de leurs revenus. La récidive sera punie de la dégradation.

IV. Il est expressément défendu à tous fonctionnaires publics de désigner les citoyens dans les actes autrement que par le nom de famille, les prénoms portés en l'acte de naissance, ou les surnoms maintenus par l'article 2, ni d'en exprimer d'autres dans les expéditions et extraits qu'ils délivreront à l'avenir.

V. Les fonctionnaires qui contreviendroient aux dispositions de l'article précédent, seront destitués, déclarés incapables d'exercer aucune fonction publique, et condamnés à une amende égale au quart de leurs revenus.

VI. Tout citoyen pourra dénoncer les contraventions à la

présente Loi à l'Officier de police, dans les formes ordinaires.

VII. Les accusés seront jugés pour la première fois par le tribunal de Police correctionnelle, et en cas de récidive, par le tribunal criminel du département.

38.

Loi portant règlement provisoire sur les effets des adoptions faites antérieurement à la promulgation du code civil. Du 16 Frimaire an III.

La Convention nationale, apres avoir entendu le rapport de son comité de législation sur le référé du Juge-de-paix de la commune de *Beaune*, par lequel il consulte sur la validité d'une apposition de scéllés et de l'établissement d'un tuteur, provoqués par lui pour la conservation des intérêts d'un enfant mineur adopté par actes authentiques;

Considérant que l'adoption a été solemnellement consacrée par la Convention nationale; que lorsqu'elle est exercée en faveur d'un individu, elle lui assure un droit dans la succession de celui qui l'a adopté; que la conservation de ce droit exige l'emploi des mesures prescrites dans tous les autres cas pour la conservation des droits des mineurs; qu'ainsi le Juge-de-paix n'a fait, dans la circonstance qu'il cite, que remplir les devoirs que la Loi lui prescrivoit;

Décrète qu'il n'y a pas lieu a délibérer;

Décrète en outre qu'à l'avenir, et jusqu'à ce qu'il ait été statué par la Convention nationale sur les effets des adoptions faites antérieurement à la promulgation du code civil, les Juges-de-paix pourront, s'ils en sont requis par les parties intéressées, lever les scéllés, pour la vente mobiliaire être aite après inventaire, sur l'avis d'une assemblée de parens, auf le dépôt jusqu'au règlement des droits des parties.

39.

Loi relative à la liberté des cultes. Du 3 Ventôse an III.

La Convention nationale, après avoir entendu le rapport de ses comités de salut public, de sûreté générale et de législation réunis, décrète :

Art. I. Conformément à l'article 8 de la déclaration des droits de l'homme et à l'article 72 de la constitution, l'exercice d'un culte ne peut être troublé.

II. La République n'en salarie aucun.

III. Elle ne fournit aucun local ni pour l'exercice du culte ni pour le logement des ministres.

IV. Les cérémonies de tout culte sont interdites hors l'enceinte choisie pour leur exercice.

V. La Loi ne reconnoît aucun ministre de culte. Nul ne peut paroître en public avec les habits, ornemens ou costumes affectés à des cérémonies religieuses.

VI. Tout rassemblement de citoyens pour l'exercice d'un culte quelconque, est soumis à la surveillance des Autorités constituées. Cette surveillance se renferme dans des mesures de police et de sûreté publique.

VII. Aucun signe particulier à un culte ne peut être placé dans un lieu public ni extérieurement, de quelque manière que ce soit. Aucune inscription ne peut désigner le lieu qui lui est affecté. Aucune proclamation ni convocation publique ne peut être faite pour y inviter les citoyens.

VIII. Les communes ou sections de commune, en nom

collectif, ne pourront acquérir ni louer un local pour l'exercice des cultes.

IX. Il ne peut être formé aucune dotation perpétuelle ou viagère, ni établi aucune taxe pour en acquitter les dépenses.

X. Quiconque troubleroit par violence les cérémonies d'un culte quelconque, ou en outrageroit les objets, sera puni suivant la Loi du 22 Juillet 1791 sur la police correctionnelle.

XI. Il n'est point dérogé à la Loi du deuxième jour des sans-culotides, deuxième année, sur les pensions ecclésiastiques, et les dispositions en seront exécutées suivant leur forme et teneur.

XII. Tout décret, dont les dispositions seroient contraires à la présente Loi, est rapporté; et tout arrêté opposé à la présente Loi, pris par les représentans du peuple dans les départemens, est annullé. (*Voyez ci-après la loi du 7 Vendémiaire, an IV*).

40.

Extrait de la loi relative aux poids et mesures. Du 18 Germinal, an III.

Art. V. Les nouvelles mesures seront distinguées dorénavant par le surnom de *républicaines*; leur nomenclature est définitivement adoptée comme il suit:

On appelera,

Mètre, la mesure de longueur égale à la dix millionnième partie de l'arc du méridien terrestre, compris entre le pôle boréal et l'équateur;

Are, la mesure de superficie pour les terrains, égale à un quarré de dix mètres de côté;

Stère, la mesure destinée particulièrement aux bois de chauffage, et qui sera égale au mètre cube ;

Litre, la mesure de capacité, tant pour les liquides que pour les matières sèches, dont la contenance sera celle du cube de la dixième partie du mètre ;

Gramme, le poids absolu d'un volume d'eau pure, égal au cube de la centième partie du mètre, et à la température de la glace fondante ;

Enfin, l'unité des monnoies prendra le nom de *franc*, pour remplacer celui de *livre* usité aujourd'hui.

La dixième partie du mètre se nommera *décimètre*, et sa centième partie, *centimètre*.

On appelera *décamètre*, une mesure égale à dix mètres ; ce qui fournit une mesure très-commode pour l'arpentage.

Hectomètre signifiera la longueur de cent mètres.

Enfin, *kilomètre* et *myriamètre* seront des longueurs de mille et de dix mille mètres, et désigneront principalement les distances itinéraires.

VII. Les dénominations des mesures des autres genres, seront déterminées d'après les mêmes principes que celles de l'article précédent.

Ainsi, *decilitre* sera une mesure de capacité dix fois plus petite que le litre ; *centigramme* sera la centième partie du poids d'un gramme.

On dira de même *décalitre* pour désigner une mesure contenant dix litres ; *hectolitre* pour une mesure égale à cent litres ; un *kilogramme* sera un poids de mille grammes.

On composera d'une manière analogue les noms de toutes les autres mesures.

Cependant, lorsqu'on voudra exprimer les dixièmes ou les centièmes du franc, unité des monnoies, on se servira des mots *décime* et *centime* déjà reçus en vertu de décrets antérieurs.

VIII. Dans les poids et les mesures de capacité, chacune des mesures décimales de ces deux genres, aura son double et sa moitié, afin de donner à la vente des divers objets toute la commodité que l'on peut desirer; il y aura donc le *double-litre* et le *demi-litre*, le *double-hectogramme* et le *demi-hectogramme* et ainsi des autres.

41.

Extrait de la loi relative à la célébration des cultes dans les édifices qui y étoient originairement destinés. Du 11 Prairial an III.

Art. IV. Lorsque des citoyens de la même commune ou section de commune exerceront des cultes différens ou prétendus tels, et qu'ils réclameront concurremment l'usage du même local, il leur sera commun; et les municipalités, sous la surveillance des corps administratifs, fixeront pour chaque culte les jours et heures les plus convenables, ainsi que les moyens de maintenir la décence et d'entretenir la paix et la concorde.

V. Nul ne pourra remplir le ministère d'aucun culte dans lesdits édifices, à moins qu'il ne se soit fait décerner acte devant la municipalité du lieu où il voudra exercer, de sa soummission aux Lois de la République.

Les ministres des cultes qui auront contrevenu au présent article, et les citoyens qui les auront appelés ou admis, seront punis chacun de mille livres d'amende par voie de police correctionnelle.

VI. Les municipalités et les corps administratifs sont chargés de l'exécution de la présente Loi, et les Procureurs-généraux-syndics de département en rendront compte au comité de sûreté générale de décade en décade.

42.

Extrait de la Loi contenant des mesures répressives de tous pillages de grains, farines ou subsistances. Des 16 et 17 Prairial, an III.

ART. I. Lorsqu'il sera commis des pillages de grains, farines ou subsistances sur le territoire d'une commune, la municipalité qui n'aura pas prévenu ou dissipé les attroupemens, et tous les habitans de la commune qui n'auront pas désigné les auteurs, fauteurs ou complices du délit, seront solidairement responsables de la restitution des objets pillés, ainsi que des dommages-intérêts dûs aux propriétaires, et de l'amende envers la République.

II. Les grains, farines ou subsistances qui auront été pillés, seront restitués en nature et en pareille quantité au propriétaire, dans le délai de trois jours, et à la diligence des Officiers municipaux.

III. En cas de non restitution des objets en nature dans le délai ci-dessus, les douze principaux contribuables, domiciliés de fait dans la commune, seront contraints à payer le prix desdits objets sur le pied du double de leur valeur, au cours du jour où le pillage aura été commis, sauf le recours de ceux qui auront été contraints, contre les autres habitans de la commune, par forme de répartition au marc la livre, d'après le rôle des contributions, laquelle répartition devra être effectuée dans le courant de la décade par la municipalité.

VI. Dans le cas où la municipalité et les habitans de la commune désigneront les coupables, ils seront traduits directement et jugés par le tribunal criminel du département, et punis selon toute la rigueur des Lois.

VIII. Dans le cas où la municipalité n'aura pas dénoncé les auteurs, fauteurs et complices des pillages, dans les vingt-quatre heures du délit commis, elle sera, en son propre et privé nom, condamnée envers la nation à une amende qui ne pourra être moindre du double du prix des grains, farines ou subsistances pillées.

X. Lorsque les auteurs, fauteurs ou complices du délit n'auront pas été dénoncés par la municipalité ou les habitans de la commune, et qu'il n'y aura lieu qu'à des poursuites civiles, soit contre les principaux contribuables, soit contre la municipalité, l'action devra être intentée pardevant le tribunal du district. (*Voyez ci-après la loi du* 10 *Vendémiaire, an IV*).

43.

Extrait de la Loi qui prohibe les ventes de grains en verd et pendans par racine. Du 6 Messidor, an III.

Art. I. Toutes les ventes de grains en verd et pendans par racines, sont prohibées, sous peine de confiscation des grains et fruits vendus; casse et annulle toutes celles qui auroient été faites jusqu'à présent; en défend l'exécution sous la même peine de confiscation, dans le cas où elles seroient exécutées postérieurement à la promulgation de la présente Loi.

II. La confiscation encourue sera supportée, moitié par le vendeur, moitié par l'acheteur. Elle sera appliquée, un tiers au dénonciateur, un tiers à la commune du lieu où les fonds qui ont produit les grains se trouvent situés, ce tiers sera distribué à la classe indigente; le troisième tiers au trésor public.

III. Les Officiers municipaux, les administrateurs de district et de département sont spécialement chargés de veiller à l'exécution de la présente Loi (1).

44.

Loi qui ordonne l'établissement de gardes champêtres dans toutes les communes rurales de la République. Du 20 Messidor, an III.

Art. I. Il sera établi immédiatement après la promulgation du présent décret, des gardes champêtres dans toutes les communes rurales de la République; les gardes déjà nommés dans celles où il y en a, pourront être réélus d'après le mode suivant.

II. Les gardes champêtres ne pourront être choisis que parmi les citoyens dont la probité, le zèle et le patriotisme seront généralement reconnus; ils seront nommés par l'administration du district, sur la présentation des conseils généraux des communes; leur traitement sera aussi fixé par le district, d'après l'avis du conseil général, et réparti au marc la livre de l'imposition foncière.

III. Il y aura au moins un garde par commune, et la municipalité jugera de la nécessité d'y en établir davantage.

IV. Tout propriétaire aura le droit d'avoir pour ses domaines un garde champêtre; il sera tenu de le faire agréer par le con-

---

(1) Par décret du 23 du même mois, la Convention nationale décrète que dans la prohibition portée par la Loi du 6 Messidor, sur les ventes de grains en vert et pendans par racine, ne sont pas comprises celles qui ont lieu par suite de tutelle, curatelle, changement de fermier, saisie de fruits, beaux judiciaires et autres de cette nature. Sont également exceptées les ventes qui comprendroient tous autres fruits ou productions que les grains.

seil général de la commune, et confirmer par le district : ce droit ne pourra l'exempter néanmoins de contribuer au traitement du garde de la commune.

V. La police rurale sera exercée provisoirement par le Juge-de-paix.

VI. Les gardes champêtres seront tenus de citer devant lui les citoyens pris en flagrant délit : si le délinquant n'est pas domicilié et refuse de se rendre à la citation, le garde pourra requérir de la municipalité main-forte, et les citoyens requis ne pourront se refuser d'obéir aux ordres qui leur seront donnés.

VII. Sur les indications administrées par les gardes champêtres, le juge-de-paix pourra autoriser des recherches chez les personnes soupçonnées de vols, en présence de deux officiers municipaux.

VIII. Le Juge-de-paix prononcera sans délai contre les prévenus, et jugera d'après les dispositions de la loi du 28 septembre 1791 ; la peine sera pécuniaire, et ne pourra être moindre de la valeur de cinq journées de travail, outre la restitution de la valeur du dégât ou du vol qui aura été fait, sans préjudice des peines portées par le code pénal, lorsque la nature du fait y donnera lieu ; et en ce cas le juge de paix renverra au directeur de juré.

IX. Les jugemens prononcés seront exécutés dans la huitaine, à peine d'un mois de détention jusqu'au paiement, sans que la détention puisse excéder un mois nonobstant l'appel.

X. A l'égard des délits commis dans les forêts nationales et particulières, le prix de la restitution et de l'amende sera provisoirement déterminé par les tribunaux, d'après la valeur actuelle des bois.

XI. La conservation des récoltes est mise sous la surveillance et la garde de tous les bons citoyens.

XII. Il sera placé à la sortie principale de chaque commune l'inscription suivante :

« Citoyen, respecte les propriétés et les productions d'autrui ; » elles sont le fruit de son travail et de son industrie. »

XIII. La Convention nationale décrète que le titre 2 de la Loi du 6 Octobre 1791, sur la police rurale, sera imprimé de nouveau, et placardé dans toutes les communes à la suite du présent décret.

XIV. Les Juges de paix, les municipalités, les corps administratifs, les procureurs des communes sont responsables de l'exécution de la présente loi.

XV. Lecture sera faite de la présente loi par les officiers municipaux, en présence du peuple.

45.

Extrait de la Loi portant établissement de patentes pour l'exercice de toute espèce de commerce. Du 4 Thermidor, an III.

IV. Les colporteurs et marchands roulans sont tenus de se pourvoir de patentes dans le lieu de leur principal domicile ; à défaut de domicile, ils paieront les droits sur le taux fixé dans les villes au-dessous de deux mille ames, et ce paiement sera fait au chef-lieu d'un départément.

Ils seront tenus de les représenter, à toutes réquisitions, aux procureurs des communes et commissaires de police des lieux où ils passeront.

XIX. Les officiers municipaux et de police, les habitans des lieux où se tiennent les foires et marchés, sont spécialement chargés d'y maintenir l'ordre et la liberté du commerce, à peine, en cas de troubles, de suppression des marchés, et de demeurer personnellement

personnellement responsables des évènemens, dans le cas où il seroit constaté qu'ils n'ont pas fait tout ce qui étoit en leur pouvoir pour prévenir et arrêter le désordre.

46.

Extrait de la Loi portant établissement d'une contribution personnelle, et de taxes somptuaires. Du 7 Thermidor, an III.

Art. I. Il sera payé par tous les français jouissant de leurs droits ou revenus, et par tous étrangers, comme il sera dit ci-après, une contribution personnelle de cinq livres par chaque année.

II. Les manœuvres qui ne subsistent que de leur travail, et dont la journée n'excède pas trente sous, sont exempts de cette contribution; ils seront néanmoins admis à la payer volontairement.

47.

Extrait de la constitution de la République française. Du 5 Fructidor, an III de la République.

Nul ne peut être appelé en justice, accusé, arrêté ni détenu, que dans les cas déterminés par la loi, et selon les formes qu'elle a prescrites. (art. 8 de la déclaration des droits).

Ceux qui sollicitent, expédient, signent, exécutent ou font exécuter des actes arbitraires, sont coupables et doivent être punis. (art. 9 *ibid*).

Toute rigueur qui ne seroit pas nécessaire pour s'assurer de la personne d'un prévenu, doit être sévèrement réprimée par la loi. (art. 10 *ibid.*)

Toute contribution est établie pour l'utilité générale, elle doit être répartie entre les contribuables, en raison de leurs facultés. (art. 16 *ibid*).

Nul ne peut, sans une délégation légale, exercer aucune autorité, ni remplir aucune fonction publique. (art. 19 *ibid*).

Les fonctions publiques ne peuvent devenir la propriété de ceux qui les exercent. (art. 21 *ibid*).

Tous les devoirs de l'homme et du citoyen dérivent de ces deux principes, gravés par la nature dans tous les cœurs :

Ne faites pas à autrui ce que vous ne voudriez pas qu'on vous fît.

Faites constamment aux autres le bien que vous voudriez en recevoir. (art. 2 de la déclaration des devoirs).

C'est sur le maintien des propriétés que reposent la culture des terres, toutes les productions, tout moyen de travail, et tout l'ordre social. (art. 8 *ibid*).

Tout citoyen doit ses services à la patrie et au maintien de la liberté, de l'égalité et de la propriété, toutes les fois que la loi l'appele à les défendre. (art. 9 *ibid*).

TITRE II.

ÉTAT POLITIQUE DES CITOYENS.

VIII. Tout homme né et résidant en France, qui, âgé de vingt-un ans accomplis, s'est fait inscrire sur le registre civique de son canton, qui a demeuré depuis pendant une année sur le teritoire de la République, et qui paie une contribution directe, foncière ou personnelle, est citoyen Français.

IX. Sont citoyens sans aucune condition de contribution,

les Français qui auront fait une ou plusieurs campagnes pour l'établissement de la République.

X. L'étranger devient citoyen français, lorsqu'après avoir atteint l'âge de vingt-un ans accomplis, et avoir déclaré l'intention de se fixer en France, il y a résidé pendant sept années consécutives, pourvu qu'il y paie une contribution directe, et qu'en outre il y possède une propriété foncière, ou un établissement d'agriculture ou de commerce, ou qu'il ait épousé une française.

XI. Les citoyens français peuvent seuls voter dans les assemblées primaires, et être appelés aux fonctions établies par la constitution.

XII. L'exercice des droits de citoyen se perd :

1°. Par la naturalisation en pays étranger;

2°. Par l'affiliation à toute corporation étrangère qui supposeroit des distinctions de naissance, ou qui exigeroit des vœux de religion;

3°. Par l'acceptation de fonctions ou de pensions offertes par un gouvernement étranger;

4°. Par la condamnation à des peines afflictives ou infamantes, jusqu'à réhabiliation.

XII. L'exercice des droits de citoyen est suspendu :

1°. Par l'interdiction judiciaire pour cause de fureur, de démence ou d'imbécillité;

2°. Par l'état de débiteur failli, ou d'héritier immédiat, détenteur, à titre gratuit, de tout ou partie de la succession d'un failli;

3°. Par l'état de domestique à gages, attaché au service de la personne ou du ménage;

4°. Par l'état d'accusation;

5°. Par un jugement de contumace, tant que le jugement n'est pas anéanti.

XIV. L'exercice des droits de citoyen n'est perdu ni suspendu que dans les cas exprimés dans les deux articles précédens.

XV. Tout citoyen qui aura résidé sept années consécutives hors du territoire de la République, sans mission ou autorisation donnée au nom de la nation, est réputé étranger; il ne redevient citoyen français qu'après avoir satisfait aux conditions prescrites par l'article dixième.

XVI. Les jeunes gens ne peuvent être inscrits sur le registre civique, s'ils ne prouvent qu'ils savent lire et écrire, et exercer une profession mécanique.

Les opérations manuelles de l'agriculture appartiennent aux professions mécaniques.

Cet article n'aura d'exécution qu'à compter de l'an douzième de la République.

TITRE III.

ASSEMBLÉES PRIMAIRES.

Art. XVII. Les assemblées primaires se composent des citoyens domiciliés dans le même canton.

Le domicile requis pour voter dans ces assemblées, s'acquiert par la seule résidence pendant une année, et il ne se perd que par un an d'absence.

XVIII. Nul ne peut se faire remplacer dans les assemblées primaires, ni voter pour le même objet dans plus d'une de ces assemblées.

XIX. Il y a au moins une assemblée primaire par canton.

Lorsqu'il y en a plusieurs, chacune est composée de quatre cents cinquante citoyens au moins, de neuf cents au plus.

Ces nombres s'entendent des citoyens presens ou absens, ayant droit d'y voter.

XX. Les assemblées primaires se constituent provisoirement sous la présidence du plus ancien d'âge : le plus jeune remplit provisoirement les fonctions de secrétaire.

XXI. Elles sont définitivement constituées par la nomination, au scrutin, d'un président, d'un secrétaire et de trois scrutateurs.

XXII. S'il s'élève des difficultés sur les qualités requises pour voter, l'assemblée statue provisoirement, sauf le recours au tribunal civil du département.

XXIII. En tout autre cas, le corps législatif prononce seul sur la validité des opérations des assemblées primaires.

XXIV. Nul ne peut paroître en armes dans les assemblées primaires.

XV. Leur police leur appartient.

XXVI. Les assemblées primaires se réunissent :

1°. Pour accepter ou rejeter les changemens à l'acte constitutionnel, proposés par les assemblées de révision ;

2°. Pour faire les élections qui leur appartiennent suivant l'acte constitutionnel.

XXVII. Elles s'assemblent de plein droit le premier Germinal de chaque année, et procèdent, selon qu'il y a lieu, à la nomination :

1°. Des membres de l'assemblée électorale ;

2°. Du Juge de paix et de ses assesseurs ;

3°. Du président de l'administration municipale du canton, ou des Officiers municipaux dans les communes au-dessus de cinq mille habitans.

XVIII. Immédiatement après ces élections, il se tient, dans les communes au-dessous de cinq mille habitans, des assemblées communales qui élisent les Agens de chaque commune et leurs Adjoints.

XXIX. Ce qui se fait dans une assemblée primaire ou communale au-delà de l'objet de sa convocation, et contre les formes déterminées par la constitution, est nul.

XXX. Les assemblées, soit primaires, soit communales, ne font aucune autre élection que celles qui leur sont attribuées par l'acte constitutionnel.

XXXI. Toutes les élections se font au scrutin secret.

XXXII. Tout citoyen qui est légalement convaincu d'avoir vendu ou acheté un suffrage, est exclu des assemblées primaires et communales, et de toute fonction publique, pendant vingt ans; en cas de récidive, il l'est pour toujours.

XLII. Lorsqu'un citoyen est élu par les assemblées électorales pour remplacer un fonctionnaire mort, démissionnaire ou destitué, ce citoyen n'est élu que pour le tems qui restoit au fonctionnaire remplacé.

TITRE VII.

CORPS ADMINISTRATIFS ET MUNICIPAUX.

CLXXIV. Il y a dans chaque département une administration centrale, et dans chaque canton une administration municipale au moins.

CLXXV. Tout membre d'une administration départementale ou municipale, doit être âgé de vingt-cinq ans au moins.

CLXXVI. L'ascendant et le descendant en ligne directe, les frères, l'oncle et le neveu, et les alliés aux mêmes dégrés, ne peuvent simultanément être membres de la même administration, ni s'y succéder qu'après un intervalle de deux ans.

CLXXVII. Chaque administration de département est composée de cinq membres ; elle est renouvellée par cinquième tous les ans.

CLXXVIII. Toute commune, dont la population s'élève depuis cinq mille habitans jusqu'à cent mille, a pour elle seule une administration municipale.

CLXXIX. Il y a dans chaque commune, dont la population est inférieure à cinq mille habitans, un Agent municipal et un Adjoint.

CLXXX. La réunion des Agens municipaux de chaque commune, forme la municipalité de canton.

CLXXXI. Il y a de plus un président de l'administration municipale, choisi dans tout le canton.

CLXXXII. Dans les communes, dont la population s'élève de cinq à dix mille habitans, il y a cinq Officiers municipaux ;

Sept, depuis dix mille jusqu'à cinquante mille ;

Neuf, depuis cinquante mille jusqu'à cent mille.

CLXXXIII. Dans les communes, dont la population excède cent mille habitans, il y a au moins trois administrations municipales.

Dans ces communes, la division des municipalités se fait de manière que la population de l'arrondissement de chacune, n'excède pas cinquante mille individus, et ne soit pas moindre de trente mille.

La municipalité de chaque arrondissement est composée de sept membres.

CLXXXIV. Il y a, dans les communes divisées en plusieurs municipalités, un bureau central pour les objets jugés indivisibles par le corps législatif.

Ce bureau est composé de trois membres nommés par l'administration de département, et confirmés par le pouvoir exécutif.

CLXXXV. Les membres de toute administration municipale, sont nommés pour deux ans, et renouvellés chaque année par moitié où par partie, la plus approximative de la moitié et alternativement par la fraction la plus forte et par la fraction la plus foible.

CLXXXVI. Les administrateurs de département et les membres des administrations municipales, peuvent être réélus une fois sans intervalle.

CLXXXVII. Tout citoyen qui a été deux fois de suite élu administrateur de département, ou membre d'une administration municipale, et qui en a rempli les fonctions, en vertu de l'une et l'autre élection, ne peut être élu de nouveau qu'après une intervalle de deux années.

CLXXXVIII. Dans le cas où une administration départementale ou municipale, perdroit un ou plusieurs de ses membres par mort, démission ou autrement, les administrateurs restans peuvent s'adjoindre en remplacement, des administrateurs temporaires, et qui exercent en cette qualité jusqu'aux élections suivantes.

CLXXXIX. Les administrations départementales et municipales ne peuvent modifier les actes du corps législatif, ni ceux du Directoire Exécutif, ni en suspendre l'exécution.

Elles ne peuvent s'immiscer dans les objets dépendant de l'ordre judiciaire.

CXC. Les administrateurs sont essentiellement chargés de la

répartition des contributions directes et de la surveillance des deniers provenant des revenus publics dans leur territoire.

Le corps législatif détermine les règles et le mode de leurs fonctions, tant sur ces objets que sur les autres parties de l'Administration intérieure.

CXCI. Le Directoire Exécutif nomme, auprès de chaque administration départementale et municipale, un Commissaire qu'il révoque lorsqu'il le juge convenable.

Ce Commissaire surveille et requiert l'exécution des lois.

CXCII. Le Commissaire près de chaque administration locale, doit être pris parmi les citoyens domiciliés depuis un an dans le département où cette Administration est établie.

Il doit être âgé de vingt-cinq ans au moins.

CXCIII. Les Administrations municipales sont subordonnées aux administrations de département, et celles-ci aux Ministres.

En conséquence, les Ministres peuvent annuller, chacun dans sa partie, les actes des administrations de département; et celles-ci, les actes des administrations municipales, lorsque ces actes sont contraires aux lois ou aux ordres des autorités supérieures.

CXCIV. Les Ministres peuvent aussi suspendre les administrations de departement qui ont contrevenu aux lois ou aux ordres des Autorités superieures; et les Administrations de département ont le même droit à l'égard des membres des administrations municipales.

CXCV. Aucune suspension ni annullation ne devient définitive sans la confirmation formelle du Directoire Exécutif.

CXCVI. Le Directoire peut aussi annuller immédiatement les actes des administrations départementales ou municipales.

Il peut suspendre ou destituer immédiatement, lorsqu'il le croit nécessaire, les administrateurs, soit de département, soit de canton, et les envoyer devant les tribunaux de département, lorsqu'il y a lieu.

CXCVII. Tout arrêté portant cassation d'actes, suspension ou destitution d'administrateurs, doit être motivé.

CXCVIII. Lorsque les cinq membres d'une administration départementale sont destitués, le Directoire Exécutif pourvoit à leur remplacement jusqu'à l'élection suivante; mais il ne peut choisir leurs suppléans provisoires, que parmi les anciens administrateurs du même département.

CXCIX. Les administrations, soit de département, soit de canton, ne peuvent correspondre entr'elles que sur les affaires qui leur sont attribuées par la Loi, et non sur les intérêts généraux de la République.

CC. Toute administration doit annuellement le compte de sa gestion.

Les comptes rendus par les Administrations départementales sont imprimés.

CCI. Tous les actes des corps adminstratifs sont rendus publics par le dépôt du registre où ils sont consignés, et qui est ouvert à tous les administrés.

Ce registre est clos tous les six mois, et n'est déposé que du jour qu'il a été clos.

Le corps législatif peut proroger, selon les circonstances, le délai fixé pour ce dépôt.

TITRE IX

DE LA FORCE ARMÉE.

CCLXXIV. La force armée est instituée pour défendre l'État contre les ennemis du dehors, et pour assurer au-dedans le maintien de l'ordre et l'exécution des lois.

CCLXXV. La force publique est essentiellement obéissante, nul corps armé ne peut délibérer.

CCLXXVI. Elle se distingue en garde nationale sédentaire et garde nationale en activité.

De la garde nationale sédentaire.

CCLXXVII. La garde nationale sédentaire est composée de tous les citoyens et fils de citoyens en état de porter les armes.

CCLXXVIII. Son organisation et sa discipline sont les mêmes pour toute la République; elles sont déterminées par la loi.

CCLXXIX. Aucun français ne peut exercer les droits de citoyen, s'il n'est inscrit au rôle de la garde nationale sédentaire.

CCLXXX. Les distinctions de grade et la subordination n'y subsistent que relativement au service et pendant sa durée.

CCLXXXI. Les Officiers de la garde nationale sédentaire sont élus à tems par les citoyens qui la composent, et ne peuvent être réélus qu'après un intervalle.

CCXCI. Aucune partie de la garde nationale sédentaire, ni de la garde nationale en activité, ne peut agir, pour le service intérieur de la République, que sur la réquisition par écrit de l'autorité civile, dans les formes prescrites par la loi.

CCXCII La force publique ne peut être requise par les autorités civiles que dans l'étendue de leur territoire; elle ne peut se transporter d'un canton dans un autre, sans y être autorisée par l'administration du département, ni d'un département dans un autre, sans les ordres du Directoire Exécutif.

CCXCIV. En cas de dangers imminens, l'administration municipale d'un canton peut requérir la garde nationale des cantons voisins; en ce cas, l'administration qui a requis, et les chefs des gardes nationales qui ont été requises, sont également tenus d'en rendre compte au même instant à l'Administration départementale.

TITRE X.

INSTRUCTION PUBLIQUE.

CCXCVI. Il y a dans la République des écoles primaires où les élèves apprennent à lire, à écrire, les élémens du calcul et ceux de la morale. La République pourvoit aux frais de logement des instituteurs préposés à ces écoles.

TITRE XI.

FINANCES.

Contributions.

CCCIV. Tout individu qui, n'étant pas dans le cas des articles 12 et 13 de la constitution, n'a pas été compris au rôle des contributions directes, a le droit de se présenter à l'administration municipale de sa commune, et de s'y inscrire pour une contribution personnelle égale à la valeur locale de trois journées de travail agricole.

CCCV. L'inscription mentionnée dans l'article précédent ne peut se faire que durant le mois de Messidor de chaque année.

CCCVI. Les contributions de toute nature sont réparties entre tous les contribuables, à raison de leurs facultés.

CCCXI. Les Administrations de département et les municipalités ne peuvent faire aucune répartition au-delà des sommes fixées par le corps législatif, ni délibérer ou permettre, sans être autorisées par lui, aucun emprunt local à la charge des citoyens du département, de la commune ou du canton.

TITRE XIV.

DISPOSITIONS GÉNÉRALES.

CCCLI. Il n'existe entre les citoyens d'autre supériorité que celle des fonctionnaires publics, et relativement à l'exercice de leurs fonctions.

CCCLII. La loi ne reconnoit ni vœux religieux, ni aucun engagement contraire aux droits naturels de l'homme.

CCCLIII. Nul ne peut être empêché de dire, écrire, imprimer et publier sa pensée.

Les écrits ne peuvent être soumis à aucune censure avant leur publication.

Nul ne peut être responsable de ce qu'il a écrit ou publié, que dans les cas prévus par la loi.

CCCLIV. Nul ne peut être empêché d'exercer, en se conformant aux lois, le culte qu'il a choisi.

Nul ne peut être forcé de contribuer aux dépenses d'un culte. La République n'en salaire aucun.

CCCLVI. La loi surveille particulièrement les professions qui intéressent les mœurs publiques, la sûreté et la santé des citoyens; mais on ne peut faire dépendre l'admission à l'exercice de ces professions d'aucune prestation pécuniaire.

CCCLIX. La maison de chaque citoyen est un asyle inviolable: pendant la nuit, nul n'a le droit d'y entrer que dans le cas d'incendie, d'inondation, ou de réclamation venant de l'intérieur de la maison.

Pendant le jour, on peut y exécuter les ordres des autorités constituées.

Aucune visite domiciliaire ne peut avoir lieu qu'en vertu d'une loi, et pour la personne où l'objet expréssement désigné dans l'acte qui ordonne la visite.

CCCLX. Il ne peut être formé de corporations ni d'associations contraires à l'ordre public.

CCCLXI. Aucune assemblée de citoyens ne peut se qualifier de société populaire.

CCCLXII. Aucune société particulière, s'occupant de questions politiques, ne peut correspondre avec une autre, ni s'affilier à elle, ni tenir des séances publiques, composées de sociétaires et d'assistans distingués les uns des autres, ni imposer des conditions d'admission et d'éligibilité, ni s'arroger des droits d'exclusion, ni faire porter à ses membres aucun signe extérieur de leur association.

CCCLXIII. Les citoyens ne peuvent exercer leurs droits

politiques que dans les assemblées primaires ou communales.

CCCLXIV. Tous les citoyens sont libres d'adresser aux autorités publiques les pétitions ; mais elles doivent être individuelles ; nulle association ne peut en présenter de collectives, si ce n'est les autorités constitués, et seulement pour des objets propres à leur attribution.

Les pétitionnaires ne doivent jamais oublier le respect dû aux autorités constituées.

CCCLXV. Tout attroupement armé est un attentat à la constitution ; il doit être dissipé sur-le-champ par la force.

CCCLXVI. Tout attrouppement non armé doit être également dissipé, d'abord par voie de commandement verbal : et, s'il est nécessaire, par le développement de la force armée.

CCCLXVII. Plusieurs autorités constituées ne peuvent jamais se réunir pour délibérer ensemble ; aucun acte émané d'une telle réunion ne peut être exécuté.

CCCLXVIII. Nul ne peut porter des marques distinctives qui rappelent des fonctions antérieurement exercées, ou des services rendus.

CCCLXIX. Les membres du Corps législatif, et tous les fonctionnaires publics, portent, dans l'exercice de leurs fonctions, le costume ou le signe de l'autorité dont ils sont revêtus : la loi en détermine la forme.

CCCLXX. Nul citoyen ne peut renoncer, ni en tout, ni en partie, à l'indemnité ou au traitement qui lui est attribué par la loi, à raison de fonctions publiques.

CCCLXXII. L'ère française commence au 22 septembre 1792, jour de la fondation de la République.

CCCLXXVI. Les citoyens se rappeleront sans cesse que c'est de la sagesse des choix dans les assemblées primaires et électorales, que dépendent principalement la durée, la conservation et la prospérité de la République.

48.

Extrait de la Loi relative aux fonctions des corps administratifs et municipaux, en exécution du titre VII de l'acte constitutionnel. Du 21 Fructidor, an III.

Art. I. Les Agens municipaux des communes au-dessous de cinq mille habitans, outre les actes auxquels ils concourent dans la municipalité du canton, exerceront les fonctions de police dans leurs communes respectives.

Ils y constateront, par des procès-verbaux, les contraventions aux lois de police, et y feront exécuter les arrêtés pris par l'administration municipale.

II. En cas de maladie, d'absence ou de tout autre empêchement momentané de l'Agent municipal, son Adjoint le remplacera provisoirement, soit à la municipalité du canton, soit dans le lieu de sa résidence.

III. L'Adjoint pourra même, sur l'invitation de l'agent municipal, concourir avec lui dans tous les actes de police qui intéresseront particulièrement leur commune.

Du président de l'Administration municipale de canton.

IV. Le citoyen qui sera élu président d'une administration municipale de canton, en remplira les fonctions pendant deux ans.

Il se rendra, au moins deux fois par décade, au chef-lieu

du

du canton, s'il n'y est pas résident, et convoquera les assemblées extraordinaires toutes les fois qu'il y aura lieu.

V. En cas d'extrême urgence, et en l'absence du président, l'Agent municipal nommé par la commune chef-lieu de canton pourra faire cette convocation.

Cet Agent ouvrira les paquets adressés à l'administration en l'absence du président.

Il surveillera les bureaux.

Des Administrations municipales de canton.

VI. Les municipalités de canton tiendront des assemblées périodiques, qui seront fixées par l'administration de département.

Il ne pourra y en avoir moins de trois par mois.

VII. La présence sera d'obligation aux jours indiqués : l'administration pourra s'assembler extraordinairement, lorsqu'elle le jugera convenable.

Des municipalités des communes au-dessus de cinq mille habitans.

VIII. Les municipalités autres que celles provenant de la réunion des Agens de plusieurs communes, tiendront des séances au moins de cinq jours l'un dans les communes dont la population excède vingt mille habitans, et de dix jours l'un dans les autres communes.

Ces jours seront déterminés par l'administration de département.

IX. Ces municipalités choisiront annuellement leur président dans leur sein.

En cas d'absence, maladie ou autre empêchement momentané de sa part, il sera provisoirement remplacé dans la présidence par l'Officier municipal que l'administration nommera.

Des Commissaires du Directoire Exécutif près les Administrations municipales et départementales.

XIV. Les Commissaires du Directoire Exécutif près les administrations, tant municipales que départementales, résideront dans le lieu où l'administration tiendra ses séances.

XV. Le Commissaire du Directoire Exécutif assistera à toutes les délibérations, et il n'en sera pris aucune qu'après qu'il aura été ouï.

En cas de maladie ou d'autre empêchement momentané, l'Administration nommera un de ses membres pour le suppléer provisoirement.

Le Commissaire du Directoire Exécutif, ou celui qui en remplira les fonctions, n'aura en aucun cas voix délibérative.

Règles communes à toutes les administrations.

XVI. Nulle délibération ne sera prise qu'à la pluralité des suffrages des membres présens, et ne sera valable que lorsque la moitié plus un des membres de l'administration y aura concouru.

XVII. Le choix des employés des diverses administrations leur appartient respectivement.

Elles nomment un secrétaire en chef, qui a la garde des papiers et la signature des expéditions.

Ce secrétaire est tenu à résidence.

XIX. Les Administrations municipales, soit de canton ou autres, connoîtront, dans leur ressort, 1°. des objets précédemment attribués aux municipalités, 2°. de ceux qui appartiennent à l'administration générale, et que la Loi déléguoit aux districts.

XX. Ces objets seront classés et distingués dans chaque Administration municipale.

Néanmoins, à l'égard des délibérations prises sur les uns ou les autres, nulle réclamation ne pourra être portée que devant l'administration supérieure du département.

XXI. Les Administrations municipales connoîtront aussi, comme remplaçant les districts, des objets d'administration qui avoient été délégués aux ci-devant agens nationaux des districts, pour ce qui pourroit en rester à suivre, chacune dans leur ressort, et sans que le Commissaire du Directoire Exécutif puisse s'y entremettre, sinon pour requérir et surveiller.

XXV. Le traitement du Commissaire du Directoire Exécutif près les administrations municipales, sera, savoir,

De mille myriagrammes de froment dans les communes au-dessus de cinquante mille habitans;

De sept cent cinquante dans les communes de dix à cinquante mille habitans;

De cinq cents dans les communes de cinq à dix mille habitans;

Et de quatre cents dans toutes les autres.

XXVI. Jusqu'à ce que la situation du trésor national permette de salarier les autres fonctions administratives, elles seront considérées comme une dette civique, et resteront gratuitement exercées.

Dispositions générales.

XXVII. En cas de conflit d'attribution entre les autorités judiciaires et administratives, il sera sursis jusqu'à décision du ministre, confirmée par le Directoire Exécutif, qui en référera, s'il est besoin, au corps législatif.

Le Directoire Exécutif est tenu, en ce cas, de prononcer dans le mois.

XXVIII. Les corps administratifs pourront s'adresser directement au corps législatif pour l'obtention d'une Loi.

En matière d'exécution, ils suivront l'ordre prescrit par la constitution.

49.

Extrait de la loi relative aux élections. Du 25 Fructidor an III.

Art. II. A compter du jour où le Corps législatif sera constitué en deux conseils, on se conformera, dans toute assemblée publique et pour toute élection, aux dispositions qui vont être établies par la présente loi.

TITRE PREMIER.

Tenue et police des assemblées.

Art. I. Il sera dressé, chaque année, avant la fin du mois pluviôse, par chaque municipalité, un tableau des citoyens ayant droit de voter dans le canton, suivant la constitution.

II. Lorsque le nombre des citoyens ayant droit de voter dans un canton, ne s'élèvera pas à plus de neuf cents, il n'y aura qu'une assemblée primaire par canton; mais au-dessus de ce nombre, il s'en formera au moins deux.

III. Chaque assemblée primaire doit tendre à se former de six cents membres; s'il y a plusieurs assemblées dans un canton, la moins nombreuse doit être de quatre cent cinquante citoyens.

IV. Lorsqu'il y aura plusieurs assemblées primaires dans un canton, l'administration départementale fixera l'arrondissement et le lieu de ses assemblées.

V. Les peines les plus graves qu'une assemblée primaire, communale ou électorale, puisse infliger à l'un de ses membres, sont, après le rappel à l'ordre et la censure préalablement prononcés, l'exclusion de la séance, ou même de l'assemblée, durant tout le tems de sa session.

VI. En cas de voies de fait, d'excès graves, ou de délits commis dans l'intérieur des séances d'une assemblée primaire communale ou électorale, le président pourra, après y avoir été autorisé par l'assemblée, faire saisir le prévenu, et l'envoyer sur-le-champ devant l'Officier de police du lieu.

VII. Les présidens, secrétaires et scrutateurs sont personnellement responsables de tout ce qui se feroit, dans les assemblées primaires, communales ou électorales, d'étranger à l'objet de leur convocation, ou de contraire à la constitution et à la loi.

VIII. Lorsque le Corps législatif aura déclaré illégal un acte d'une assemblée primaire, commune ou électorale, il prononcera sur la question de savoir si les président, secrétaires et scrutateurs de cette assemblée, devront être poursuivis criminellement.

IX. Le président doit déclarer que l'assemblée est dissoute, aussitôt qu'elle a terminé les opérations pour lesquelles elle étoit convoquée.

X. Dans toute élection, chaque votant est appelé nominativement par le secrétaire ou par l'un des scrutateurs, et il dépose ostensiblement un bulletin fermé et non signé.

XI. Les suffrages qui ne sont point donnés, conformément à la loi, sont supprimés dans les recensemens.

XII. Dans toute élection, lorsqu'il y a égalité de suffrages, le plus ancien d'âge est préféré; dans le cas d'égalité d'âge, le sort décidera.

TITRE II.

Election des présidens, secrétaires et scrutateurs.

Art. I. Toute assemblée publique se forme sous la présidence provisoire du plus ancien d'âge ; les plus âgés après lui, remplissent provisoirement les fonctions de scrutateurs, et le plus jeune, celles de secrétaire.

II. Les fonctions de président, secrétaire et scrutateurs, soit provisoires, soit définitifs, ne peuvent être exercées que par des citoyens sachant lire et écrire.

III. Dès que les officiers provisoires ont pris leur place, on procède immédiatement à l'élection d'un président, d'un secrétaire et de trois scrutateurs définitifs.

IV. Cette élection se fait par un seul scrutin de liste, et à la pluralité relative.

Chaque votant écrit son bulletin, ou y fait écrire par l'un des scrutateurs autant de noms qu'il y a d'officiers à nommer.

Celui des citoyens présens qui obtient le plus de suffrages est président ; le suivant est secrétaire, et les trois autres, scrutateurs.

V. Le bureau de l'assemblée, une fois formé, ne peut plus être renouvellé durant la même session d'une assemblée primaire, communale ou électorale.

VI. En cas d'absence, démission ou destitution, le président est suppléé par le secrétaire ; celui-ci, par le premier scrutateur ; et les scrutateurs, par les membres de l'assemblée qui ont obtenu le plus de voix après eux.

VII. Toute assemblée primaire, communale ou électorale, composée de plus de deux cents membres présens, doit, après la nomination du bureau général, se diviser en plusieurs bureaux particuliers.

VIII. La répartition des membres de l'assemblée en bureaux particuliers se fait par le sort; de telle sorte qu'il y ait pour chacun de ces bureaux cent votans au moins, deux cents au plus.

IX. Le bureau général fait l'office de bureau particulier pour l'une des sections de l'assemblée.

X. Les votans attachés à chacun des autres bureaux particuliers se nomment, entre eux, un président, un secrétaire et trois scrutateurs, dans les mêmes formes que celles prescrites ci-dessus pour la nomination des officiers du bureau général.

XI. Les suffrages pour l'élection des fonctionnaires publics, seront reçus par les officiers des bureaux particuliers.

Les recensemens partiels faits en chacun de ces bureaux, sont portés au bureau général, où se fait le recensement universel.

XII. Lorsqu'il y a dans un canton plusieurs assemblées primaires, concourant à l'élection des mêmes fonctionnaires publics, le bureau général de chacune de ces assemblées, envoie deux de ses membres pour porter le recensement qu'il a fait, à l'administration municipale, où se fait le recensement définitif, auquel ils assistent.

50.

Extrait de la Loi relative aux poids et mesures. Du premier Vendémiaire, an IV.

IX. A compter de l'époque à laquelle chaque espèce de mesure républicaine sera devenue obligatoire, il est enjoint à tous notaires et officiers publics des lieux où cette obligation sera en activité, d'exprimer en mesures républicaines toutes les quantités de mesures qui seront à énoncer dans les actes que lesdits notaires ou officiers publics passeront ou recevront.

Les actes qui seroient en contravention avec le présent article, seront sujets à un excédent de droit d'enregistrement de la valeur de cinquante francs : cette somme sera payée comme une amende par le notaire ou l'officier public qui aura passé l'acte, sans que, sous aucun prétexte, elle puisse être imputée aux parties pour qui l'acte aura été passé.

X. Semblablement, aucun papier de commerce, livre et registre de négociant, marchand ou manufacturier; aucune facture, compte, quittance, même lettre missive, faits ou écrits dans les lieux où l'usage des mesures républicaines sera en activité, ne pourront être produits et faire foi en justice, qu'autant que les quantités de mesures exprimées dans lesdits livres, papiers, lettres, etc. le seroient en mesures républicaines; ou du moins la traduction en sera faite préalablement, et constatée aux frais des parties par un officier public.

XI. Les municipalités et les administrations chargées de la police, feront dans leurs arrondissemens respectifs, et plusieurs fois dans l'année, des visites dans les boutiques et magasins, dans les places publiques, foires et marchés, à l'effet de s'assurer de l'exactitude des poids et mesures.

Les contrevenans seront punis de la confiscation des mesures fausses; et s'ils sont prévenus de mauvaise foi, ils seront traduits devant le tribunal de police correctionnelle, qui prononcera une amende dont la valeur pourra s'élever jusqu'à celle de la patente du délinquant.

XII. L'agence temporaire des poids et mesures enverra à chaque administration de département des modèles de mètres, ainsi que des modèles de mesures de capacité et de poids, autant qu'il sera nécessaire pour diriger la fabrication ou la vérification des diverses sortes de mesures républicaines.

XIII. Il y aura, dans les principales communes de la République, des vérificateurs chargés d'apposer sur les nouvelles mesures le poinçon de la République et leur marque particulière. Le pouvoir exécutif déterminera, d'après les localités et les besoins du service, le nombre des vérificateurs, leurs fonctions et leur salaire : ces vérificateurs seront nommés par les administrations de département, trois mois après que l'usage des nouvelles mesures aura été rendu obligatoire dans leur arrondissement. Jusqu'à cette époque, la vérification sera faite gratuitement par des artistes commis à cet effet par l'agence temporaire.

XIV. Au moyen des dispositions des deux derniers articles qui précèdent, et attendu la suppression des districts, les articles 3 et 17 de la Loi du 18 Germinal dernier demeurent sans effet.

XV. Pendant les six premiers mois après l'obligation proclamée des mesures républicaines dans un lieu, les marchands qui se servent de ces mesures seront tenus d'exposer à la vue des acheteurs, les échelles graduées, pour la comparaison des quantités et des prix, ainsi que l'explication, qui seront publiées à cet effet, afin que chacun puisse y recourir au besoin.

XVI. Aussitôt que l'usage du mètre sera devenu obligatoire pour les marchands dans une commune, les ouvriers, artistes ou agens, sous quelque dénomination que ce soit, qui s'y trouvent, et qui emploient le pied, la toise, les mesures de superficie et d'arpentage, ou autres anciennes mesures analogues, ne pourront produire en justice aucun titre dans lequel seroient rapportés des quantités de ces mesures, à moins qu'elles ne soient traduites concurremment en expression de mesures républicaines.

XVII. Le gouvernement, les ministres, chacun en leur partie, les administrations de département, et généralement tous les fonctionnaires publics donneront des ordres et prendront tous les moyens qui dépendent d'eux, pour que, le plutôt possible, les employés, ouvriers, ou agens qui travaillent sous leur autorité, n'emploient d'autres mesures que les mesures républicaines, tant pour les ouvrages à faire que pour les comptes à rendre.

XX. La disposition de l'article 3 de la Loi du 17 Frimaire, an second, concernant l'obligation d'exprimer par émargement, dans les comptes des dépenses publiques, les sommes en francs, décimes et centimes, est prorogée pendant les six premiers mois de l'an quatrième; passé ce terme, la Loi du 17 Frimaire sera suivie en son entier.

La trésorerie nationale et le bureau de comptabilité ne recevront plus à l'avenir de pièces qui seroient en contravention avec ladite Loi et les subséquentes.

51.

Extrait de la Loi sur l'exercice et la police extérieure des cultes. Du 7 Vendémiaire, an IV.

TITRE PREMIER.

Surveillance de l'exercice des cultes.

ARTICLE PREMIER.

Disposition préliminaire et générale.

Tout rassemblement des citoyens pour l'exercice d'un culte quelconque est soumis à la surveillance des autorités constituées.

Cette surveillance se renferme dans des mesures de police et de sûreté publique.

TITRE II.

Garantie du libre exercice de tous les cultes.

II. Ceux qui outrageront les objets d'un culte quelconque, dans les lieux destinés à son exercice, ou ses ministres en fonctions, ou interrompront par un trouble public les cérémonies religieuses de quelqu'autre culte que ce soit, seront condamnés à une amende qui ne pourra excéder 500 livres, ni être moindre de 50 livres par individu, et à un emprisonnement qui ne pourra excéder deux ans, ni être moindre d'un mois, sans préjudice aux peines portées par le code pénal, si la nature du fait peut y donner lieu.

III. Il est défendu, sous les peines portées en l'article précédent, à tous juges et administrateurs d'interposer leur autorité, et à tous individus d'employer les voies de fait, les injures ou les menaces, pour contraindre un ou plusieurs individus à célébrer certaines fêtes religieuses, à observer tel ou tel jour de repos, ou pour empêcher lesdits individus de les célébrer ou de les observer, soit en forçant à ouvrir ou fermer les ateliers, boutiques, magasins, soit en empêchant les travaux agricoles, ou de telle autre manière que ce soit.

TITRE III.

De la garantie civique exigée des ministres de tous les cultes.

V. Nul ne pourra remplir le ministère d'aucun culte, en quelque lieu que ce puisse être, s'il ne fait préalablement, devant l'administration municipale ou l'Adjoint municipal du lieu où il voudra exercer, une déclaration dont le modèle est dans l'article suivant. Les déclarations déjà faites ne dispenseront pas de celle ordonnée par le présent article. Il en sera tenu registre. Deux copies conformes, en gros caractères très-lisibles, certifiées par la signature de l'Adjoint municipal ou du greffier de la municipalité, et par celle du déclarant, en seront et resteront constamment affichées dans l'intérieur de l'édifice destiné aux cérémonies, et dans les parties plus apparentes et les plus à portée d'en faciliter la lecture.

VI. La formule de la déclaration exigée ci-dessus est celle-ci.

« Le..... devant nous.... est comparu N (*le nom et » prénom seulement*), habitant à. . . . .

» Lequel a fait la déclaration dont la teneur suit :

Je reconnois que l'universalité des citoyens français est le » souverain, et je promets soumission et obéissance aux lois de la République. »

« *Nous lui avons donné acte de cette déclaration, et il a signé avec nous* ».

La déclaration qui contiendra quelque chose de plus ou de moins, sera nulle et comme non avenue. Ceux qui l'auront reçue, seront punis chacun de 500 liv. d'amende, et et d'un emprisonnement qui ne pourra excéder un an, ni être moindre de trois mois.

TITRE IV.

De la garantie contre tout culte qu'on tenteroit de rendre exclusif ou dominant.

SECTION PREMIÈRE.

Concernant les frais des cultes.

IX. Les communes ou sections de commune ne pourront

en nom collectif, acquérir ni louer de local pour l'exercice des cultes.

X. Il ne peut être formé aucune dotation perpétuelle ou viagère, ni établi aucune taxe pour acquitter les dépenses d'aucun culte, ou le logement des ministres.

XI. Tous actes, contrats, délibérations, arrêtés, jugemens ou rôles faits, pris ou rendus en contravention aux articles précédens, seront nuls et comme non avenus. Les fonctionnaires publics qui les signeront seront condamnés chacun à 500 livres d'amende, et à un emprisonnement qui ne pourra être moindre d'un mois, ni en excéder six.

XII. Ceux qui tenteront, par injures ou menaces, de contraindre un ou plusieurs individus à contribuer aux frais d'un culte, ou qui seront instigateurs desdites injures ou menaces, seront punis d'une amende qui ne pourra être moindre de 50 livres, ni excéder 500 livres.

S'il y a voie de fait ou violence, la peine sera celle portée au code pénal. Si la voie de fait commise n'y est pas prévue, le coupable sera puni d'un emprisonnement qui ne pourra excéder deux ans, ni être moindre de six mois; et d'une amende qui ne pourra excéder 500 livres, ni être moindre de 100.

SECTION II.

Des lieux où il est défendu de placer les signes particuliers à un culte.

XIII. Aucun signe particulier à un culte ne peut être élevé, fixé et attaché en quelque lieu que ce soit, de manière à être exposé aux yeux des citoyens, si ce n'est dans l'enceinte destinée aux exercices de ce même culte, ou dans l'intérieur des maisons des particuliers, dans les atteliers ou magasins des artistes et marchands, ou les édifices publics destinés à recueillir les monumens des arts.

XIV. Ces signes seront enlevés de tout autre lieu, de l'autorité municipale ou de l'Adjoint municipal, et à leur défaut, du Commissaire du Directoire Exécutif près du département. Ils auront attention d'en prévenir les habitans, et d'y procéder de manière à prévenir les troubles.

XV. Tout individu qui, postérieurement à la publication du présent décret, aura fait placer ou rétablir de tels signes par-tout ailleurs que dans les lieux permis, ou en aura provoqué le placement ou rétablissement, sera condamné à une amende qui ne pourra excéder six mois, ni être moindre de dix jours.

Section III.

Des lieux où les cérémonies des cultes sont interdites.

XVI. Les cérémonies de tous cultes sont interdites hors l'enceinte de l'édifice choisi pour leur exercice.

Cette prohibition ne s'applique pas aux cérémonies qui ont lieu dans l'enceinte des maisons particulières, pourvu qu'outre les individus qui ont le même domicile, il n'y ait pas, à l'occasion des mêmes cérémonies, un rassemblement excédant dix personnes.

XVII. L'enceinte choisie pour l'exercice d'un culte sera indiquée et déclarée à l'Adjoint municipal dans les communes au-dessous de cinq mille ames; et dans les autres, aux administrations municipales du canton ou arrondissement. Cette déclaration sera transcrite sur le registre ordinaire de la municipalité ou de la commune, et il en sera envoyé expédition au greffe de la police correctionnelle du canton. Il est défendu à tous ministres du culte et à tous individus d'user de ladite enceinte avant d'avoir rempli cet formalité.

XVIII. La contravention à l'un des articles 16 et 17 sera punie d'une amende qui ne pourra excéder 500 liv. ni être moindre de 100 liv. et d'un emprisonnement qui ne pourra excéder deux ans, ni être moindre d'un mois.

En cas de récidive, le ministre du culte sera condamné à dix ans de gêne.

XIX. Nul ne peut, sous les peines portées en l'article précédent, paroître en public avec les habits, ornemens ou costumes affectés à des cérémonies religieuses, ou à un ministre du culte.

SECTION IV.

Concernant les actes de l'État civil.

XX. Il est défendu à tous juges, administrateurs et fonctionnaires publics quelconques, d'avoir aucun égard aux attestations que des ministres du culte, ou des individus se disant tels, pourroient donner relativement à l'État civil des citoyens; la contravention sera punie comme en l'article 18. Ceux qui les produiront, soit devant les tribunaux, ou devant les administrations, seront condamnés aux mêmes peines.

XXI. Tout fonctionnaire public chargé de rédiger les actes de l'État civil des citoyens, qui fera mention dans lesdits actes des cérémonies religieuses, ou qui exigera la preuve qu'elles ont été observées, sera également condamné aux peines portées en l'article 18.

TITRE V.

De quelques délits qui peuvent se commettre à l'occasion ou par abus de l'exercice du culte.

XXII. Tout ministre d'un culte qui, hors de l'enceinte de l'édifice destiné aux cérémonies ou exercice d'un culte, lira ou fera lire dans une assemblée d'individus, ou qui affichera ou fera afficher, distribuera ou fera distribuer un écrit émané d'un ministre du culte qui ne sera pas résidant dans la République française, ou même d'un ministre de culte résidant en France, qui se dira délégué d'un autre qui n'y résidera pas, sera indépendamment de la teneur dudit écrit, condamné à six mois de prison; et en cas de récidive, à deux ans.

XXIII. Sera condamné à la gêne à perpétuité tout ministre du culte qui commettra un des délits suivans, soit par ses discours, ses exhortations, prédications, invocations ou prières en quelque langue que ce puisse être; soit en lisant, publiant, affichant, distribuant, ou faisant lire, publier, afficher et distribuer dans l'enceinte de l'édifice destiné aux cérémonies ou à l'extérieur, un écrit dont il sera ou dont tout autre sera l'auteur:

Savoir, si, par ledit écrit ou discours, il a provoqué au rétablissement de la royauté en France, ou à l'anéantissement de la République, ou à la dissolution de la représentation nationale;

Ou s'il a provoqué au meurtre, ou a excité les défenseurs de la patrie à déserter leurs drapeaux, ou leurs pères et mères à les rappeler;

Ou s'il a blâmé ceux qui voudroient prendre les armes

pour

pour le maintien de la Constitution républicaine, et la défense de la liberté;

Ou s'il a invité des individus à abattre les arbres consacrés à la liberté, à en déposer ou avilir les signes et couleurs;

Ou enfin, s'il a exhorté ou encouragé des personnes quelconques à la trahison ou à la rébellion contre le gouvernement.

XXIV. Si, par des écrits, placards ou discours, un ministre de culte cherche à égarer les citoyens, en leur présentant comme injustes ou criminelles les ventes ou acquisitions des biens nationaux possédés ci-devant par le clergé ou les émigrés, il sera condamné à 1,000 liv. d'amende, et à deux ans de prison.

Il lui sera de plus défendu de continuer ses fonctions de ministre du culte.

S'il contrevient à cette défense, il sera puni de dix ans de gêne.

XXV. Il est expressément défendu aux ministres d'un culte et à leurs sectateurs, de troubler les ministres d'un autre culte ou prétendu tel, ou leurs sectateurs, dans l'exercice de l'usage commun des édifices, réglé en exécution de l'article 4 de la loi du 11 prairial, à peine de 500 liv. d'amende et d'un emprisonnement qui ne pourra excéder six mois, ni être moindre de deux.

XXXII. Jusqu'à l'organisation des autorités constituées en vertu de la Constitution, les fonctions attribuées par la présente loi aux Adjoints municipaux dans les communes au-dessous de cinq mille ames, seront remplies par les municipalités.

Celles attribuées aux Commissaires du Directoire Exécutif le seront par les Procureurs des communes, Procureurs-syndics de district ou département; et les affaires déférées par appel aux tribunaux criminels de département, en matière de police correctionnelle, le seront aux tribunaux de district.

52.

Loi sur la police intérieure de chaque commune de la République. Du 10 Vendémiaire an IV.

TITRE PREMIER.

Tous citoyens habitant la même commune, sont garans civilement des attentats commis sur le territoire de la commune, soit envers les personnes, soit contre les propriétés.

TITRE II.

Moyens d'assurer la police intérieure de chaque commune.

Art. 1. Il sera fait et dressé, dans chaque commune de la République, un tableau contenant les noms, âge, état ou profession de tous ses habitans au-dessus de l'âge de douze ans, le lieu de leur habitation, et l'époque de leur entrée sur la commune.

2. Les Officiers municipaux, dans les communes dont la population s'élève au-dessus de cinq mille habitans, l'Agent municipal ou son Adjoint dans les communes dont la population est inférieure à cinq mille habitans, formeront le tableau prescrit par l'article précédent.

3. A cet effet, il sera adressé dans la décade, par l'administration de département, aux Officiers municipaux ou Agent municipal, des modèles imprimés de ce tableau, lesquels seront

tenus de les remplir dans la décade, et d'en envoyer, dans le même délai, un double à l'administration de département, et un autre à l'administration municipale du canton.

4. Les Officiers ou les Agens municipaux qui n'exécuteroient pas les articles précédens, demeureront personnellement responsables des dommages-intérêts résultans des délits commis à force ouverte ou par violence sur le territoire de la commune.

TITRE III.

Des passe-ports.

ART. 1. Jusqu'à ce qu'autrement il en ait été ordonné, nul individu ne pourra quitter le territoire de son canton, ni voyager, sans être muni et porteur d'un passe-port signé par les Officiers municipaux de la commune ou administration municipale de canton.

2. Chaque municipalité ou administration municipale de canton tiendra un registre des passe-ports qu'elle délivrera.

3. Tout passe-port contiendra le signalement de l'individu, sa signature ou sa déclaration qu'il ne sait signer, référera le numéro de son inscription au tableau de la commune, et sera renouvelé au moins une fois par an.

A cet effet, l'administration de département fera passer à chaque municipalité ou administration municipale un modèle de passe-port.

4. Tout individu qui, à l'époque de la formation du tableau, n'aura pas acquis domicile depuis une année dans une commune ou canton, sera tenu de se présenter devant les Officiers municipaux ou l'administration municipale du canton, de faire déclaration de ses noms, âge, état ou profession, et du lieu de son dernier domicile.

5. La municipalité ou l'administration de canton adressera à l'administration du département, la déclaration de l'individu non domicilié depuis un an sur la commune ou canton, avec des notes sur ses moyens d'existence.

6. Tout individu voyageant et trouvé hors de son canton sans passe-port, sera mis sur-le-champ en état d'arrestation, et détenu jusqu'à ce qu'il ait justifié être inscrit sur le tableau de la commune de son domicile.

7. A défaut de justifier dans deux décades de son inscription sur le tableau d'une commune, il sera réputé vagabond et sans aveu, et traduit comme tel devant les tribunaux compétens.

TITRE IV.

Des espèces de délits dont les communes sont civilement responsables.

Art. 1. Chaque commune est responsable des délits commis à force ouverte ou par violence sur son territoire, par des attroupemens ou rassemblemens armés ou non armés, soit envers les personnes, soit contre les propriétés nationales ou privées, ainsi que des dommages-intérêts auxquels ils donneront lieu.

2. Dans le cas où les habitans de la commune auroient pris part aux délits commis sur son territoire par des attroupemens et rassemblemens, cette commune sera tenue de payer à la République une amende égale au montant de la réparation principale.

3. Si les attroupemens ou rassemblemens ont été formés d'habitans de plusieurs communes, toutes seront responsables des délits qu'ils auront commis, et contribuables tant à la réparation et dommages-intérêts, qu'au paiement de l'amende.

4. Les habitans de la commune ou des communes contribuables qui prétendroient n'avoir pris aucune part aux délits, et contre lesquels il ne s'éleveroit aucune preuve de complicité ou participation aux attroupemens, pourront exercer leur recours contre les auteurs et complices des délits.

5. Dans le cas où les rassemblemens auroient été formés d'individus étrangers à la commune sur le territoire de laquelle les délits ont été commis, et où la commune auroit pris toutes les mesures qui étoient en son pouvoir à l'effet de les prévenir et d'en faire connoître les auteurs, elle demeurera déchargée de toute responsabilité.

6. Lorsque, par suite de rassemblemens ou attroupemens, un individu, domicilié ou non sur une commune, y aura été pillé, maltraité ou homicidé, tous les habitans seront tenus de lui payer, ou, en cas de mort, à sa veuve et enfans, des dommages-intérêts.

7. Lorsque des ponts auront été rompus, des routes coupées ou interceptées par des abattis d'arbres ou autrement, dans une commune, la municipalité ou l'adminissration municipale du canton les fera reparer, sans délai, aux frais de la commune, sauf recours contre les auteurs du délit.

8. Cette responsabilité de la commune n'aura pas lieu dans les cas où elle justifieroit avoir résisté à la destruction des ponts et des routes, ou bien avoir pris toutes les mesures qui étoient en son pouvoir pour prévenir l'événement; et encore dans le cas où elle désigneroit les auteurs, provocateurs et complices du délit, tous étrangers à la commune.

9. Lorsque, dans une commune, des cultivateurs tiendront leurs voitures démontées, ou n'exécuteront pas les réquisitions qui en seront faites légalement pour les transports et charrois, les

habitans de la commune sont responsables des dommages-intérêts en résultant.

10. Si, dans une commune, des cultivateurs à part de fruits refusent de livrer, au terme du bail, la portion due aux propriétaires, tous les habitans de cette commune sont tenus des dommages-intérêts.

11. Dans les cas énoncés aux articles 9 et 10, les habitans de la commune exerceront leur recours contre les cultivateurs qui auront donné lieu aux dommages-intérêts.

12. Lorsqu'un adjudicataire de domaines nationaux aura été contraint à force ouverte, par suite de rassemblemens ou attroupemens, de payer tout ou partie du prix de son adjudication à autres que dans la caisse des domaines et revenus nationaux;

Lorsqu'un fermier ou locataire aura également été contraint de payer tout ou partie du prix de son bail à autre que le propriétaire;

Dans ces cas, les habitans de la commune où les délits auront été commis, seront tenus des dommages-intérêts en résultans, sauf leur recours contre les auteurs et complices des délits.

TITRE V.

Des dommages-intérêts et réparations civiles.

Art. 1. Lorsque, par suite de rassemblemens ou attroupemens, un citoyen aura été contraint de payer; lorsqu'il aura été volé ou pillé sur le territoire d'une commune, tous les habitans de la commune seront tenus de la restitution, en même nature, des objets et choses enlevées par force, ou d'en payer le prix sur le pied du double de leur valeur, au cours du jour où le pillage aura été commis.

2. Lorsqu'un délit de la nature de ceux exprimés aux articles

précédens, aura été commis sur une commune, ses Officiers municipaux ou l'Agent municipal, seront tenus de le faire constater sommairement dans les vingt-quatre heures, et d'en dresser procès-verbal, sous trois jours au plus tard, au Commissaire du Pouvoir exécutif près le tribunal civil du département.

Les Officiers de police de sûreté n'en seront pas moins tenus de remplir, à cet égard, les obligations que la loi leur prescrit.

3. Le Commissaire du Pouvoir Exécutif près l'administration du département, dans le territoire duquel il auroit été commis des délits à force ouverte et par violence, sur des propriétés nationales, en poursuivra la réparation et les dommages-intérêts devant le tribunal civil du département.

4. Les dommages-intérêts dont les communes sont tenues, aux termes des articles précédens, seront fixés par le tribunal civil du département, sur le vu des procès-verbaux et autres pièces constatant les voies de fait, excès et délits.

5. Le tribunal civil du département réglera le montant de la répartition des dommages-intérêts, dans la décade, au plus tard, qui suivra l'envoi des procès-verbaux.

6. Les dommages-intérêts ne pourront jamais être moindres que la valeur entière des objets pillés et choses enlevées.

7. Le jugement du tribunal civil, portant fixation des dommages-intérêts, sera envoyé dans les vingt-quatre heures, par le Commissaire du Pouvoir Exécutif, à l'administration départementale, qui sera tenue de l'envoyer, sous trois jours, à la municipalité ou à l'administration municipale du canton.

8. La municipalité ou l'administration municipale, sera tenue de verser le montant des dommages-intérêts à la caisse du département, dans le délai d'une décade; à cet effet, elle fera

contribuer les vingt plus forts contribuables résidant dans la commune.

9. La répartition et la perception pour le remboursement des sommes avancées, seront faites sur tous les habitans de la commune, par la municipalité ou l'administration municipale du canton, d'après le tableau des domiciliés, et à raison des facultés de chaque habitant.

10. Dans le cas de réclamation de la part d'un ou plusieurs contribuables, l'administration départementale statuera sur la demande en réduction.

11. A défaut de paiement dans la décade, l'administration départementale requerra une force armée, suffisante, et l'établira dans les communes contribuables, avec un commissaire, pour opérer le versement de la contribution.

12. Les frais de commissaire de département et de séjour de la force armée, seront ajoutés au montant des contributions prononcées, et supportées par les communes contribuables.

13. Dans la décade du versement dans la caisse du département, l'administration fera remettre aux parties intéressées, le montant du jugement portant fixation des dommages-intérêts.

14. Au moyen des dispositions des titres 4 et 5, la loi du 16 Prairial, relative au pillage des grains et farines, demeure rapportée dans les dispositions qui seront contraires à la présente loi.

15. Jusqu'à ce que les municipalités, les administrations municipales et les tribunaux civils de département soient organisés, les municipalités des communes, les Officiers de police de sûreté et les tribunaux de district actuellement existans, sont chargés, sous leur responsabilité personnelle, de l'exécution de la présente loi, chacun d'eux dans les parties qui con-

cernent les administrations municipales, les Officiers de police et les tribunaux civils.

53.

Extrait de la Loi sur le placement et l'organisation des Autorités administratives et judiciaires. Du 19 Vendémiaire, an IV.

TITRE II.

Art. 12. Dans les communes au-dessous de cinq mille habitans, l'Agent municipal, ou son Adjoint, remplira les fonctions d'Officier de l'État civil. Dans les autres communes, chaque municipalité nommera l'un de ses membres pour exercer lesdites fonctions.

TITRE III.

Art. 30. Le recensement des votes des assemblées primaires et communales de chaque canton, pour l'élection des Officiers municipaux, Agens et Adjoints municipaux, Juges-de-paix et Assesseurs, se fera au chef-lieu du canton, en présence des Commissaires de chaque assemblée, par les Officiers municipaux qui en dresseront procès-verbal.

TITRE IV.

Art. 36. Les Administrations actuelles de département dresseront le tableau des Officiers municipaux, des Agens municipaux et de leurs Adjoints, à nommer par chaque canton de leur territoire, suivant les articles 179 et 180 de la constitution, et l'adresseront à la municipalité du chef-lieu, avant le jour qui va être indiqué par les articles suivans pour la convocation des assemblées primaires.

37. Dans les cantons composés de communes dont une ou plusieurs au-dessous de cinq mille habitans, les assemblées communales seront convoquées pour le 15 Brumaire prochain, par la municipalité du chef-lieu de canton, pour élire les Agens municipaux et leurs Adjoints, conformément à l'article 28 de la constitution.

54.

Extrait de la Loi sur les costumes des législateurs et des autres fonctionnaires publics. Du 3 Brumaire, an IV.

ADMINISTRATIONS MUNICIPALES.

Les Officiers municipaux porteront l'écharpe tricolor, comme ils ont fait jusqu'à présent; et les présidens de ces administrations porteront un chapeau rond, orné d'une petite écharpe tricolor, surmonté d'une plume panachée aux trois couleurs.

55.

Extrait de la Loi du code des délits et des peines. Du 3 Brumaire, an IV.

LIVRE PREMIER.

DE LA POLICE.

ART. 16. La police est instituée pour maintenir l'ordre public, la liberté, la propriété, la sûreté individuelle.

17. Son caractère principal est la vigilance.

La société, considérée en masse, est l'objet de sa sollicitude.

18. Elle se divise en *police administrative* et en *police judiciaire.*

19. La *police administrative* a pour objet le maintien habituel de l'ordre public dans chaque lieu et dans chaque partie de l'administration générale. Elle tend principalement à prévenir les délits.

Les Lois qui la concernent font partie du code des administrations civiles.

20. La *police judiciaire* recherche les délits que la police administrative n'a pu empêcher de commettre, en rassemble les preuves, et en livre les auteurs aux tribunaux chargés par la Loi de les punir.

TITRE II.

Des Commissaires de police.

Art. 25. Dans toutes les communes dont la population ne s'élève pas à cinq mille habitans, les fonctions de Commissaire de police sont exercées par l'Agent municipal ou son Adjoint.

28. Les Commissaires de police, outre les fonctions qui leur sont attribuées dans la police administrative, exercent la police judiciaire relativement à tous les délits commis dans leurs arrondissemens respectifs, dont la peine n'excède pas une amende égale à la valeur de trois journées de travail, ou trois jours d'emprisonnement.

29. En conséquence, ils sont spécialement chargés,

De rechercher tous les délits dont il vient d'être parlé, même ceux qui sont relatifs aux bois et aux productions de la terre, sauf, à l'égard de ces derniers, la concurrence des gardes-forestiers et des gardes-champêtres;

De recevoir les rapports, dénonciations et plaintes qui y sont relatifs;

De dresser des procès-verbaux indicatifs de leur nature et de leurs circonstances, du tems et du lieu où ils ont été commis, des personnes qui en sont présumées coupables;

De recueillir les preuves et les indices qui existent sur les prévenus;

De les dénoncer au Commissaire du Pouvoir Exécutif près l'Administration municipale, lequel fait citer les prévenus au tribunal de police désigné ci-après, livre 2, titre premier.

30. Ils exercent ces fonctions dans toute l'étendue de leurs communes respectives.

31. Néanmoins, dans les communes où il existe plusieurs Commissaires de police, l'administration municipale assigne à chacun d'eux un arrondissement particulier.

32. Ces arrondissemens ne limitent ni ne circonscrivent leurs pouvoirs respectifs, mais indiquent seulement les termes dans lesquels chacun d'eux est plus spécialement astreint à un exercice constant et régulier de ses fonctions.

33. Lorsqu'un des Commissaires de police d'une même commune se trouve légitimement empêché, celui de l'arrondissement le plus voisin est personnellement tenu de le suppléer.

Le Commissaire du Pouvoir Exécutif près l'administration municipale lui fait, au besoin, toutes réquisitions nécessaires à cet effet, et il est tenu d'y déférer.

34. En cas de difficulté sur la nature de l'empêchement ou sur la désignation du suppléant, l'administration municipale en décide; mais la réquisition du Commissaire du Pouvoir Exécutif s'exécute provisoirement.

35. Si le Commissaire de police d'une commune où il n'en existe qu'un, se trouve légitimement empêché, l'Agent

municipal ou son Adjoint le remplace tant que dure l'empêchement.

36. Les Commissaires de police sont tenus, lorsque le Juge-de-paix n'est pas dans le lieu où se commettent des délits qui sont de son ressort, de les constater par des procès-verbaux, de les lui dénoncer, de faire saisir les prévenus pris en flagrant-délit, ou poursuivis par la clameur publique, et de les faire conduire devant lui.

37. Dans le cas où le Commissaire de police remettroit au Commissaire du Pouvoir Exécutif près l'administration municipale de son arrondissement, des dénonciations, procès-verbaux ou autres pièces relatives à un délit dont la peine excède la valeur de trois journées de travail, ou trois jours d'emprisonnement, le Commissaire du Pouvoir Exécutif est tenu de les renvoyer au Juge-de-paix, lequel agit ainsi qu'il est réglé ci-après, titre 5.

TITRE III.

Des gardes-champêtres et des gardes-forestiers.

Art. 41. Les gardes-champêtres et les gardes-forestiers, considérés comme Officiers de police judiciaire, sont chargés ;

De suivre les objets volés dans les lieux où ils ont été transportés, et de les mettre en séquestre ; sans pouvoir néanmoins s'introduire dans les maisons, atteliers, bâtimens et cours adjacentes, si ce n'est en présence, soit d'un Officier ou Agent municipal ou de son Adjoint, soit d'un Commissaire de police ;

D'arrêter et de conduire devant le Juge-de-paix, en se faisant, pour cet effet, donner main-forte par la commune du lieu, qui ne peut la refuser, tout individu qu'il surprendra en flagrant-délit.

42. Les gardes-forestiers remettent leurs procès-verbaux à l'Agent de l'administration forestière désigné par la Loi.

La Loi règle la manière dont cet Agent doit agir en conséquence, suivant la nature des délits.

43. Les gardes-champêtres remettent leurs procès-verbaux au Commissaire du Pouvoir Exécutif près l'administration municipale.

TITRE V.

Art. 71 Le mandat d'arrêt énonce le nom du prévenu, sa profession et son domicile, s'ils son connus, le sujet de son arrestation, et la Loi qui autorise le Juge-de-paix à l'ordonner.

A défaut de quelqu'une de ces formalités, il est nul, et aucun gardien de maison d'arrêt ne peut recevoir le prévenu, sous peine d'être poursuivi comme fauteur et complice de détention arbitraire.

De la dénonciation officielle.

83. Toute autorité constituée, tout fonctionnaire ou Officier public, qui, dans l'exercice de ses fonctions, acquiert la connoissance ou reçoit la dénonciation d'un délit de nature à être puni, soit d'une amende au-dessus de la valeur de trois journées de travail, soit d'un emprisonnement de plus de trois jours, soit d'une peine afflictive ou infamante, est tenu d'en donner avis sur-le-champ au Juge-de-paix de l'arrondissement dans lequel il a été commis, ou dans lequel réside le prévenu, et de lui transmettre tous les renseignemens, procès-verbaux et actes qui y sont relatifs.

84. Le Juge-de-paix en accuse la réception dans le jour suivant.

TITRE VI.

135. Si le prévenu ne peut être saisi, le mandat d'arrêt est notifié à sa dernière habitation, et l'Officier chargé de l'exécution du mandat d'arrêt dresse procès-verbal de ses perquisitions et diligences.

Ce procès-verbal est dressé en présence de deux des plus proches voisins du prévenu que le porteur du mandat d'arrêt peut trouver. Ils le signent, ou, s'ils ne savent pas ou ne veulent pas signer, il en est fait mention, ainsi que l'interpellation qui leur à été faite à ce sujet.

Le porteur du mandat d'arrêt fait en outre viser ce même procès-verbal par l'Agent municipal du lieu, ou son Adjoint; et dans les communes qui ont des municipalités particulières, par un des Officiers municipaux.

TITRE XIV.

542. Les directeurs du jury, les Juges de paix, les commissaires de police, les Agens municipaux et les Adjoints, sont autorisés à faire, en présence de deux citoyens domiciliés dans le canton, où après les avoir requis de les assister, les ouvertures de portes, et perquisitions nécessaires chez les personnes suspectées de fabrication ou distribution de fausse monnoie métallique ou autre, sur les dénonciations revêtues des caractères exigés par la loi, ou d'après les renseignemens que ces Officiers ont pris d'office.

Ils sont également autorisés à saisir toutes pièces de conviction, et à faire mettre les prévenus en état d'arestation.

543. Les visites domiciliaires qu'il y a lieu de faire, d'après l'article 542, sont précédées d'une ordonnance, qui,

conformément à l'article 359 de la constitution, désigne la présente loi comme autorisant ces visites, les personnes chez lesquelles elles doivent se faire, et leur objet.

TITRE XVI.

Dispositions particulières sur les délits contraires au respect dû aux autorités constituées.

555. Les citoyens qui assistent aux audiences des Juges de paix, ou à celles des tribunaux de police, des tribunaux correctionnels, des tribunaux civils, des tribunaux criminels de la haute-cour de justice, ou du tribunal de cassation, se tiennent découverts, dans le respect et le silence.

Tout ce que le président ordonne pour le maintien de l'ordre, est exécuté à l'istant même.

556. Si un ou plusieurs assistans interrompent le silence, donnent des signes publics d'approbation ou d'improbation, soit à la défense des parties, soit au jugement, causent ou excitent du tumulte de quelque manière que ce soit, et si, après l'avertissement des huissiers, ils ne rentrent pas dans l'ordre sur-le-champ, le président leur enjoint de se retirer.

En cas de refus d'obéir à cette injonction, les réfractaires sont saisis aussi-tôt, et déposés, sur le seul ordre du président, conçu de la manière prescrite par l'article 71, dans la maison d'arrêt, où ils demeurent vingt-quatre heures.

557. Si quelques mauvais citoyens osoient outrager les juges, accusateurs publics, accusateurs nationaux, commissaires du pouvoir exécutif, greffiers ou huissiers, dans l'exercice de leurs fonctions, le président fait à l'instant saisir les coupables, et les fait déposer dans la maison d'arrêt. L'ordre qu'il donne à cet effet est conçu comme dans le cas de l'article précédent.

Dans

Dans les vingt-quatre heures suivantes, le tribunal les condamne, par forme de punition correctionnelle, à un emprisonnement qui ne peut excéder huit jours.

558. Si les outrages, par leur nature ou les circonstances, méritent une peine plus forte, les prévenus sont renvoyés à subir, devant les officiers compétens, les épreuves de l'instruction correctionnelle ou criminelle, telles qu'elles sont réglées par les titres précédens.

559. Les administrtions départementales et municipales, lorsqu'il se trouve dans le lieu de leurs séances des assistans qui n'en sont pas membres, y exercent les mêmes fonctions de police que celles attribuées aux juges.

Après avoir fait saisir les perturbateurs, aux termes des des articles 556 et 557 ci-dessus, les membres de ces administrations dressent procès-verbal du délit, et l'envoient à l'officier de police judiciaire.

TITRE XVIII.

577. Dans toutes les communes où il y a, soit une maison d'arrêt, soit une maison de justice, soit une prison, un des officiers municipaux du lieu est tenu de faire, au moins deux fois par décade, la visite de ces maisons.

578. L'Officier municipal veille à ce que la nourriture des détenus soit suffisante et saine; et s'il s'apperçoit de quelque tort à cet égard contre la justice et l'humanité, il est tenu d'y pourvoir par lui-même ou d'y faire pourvoir par l'administration municipale; laquelle a le droit de condamner le geolier à l'amende, même de demander sa destitution au département, sans préjudice de la poursuite criminelle contre lui, s'il y a lieu.

579. La police des maisons d'arrêt et de justice, et des prisons, appartient à l'administration municipale du lieu.

Le président du tribunal peut néanmoins donner tous les ordres qu'il juge nécessaires pour l'instruction et le jugement.

Si quelque détenu use de menaces, injures ou violences, soit à l'égard du gardien ou geolier, soit à l'égard des autres détenus, l'Officier municipal ordonne qu'il sera resserré plus étroitement, enfermé seul, même mis au fers en cas de fureur ou de violence grave, sans préjudice de la poursuite criminelle, s'il y a lieu.

580. Les maisons d'arrêt ou de justice sont entièrement distinctes des prisons, qui sont établies pour peines.

Jamais un homme condamné ne peut être mis dans la maison d'arrêt, et réciproquement.

TITRE XIX.

583. Quiconque a connoissance qu'un individu est illégalement détenu dans un lieu, est obligé d'en donner avis à l'un des Agens municipaux, ou au Juge de paix du canton; il peut aussi en faire sa déclaration, signée de lui, au greffe de l'administration municipale, ou du Juge de paix.

584. Ces Officiers, d'après la connoissance qu'ils en ont, sont tenus de se transporter aussitôt, et de faire remettre en liberté la personne détenue, à peine de répondre de leur négligence, et même d'être poursuivis comme complices du crime d'attentat à la liberté individuelle.

585. Personne ne peut, de jour, et sur un ordre légal, refuser l'ouverture de sa maison lorsqu'une visite y est ordonnée spécialement pour cette recherche.

En cas de résistance contre cet ordre légal représenté et produit, l'Officier municipal ou le Juge de paix peut se faire assister de la force nécessaire, et tous les citoyens sont tenus de prêter main-forte.

586. Dans le cas de détention légale, l'Officier municipal, lors de sa visite dans les maisons d'arrêt, de justice, ou prisons, examine ceux qui y sont détenus et les causes de leur détention; et tout gardien ou geolier est tenu, à sa réquisition, de lui présenter la personne de l'arrêté sans qu'aucun ordre puisse l'en dispenser, et ce, sous peine d'être poursuivi criminellement comme coupable d'attentat à la liberté individuelle.

587. Si l'Officier municipal, lors de sa visite, découvre qu'un homme est détenu sans que sa détention soit justifiée par aucun des actes exigés par la loi, il en dresse sur-le-champ procès-verbal, et fait conduire le détenu à la municipalité; laquelle, après avoir de nouveau constaté le fait, le met définitivement en liberté, et dans ce cas, poursuit la punition du gardien et du geolier.

588. Les parens ou amis du détenu, porteurs de l'ordre de l'Officier municipal, qui ne peut le refuser, ont aussi le droit de se faire représenter sa personne; et le gardien ne peut s'en dispenser qu'en justifiant de l'ordre exprès du président ou du directeur du jury, inscrit sur son registre, portant injonction de le tenir au secret.

589. Tout gardien qui refuse de montrer au porteur de l'ordre de l'Officier municipal la personne du prévenu, sur la réquisition qui lui en est faite, ou de montrer l'ordre du président ou du directeur du jury qui le lui défend, est poursuivi ainsi qu'il est dit article 575 et autres.

590. Pour mettre les Officiers publics ci-dessus désignés à

portée de prendre les soins qui viennent d'être imposés à leur vigilance et à leur humanité, lorsque le prévenu a été envoyé à la maison d'arrêt établie près le directeur du jury, copie du mandat est remise à la municipalité du lieu, et une autre envoyée à celle du domicile du prévenu, s'il est connu; celle-ci en donne avis aux parens ou amis du prévenu.

591. Le directeur du jury donne également avis à ces municipalités de l'ordonnance de prise-de-corps rendue contre le prévenu, sous peine, d'être suspendu de ses fonctions.

592. Le président du tribunal criminel est tenu, sous la même peine, d'envoyer aux mêmes municipalités copie du jugement d'absolution ou de condamnation du prévenu.

593. Il y a à cet effet, dans chaque municipalité, un registre particulier pour y tenir note des avis qui lui ont été donnés.

TITRE PREMIER

DU LIVRE SECOND.

Des peines de simple police.

605. Sont punis des peines de simple police,

1°. Ceux qui négligent d'éclairer ou nettoyer les rues devant leurs maisons, dans les lieux où ce soin est à la charge des habitans;

2°. Ceux qui embarrassent ou dégradent les voies publiques;

3°. Ceux qui contreviennent à la défense de rien exposer sur leurs fenêtres ou au-devant de leurs maisons sur la voie publique, de rien jeter qui puisse nuire ou endommager par sa chûte, ou causer des exhalaisons nuisibles;

4°. Ceux qui laissent divaguer des insensés ou furieux, ou des animaux malfaisans ou féroces;

5°. Ceux qui exposent en vente des comestibles gâtés, corrompus ou nuisibles;

6°. Les boulangers et bouchers qui vendent le pain ou la viande au de-là du prix fixé par la taxe légalement faite et publiée;

7°. Les auteurs d'injures verbales, dont il n'y a pas de poursuite par la voie criminelle;

8°. Les auteurs de rixes, attroupemens injurieux ou nocturnes, voies de fait et violences légères, pourvu qu'ils n'aient blessé ni frappé personne, et qu'ils ne soient pas notés, d'après les dispositions de la loi du 19 juillet 1791, comme *gens sans aveu, suspects ou mal-intentionnés*, auxquels cas ils ne peuvent être jugés que par le tribunal correctionnel;

9°. Les personnes coupables des délits mentionnés dans le titre 2 de la loi du 28 septembre 1791, sur la police rurale, lesquelles, d'après ses dispositions annexées en note au présent code, étoient dans le cas d'être jugées par voie de police municipale. (Voyez art. 609.)

TITRE II.

Des peines correctionnelles.

Art. 609. En attendant que les dispositions de l'ordonnance des eaux et forêts de 1669, les Lois des 19 Juillet et 28 Septembre 1791, celle du 20 Messidor de l'an III, et les autres relatives à la police municipale, correctionnelle, rurale et forestière, aient pu être révisées, les tribunaux correctionnels appliqueront aux délits qui sont de leur compétence, les peines qu'elles prononcent.

56.

Extrait de la Loi contenant des mesures pour empêcher la désertion. Du 4 Frimaire, an IV.

Art. I. La surveillance contre la désertion, l'examen des passe-ports et congés des militaires ou autres citoyens employés près les armées, sont directement confiés à la gendarmerie nationale et aux Commissaires près les Administrations départementales et municipales, qui auront droit de requérir la force armée pour l'arrestation des déserteurs; et en cas de négligence à cet égard, ils seront punis de la destitution, et de plus forte peine s'il y a lieu.

57.

Extrait de la Loi relative aux postes et messageries. Du 6 Nivôse, an IV.

Art. 3. Il est défendu à tout maître de poste de percevoir des voyageurs aucune somme au-dessus du tarif et du nombre de chevaux fixé par les réglemens, à peine de la perte de toute indemnité accordée par la nation, et d'une amende de vingt fois la somme trop perçue, pour la première fois, et de quarante fois pour la récidive.

Il leur est également défendu de refuser des chevaux, à quelque heure que ce puisse être, à peine d'une amende de mille livres, et d'une indemnité envers les voyageurs, proportionnée au tems qu'ils auront été obligés de séjourner; à la charge cependant par ceux-ci, d'accorder une heure pour le rafraîchissement des chevaux qui arriveront de course.

4. Tout postillon qui refusera de marcher ou exigera du

voyageur au de-là du tarif, sera puni d'un jour de détention, et de trois jours s'il a menacé ou insulté le voyageur.

5. Les peines portées dans les articles 3 et 4 seront prononcées par les municipalités, ou par l'Agent municipal ou son Adjoint, sur la plainte du voyageur.

Le procès-verbal en sera adressé au receveur du droit d'enregistrement, pour qu'il recouvre les amendes prononcées.

58.

Extrait de la Loi qui ordonne l'échenillage des arbres. Du 26 Ventôse, an IV.

Art. 1. Dans la décade de la publication de la présente Loi, tous propriétaires, fermiers, locataires ou autres faisant valoir leurs propres héritages ou ceux d'autrui, seront tenus, chacun en droit soi, d'écheniller ou faire écheniller les arbres étant sur lesdits héritages, à peine d'amende qui ne pourra être moindre de trois journées de travail, et plus forte de dix.

2. Ils sont tenus, sous les mêmes peines, de brûler sur-le-champ les bourses et toiles qui sont tirées des arbres, haies ou buissons, et ce, dans un lieu où il n'y aura aucun danger de communication du feu, soit pour les bois, arbres et bruyères, soit pour les maisons et bâtimens.

3. Les Administrateurs de département feront écheniller, dans le même délai, les arbres étant sur les domaines nationaux non affermés.

4. Les Agens et Adjoints des communes sont tenus de surveiller l'exécution de la présente Loi dans leurs arrondissemens respectifs; ils sont responsables des négligences qui y seront découvertes.

5. Les Commissaires du Directoire Exécutif près les municipalités, sont tenus, dans la deuxième décade de la publication, de visiter tous les terreins garnis d'arbres, d'arbustes, haies ou buissons, pour s'assurer que l'échenillage aura été fait exactement, et d'en rendre compte au ministre chargé de cette partie.

6. Dans les années suivantes, l'échenillage sera fait, sous les peines portées par les articles ci-dessus, avant le premier Vèntôse.

7. Dans le cas où quelques propriétaires ou fermiers auroient négligé de le faire pour cette époque, les Agens et Adjoints le feront faire aux dépens de ceux qui l'auront négligé, par des ouvriers qu'ils choisiront; l'exécutoire des dépenses leur sera délivré par le Juge-de-paix, sur les quittances des ouvriers, contre lesdits propriétaires et locataires, et sans que ce paiement puisse les dispenser de l'amende.

8. La présente loi sera publiée le premier Pluviôse de chaque année, à la diligence des Agens des communes sur le réquisitoire du Commissaire du Directoire Exécutif.

59.

Extrait de l'Arrêté du Directoire Exécutif, contenant des mesures relatives à l'exécution des Lois. Du 2 Germinal, an IV.

Art. 8. Les Commissaires de police, dans les communes où ils sont établis, et l'Agent municipal dans les autres communes, veilleront à ce que nul citoyen non domicilié dans le canton, ne puisse s'y introduire sans passe-port.

Ils feront arrêter sur-le-champ tout individu voyageant et trouvé hors de son canton sans passe-port, jusqu'à ce qu'il ait justifié être inscrit sur le tableau de la commune de son domicile; et si l'individu arrêté ne justifie pas de cette inscription dans le délai de deux décades, il sera aux termes de l'article 7 du titre 3 de la loi du 10 Vendémiaire, réputé vagabond et sans aveu, et traduit comme tel devant les tribunaux compétens.

8. Les Commissaires de police et les Agens municipaux, chacun dans leur arrondissement, tiendront la main à la sévère exécution de l'article 5 du titre premier de la Loi du 19 Juillet 1791, relatif au registre à tenir dans les villes et dans les campagnes par les aubergistes, maîtres des maisons garnies et logeurs, pour l'inscription des noms, prénoms, profession et domicile habituel, dates d'entrée et de sortie de tous ceux qui coucheroient chez eux, même une seule nuit.

Ils se feront représenter ce registre tous les quinze jours, et plus souvent s'ils le jugent nécessaire.

Ils dénonceront au Commissaire du Pouvoir Exécutif près l'Adminstration municipale, toutes infractions faites à cet article, conformément à l'article 39 du code des délits et des peines, et ce Commissaire fera citer les prévenus au tribunal de police désigné au titre premier de la même loi, pour être appliquée aux contrevenans la peine portée par l'article 5 du titre premier de la loi du 19 Juillet 1791.

Chaque Commissaire du Directoire Exécutif surveillera, dans son arrondissement, l'exacte observation des dispositions ci-dessus, et informera chaque mois, ou plutôt s'il le juge convenable, le Commissaire du département, de sa surveillance et de ses résultats.

60.

Arrêté du Directoire Exécutif, portant destitution des Agent et Adjoint municipaux de la commune de Selles-les-Bordes, canton de Rochefort, département de Seine et Oise. Du 7 Germinal, an IV.

Le Directoire Exécutif, considérant que dans la nuit du 22 au 23 Nivôse dernier, l'arbre de la liberté, planté dans la commune de Selles-les-Bordes, canton de Rochefort, département de Seine et Oise, a été scié, abattu et enlevé sans que les Agent et Adjoint municipaux de cette commune aient fait à l'instant aucunes poursuites et recherches;

Que ce n'est même que le 3 Pluviôse suivant que le Juge-de-paix du canton a dressé un procès-verbal;

Que l'inaction des Agent et Adjoint municipaux de Selles-les-Bordes, et leur silence sur un attentat de cette nature, les accusent de complicité;

Arrête,

Art. 1. L'Agent municipal de la commune de Selles-les-Bordes et son Adjoint sont et demeurent destitués.

2. Ces deux fonctionnaires publics seront traduits au tribunal criminel du département de Seine et Oise.

61.

Loi qui interdit l'usage des cloches et toute autre espèce de convocation publique pour l'exercice d'un culte. Du 22 Germinal an IV.

Art. 1. Tout individu qui, au mépris de l'article 8 de la loi du 3 Ventose, an III, feroit aucune proclamation ou convocation publique, soit au son des cloches, soit de toute autre manière, pour inviter les citoyens à l'exercice d'un culte quelconque, sera puni, par voie de police correctionnelle, d'un emprisonnement qui ne pourra être moindre de trois décades, ni excéder six mois pour la première fois, et une année en cas de récidive.

2. Les ministres d'un culte qui feroient ou provoqueroient de pareilles convocations, ou qui, instruits de la publicité de la convocation d'une assemblée, y exerceroient quelqu'acte relatif à leur culte, seront punis, pour la première fois, d'une année de prison; en cas de récidive, ils seront condamnés à la déportation.

62.

Arrêté du Directoire Exécutif, concernant la peine à infliger pour les délits commis sur des arbres de la liberté. Du 22 Germinal an IV.

Le Directoire Exécutif, informé que dans plusieurs communes de la République, les arbres de la liberté ont été coupés, arrachés ou mutilés; que les auteurs de ces délits sont évidemment des ennemis déclarés de la République, et que c'est par erreur que certains tribunaux ont, ou de leur propre mouvement, ou d'après des avertissemens peu réfléchis, pensé qu'on ne devoit les punir que de la peine déterminée par l'article 14 du titre 2 du décret du 28 Septembre 1791, sur la police rurale;

Arrête que le ministre de la justice prendra les mesures nécessaires, pour que les délits ci-dessus désignés, soient poursuivis avec toute l'activité, et punis avec toute la rigueur que prescrivent les Lois portées contre toute espèce de crime contre-révolutionnaire et attentatoire à la liberté à l'égalité et à la souveraineté du peuple français ; et ce, nonobstant toute lettre ministérielle ou instruction à ce contraire.

63.

Extrait de la loi portant des peines contre toute espèce de provocation à la dissolution du gouvernement républicain, et tout crime attentatoire à la sûreté publique et individuelle. Du 27 Germinal an IV.

Art. 1. Sont coupables de crime contre la sûreté intérieure de la République et contre la sûreté individuelle des citoyens, et seront punis de la peine de mort, conformément à l'article 612 du code des délits et des peines, tous ceux qui par leurs discours ou par leurs écrits imprimés, soit distribués, soit affichés, provoquent la dissolution de la Représentation Nationale ou celle du Directoire Exécutif, ou le meurtre de tous, ou aucun des membres qui les composent, ou le rétablissement de la royauté, ou celui de la constitution de 1793, ou celui de la constitution de 1791, ou de tout gouvernement autre que celui établi par la constitution de l'an III, acceptée par le peuple français, ou l'invasion des propriétés publiques, ou le pillage ou le partage des propriétés particulières, sous le nom de loi agraire ou de toute autre manière.

5. Tout rassemblement où se feroient des provocations de la nature de celles mentionnées en l'article premier, prend le caractère d'un *attroupement séditieux*. Les bons citoyens qui en sont les témoins, arrêteront les coupables, ou s'ils sont trop foibles, ils avertiront la force armée la plus voisine.

6. Tous ceux qui se trouveront dans ces rassemblemens, seront tenus de se retirer aussitôt après la première sommation qui leur en sera faite par le magistrat ou par le commandant de la force armée.

Ceux qui resteroient après cette sommation, seront saisis et punis, savoir, les étrangers, ou déportés rentrés en France, de la peine mentionnée en l'article premier de la présente résolution; ceux qui ayant rempli des fonctions publiques, soit au choix du peuple, soit à tout autre titre, et ayant été mis en accusation ou hors de la loi, n'ont pas été acquittés par un jugement, de la peine de déportation; et tous autres, de la peine de cinq années de fers.

7. Si les attroupés opposent la résistance à la garde qui se met en devoir de les arrêter, la résistance sera vaincue.

8. Ceux qui n'ayant pas obéi à la sommation prescrite par l'article précédent, auront été saisis, seront poursuivis et jugés en la forme et de la manière prescrites par les articles 2, 3, 4 et 5 ci-dessus.

9. Toute personne qui paroîtra en public portant un signe de ralliement autre que la cocarde nationale, sera arrêtée et punie d'une année de détention, par voie de police correctionnelle. Celles qui, portant ces signes seront arrêtées dans les attroupemens, seront poursuivies de la manière prescrite en l'article 8; et si elles sont dans le cas de la peine des fers, elles seront punies d'une peine double.

64.

Extrait de la loi contenant des mesures répressives des délits qui peuvent être commis par la voie de la presse. Du 28 Germinal an IV.

Art. 1. Il ne doit être imprimé aucuns journaux, gazettes, ou autres feuilles périodiques que ce soit, distribué aucun avis dans le public, imprimé ou placardé aucune affiche, qu'ils ne portent le nom de l'auteur ou des auteurs, le nom et l'indication de la demeure de l'imprimeur.

2. La contravention à cette disposition, soit par le défaut de mention du nom de l'auteur, ou du nom et de la demeure de l'imprimeur, soit par l'expression d'un faux nom ou d'une fausse demeure, sera poursuivie par les Officiers de police, et punie, indépendamment de ce qui pourroit donner lieu aux poursuites dont il sera parlé ci-après, d'un emprisonnement, par forme de police correctionnelle, du tems de six mois pour la première fois, et en cas de récidive, du tems de deux années.

6. Ceux qui seront trouvés vendant, distribuant, colportant ou affichant aucun desdits écrits, seront arrêtés et conduits devant le directeur du jury d'accusation; ils seront tenus de nommer les personnes qui leur ont remis lesdits écrits. Les personnes déclarées, seront successivement appelées, jusqu'à ce que le directeur du jury parvienne à l'imprimeur ou à l'auteur.

65.

Loi portant établissement de patentes. Du 6 Fructidor, an IV (1).

66.

Extrait de la Loi qui règle la manière de suivre les actions dans lesquelles les communes sont seules intéressées. Du 29 Vendémiaire, an V.

Art. 1. Le droit de suivre les actions qui intéressent unique-

(1) Cette loi qui est citée dans le manuel alphabétique, au mot *patentes*, ainsi que celles du 9 Frimaire, 9 Pluviôse, an V, et 7 Brumaire, an VI, ayant été rapportée, depuis l'impression de cet article par la loi du premier brumaire, an VII, voyez cette loi à sa date.

ment les communes, est confié aux agens desdites communes, et à leur défaut à leurs adjoints.

2. Dans les communes au-dessus de 5,000 ames, le droit de suivre les actions qui les intéressent, est attribué à l'officier municipal qui sera choisi à cet effet par l'Administration municipale.

3. Les Agens ou leurs Adjoints, les Officiers municipaux, ne pourront suivre aucune action devant les autorités constituées sans y être préalablement autorisés par l'Administration centrale du Département, après avoir pris l'avis de l'Administration municipale.

67.

Extrait de la Loi contenant des mesures pour la conservation des propriétés des défenseurs de la patrie. Du 6 Brumaire, an V.

7. Les propriétés des défenseurs de la patrie, et des autres citoyens absens pour le service public, sont mises sous la surveillance des Agens et Adjoints municipaux de chaque commune; ils seront tenus de dénoncer, sous leur responsabilité personnelle, au commissaire du Directoire Exécutif près l'Administration municipale du canton, les atteintes qui pourroient être portées à ces propriétés : le commissaire du Directoire Exécutif poursuivra en indemnité, devant les tribunaux, les communes qui ne les auroient pas prévenues ou repoussées conformément aux lois existantes.

68.

Extrait de la Loi qui prohibe l'importation des marchandises anglaises. Du 10 Brumaire, an V.

6. A dater de la publication de la loi, il est défendu à toutes

personnes de vendre ou exposer en vente aucuns objets provenant des fabriques ou du commerce anglais, et à tous imprimeurs d'imprimer aucuns avis qui annonceroient ces ventes.

Toutes enseignes et affiches indiquant des dépôts ou des ventes de marchandises anglaises, seront retirées dans les vingt-quatre heures.

7. Tout individu qui auroit, soit pour son compte personnel, soit pour le compte d'autrui, soit seulement en dépôt, des objets de fabrique anglaise, sera tenu de remettre, dans les trois jours de la publication de la loi, à l'Administration municipale du canton dans lequel ils sont déposés, un état détaillé, contenant leurs quantité, qualité et valeur.

L'Administration municipale déléguera, dans les cinq jours qui suivront la déclaration, un de ses membres, en présence duquel les objets déclarés seront vérifiés et mis par les propriétaires ou dépositaires, en tonneaux, balles, ballots, caisses ou malles, ensuite ficelés et scellés du sceau de l'Administration.

Ces objets ainsi renfermés resteront à la garde des déclarans, qui s'en chargeront sur le procès-verbal de l'Administration, et se soumettront à les représenter à toute requisition.

Au moment de leur sortie du lieu de dépôt pour la réexportation, l'Administration municipale délivrera un acquit-à-caution, qui sera visé dans le dernier bureau des douanes de sortie, et rapporté à l'Administration qui l'aura délivré, pour servir de décharge au soumissionnaire.

8. Après l'expiration des délais fixés par le paragraphe dernier de l'article 7, les préposés des douanes, accompagnés d'un Administrateur municipal, pourront, dans l'étendue de trois lieues frontières de terre et de mer, visiter de jour seulement les maisons qui leur seroient indiquées pour contenir ou recéler

des

des marchandises provenant des fabriques ou du commerce anglais.

12. Un administrateur municipal, accompagné du Commissaire du Directoire exécutif, pourra aussi, dans l'arrondissement de son canton, visiter de jour les maisons occupées par tout citoyen faisant commerce, à l'effet de constater les contraventions aux articles précédens.

16. La confiscation sera prononcée au profit des saisissans et de tous ceux qui auront favorisé l'arrestation, conformément à la Loi du 15 Août 1793.

69.

Loi additionnelle à celle du 6 Fructidor an IV, sur les patentes (1).

70.

Extrait de la Loi relative aux enfans abandonnés. Du 27 Frimaire, an V.

Art. 5. Les enfans abandonnés seront, jusqu'à majorité ou émancipation, sous la tutelle du président de l'Administration municipale dans l'arrondissement de laquelle sera l'hospice où ils auront été portés. Les membres de l'Administration seront les conseils de la tutelle.

71.

Extrait de l'Arrêté du Directoire Exécutif, concernant les perquisitions de bois coupés en délits ou volés. Du 4 Nivôse, an V.

Art. 1. Tout garde forestier qui jugera utile ou nécessaire

(1) Voyez la note ci-dessus, page 366.

à la recherche des bois coupés en délits ou volés, d'en faire perquisition dans un bâtiment, maison, attelier ou cour adjacente, requerra le premier Officier ou Agent municipal, ou son Adjoint, ou Commissaire de police du lieu, de l'accompagner dans cette perquisition, et désignera dans l'acte qu'il dressera à cette fin, l'objet de la visite, ainsi que les personnes chez lesquelles elle devra avoir lieu.

2. L'Officier, Agent ou Adjoint municipal, ou Commissaire de police, ainsi requis, ne pourra se refuser d'accompagner sur-le-champ le garde forestier dans la perquisition.

Il sera tenu en outre, conformément à l'article 8 du titre 4 de la loi du 29 Septembre 1791, de signer le procès-verbal de perquisition du garde avant l'affirmation, sauf au garde à faire mention du refus qu'il en ferait.

3. Tout Officier, Agent ou Adjoint municipal qui contreviendra soit à l'une, soit à l'autre des dispositions de l'article précédent, sera, par le Commissaire du Directoire Exécutif près l'Administration municipale du canton, dénoncé à l'Administration centrale du département, laquelle sera tenue de suspendre le contrevenant de ses fonctions, conformément à l'article 194 de l'acte consitutionnel, et d'en rendre compte sur-le-champ au ministre de la police générale, pour sur son rapport, être, par le Directoire Exécutif, statué sur la traduction de l'Officier suspendu, devant les tribunaux.

4. Tout Commissaire de police qui se trouvera dans le cas de l'article précédent, sera, par le Commissaire du Directoire Exécutif près l'Administration municipale, dénoncé tant à l'Administration municipale elle-même, qui séra tenue de le destituer, conformément à l'article 26 du code des délits et des peines, qu'à l'Accusateur public, qui procédera, à son égard, ainsi qu'il est réglé par les articles 284 et suivans du code des délits et des peines.

72.

Extrait de l'Arrêté du Directoire Exécutif, qui établit un mode pour faciliter les correspondances entre les Ministres, etc., et les Autorités constituées et fonctionnaires publics qui ne sont pas servis directement par la poste. Du 4 Nivôse, an V.

Art. 1. À compter de la publication du présent arrêté, chaque adminstration municipale qui se trouve placée ou dont partie des membres réside dans une commune où il n'existe point de bureau de poste, sera tenue de nommer un commis, qui sera spécialement chargé de se rendre tous les tridis, sextidis et décadis, au bureau des postes le plus voisin, tant pour y porter les dépêches de l'Administration municipale, du Commissaire du Directoire Exécutif près cette Administration, qu'il sera tenu d'aller prendre chez eux, que pour en retirer les dépêches qui leur seront adressées, et les remettre à chacun d'eux, sous récépissé.

2. Les appointemens de ce commis ne pourront s'élever à plus de trois cents francs par année, et ils seront supportés par les communes du canton, conformément à l'article 3 de loi du 28 Messidor, an IV.

3. Les Ministres, les Administrations départementales et les autres Autorités qui correspondent avec les Administrations municipales des cantons ruraux, avec les Commissaires du Directoire Exécutif près ces Administrations, leur adresseront leurs dépêches, par la voie de la poste, au bureau le plus à portée du chef-lieu de chaque canton, quand même ce bureau se trouveroit dans un autre département que celui dont ce même canton fait partie.

4. En conséquence, et conformément à l'arrêté du comité

de salut public du 6 Frimaire, an III, les corps Administratifs et les tribunaux ne pourront envoyer des gendarmes exprès pour porter des avis, instructions ou dépêches quelconques, sauf à profiter de leurs tournées dans les campagnes pour accélérer des envois urgens.

5. Pour assurer l'exécution de l'article 3, en ce qui concerne les Ministres, et spécialement pour mettre celui de la justice à portée d'adresser directement aux Administrations municipales les bulletins des lois qui leur sont destinés, ainsi que le prescrit l'article 4 de la loi du 12 Vendémiaire, an IV, l'Administration des postes sera tenue, aussitôt après la publication du présent arrêté, de faire connoître à chacun des sept Ministres, quel est le bureau de la poste le plus voisin du chef-lieu de chaque canton rural.

6. Au moyen des précautions ci-dessus prises pour assurer la transmission des correspondances officielles, tout retard des fonctionnaires publics placés dans les cantons ruraux, à répondre aux dépêches qui leur seront adressées, sera considéré comme négligence, sauf la preuve du contraire; et en conséquence, tout Administrateur municipal, tout Commissaire du Directoire Exécutif près d'une administration municipale, qui différera plus d'une décade après la réception d'une dépêche, d'y faire la réponse pertinente, sera dénoncé par l'autorité de laquelle sera partie cette dépêche; savoir :

Les Administrateurs municipaux, à l'Administration du département, qui sera tenue de les rappeler à leurs devoirs, et en cas de récidive, de les suspendre de leurs fonctions;

Les Commissaires du Directoire Exécutif, au Ministre de l'intérieur, qui les avertira d'être plus exacts à l'avenir, et en cas de récidive, proposera leur révocation au Directoire Exécutif.

73.

Extrait de la loi portant défenses d'annoncer publiquement les journaux et les actes des autorités constituées, autrement que par leur titre. Du 5 Nivôse, an V.

Art. 1. Il est défendu à tout individu d'annoncer dans les rues, carrefours et autres lieux publics, aucun journal ou écrit périodique, autrement que par le titre général et habituel qui le distingue des autres journaux.

2. Il est également défendu d'annoncer aucune loi, aucun jugement, ou autres actes d'une autorité constituée, autrement que par le titre donné auxdits actes, soit par l'autorité de laquelle ils émanent, soit par celle qui a le droit de les publier.

3. La contravention aux deux précédens articles, sera punie par voie de police correctionnelle, d'un emprisonnement de deux mois pour la première fois, et de six en cas de récidive.

74.

Loi interprétative de celle du 9 Frimaire, concernant les patentes. Du 9 Pluviôse, an V (1).

75.

Extrait de l'arrêté du Directoire Exécutif, concernant les enfans abandonnés. Du 30 Ventôse, an V.

Art. 7. Les nourrices et autres habitans chargés d'enfans

(1) Voyez la note ci-dessus, page 366.

abandonnés, seront tenus de représenter, tous les trois mois, les enfans qui leur auront été confiés, à l'Agent de leur commune, qui certifiera que ces enfans ont été traités avec humanité, et qu'ils sont instruits et élevés conformément aux dispositions du présent réglement. Ils seront, en outre, tenus de les représenter à la première réquisition du Commissaire du Directoire Exécutif près l'administration municipale du canton, ou des autorités auxquelles leur tutelle est déléguée par la loi, soit enfin de la commission des hôpitaux civils qui les aura placés.

76.

Extrait de la loi qui détermine l'époque de l'entrée en exercice des fonctionnaires publics nommés par le peuple. Du 28 Germinal an V.

Art. 1. Les citoyens appelés par le peuple à des fonctions publiques, entreront annuellement en exercice de leurs fonctions, dans toute l'étendue de la République, savoir;

1°. Les Officiers municipaux, les présidens des administrations municipales des cantons, les Agens des communes et leurs Adjoints, les Juges de paix et leurs assesseurs, le premier Floréal.

77.

Extrait de la loi relative à la répartition et au recouvrement de la contribution foncière. Du 18 Prairial an V.

3. Dans les deux décades qui suivront la publication de la loi, les administrations centrales de département, feront la répartition du contingent qui leur est assigné, entre toutes les administrations municipales de canton, et autres de leur ressort, et seront tenues d'en envoyer, dans les dix jours suivans, l'état au ministre des finances.

4. Les administrations centrales de département, ne sont point obligées de suivre les précédentes répartitions ; elles pourront faire toutes les réformes que les convenances locales, la justice et l'égalité prescrivent, en motivant leurs arrêtés.

5. Elles enverront, dans les cinq jours qui suivront les deux décades prescrites par l'article 3, à chaque administration municipale, le mandement qui doit lui faire connoître son contingent, 1°. en principal, 2°. en centimes ou sous additionnels, destinés tant au fonds de non-valeur, qu'aux dépenses locales à la charge des départemens.

6. Dans les deux décades qui suivront la réception de ce mandement, les administrations municipales feront la répartition de leur contingent entre toutes les communes de leur arrondissement, et après avoir appelé à ce travail un membre de chacune desdites communes ; et cet état de répartition sera adressé sur-le-champ à l'administration centrale du département.

7. Dans la répartition à faire entre les différentes communes, les administrations municipales ne seront point obligées de suivre les précédentes répartitions ; elles pourront faire les rejets qui tendront à établir de justes proportions entre toutes les communes, en motivant leurs arrêtés.

8. Les administrations centrales de département, pourront réformer l'état de répartition qui leur aura été adressé par les administrations municipales de chaque canton, et après l'avoir arrêté définitivement, elles en feront faire deux expéditions, dont l'une sera adressée, sans délai, à l'administration municipale, et l'autre remise au receveur-général du département.

9. Aussitôt que l'administration municipale aura reçu l'état de répartition définitivement arrêté par l'administration centrale du département, elle enverra à l'Agent municipal de

chaque commune, le mandement contenant la fixation du contingent de la commune, 1°. en principal, 2°. en centimes ou sous additionnels, tant pour le fonds de non-valeur que pour les dépenses locales.

10. L'administration municipale choisira en même tems les répartiteurs pour chaque commune, lesquels seront au nombre de cinq, et ne pourront être choisis que parmi les contribuables.

11. Dans les deux décades qui suivront la réception des mandemens, les répartiteurs nommés pour chaque commune, feront, avec l'Agent municipal et l'Adjoint, la vérification des matrices de rôle existantes, pour les réformer d'après les changemens survenus, ou les confirmer, s'il n'y a pas de changement, et pour composer lesdites matrices, dans le cas où elles n'existeroient pas; en se conformant, à cet égard, à la loi du premier décembre 1790, et à l'instruction qui y étoit annexée.

12. Aussitôt que la matrice du rôle sera faite ou rectifiée, et signée par les répartiteurs, elle sera envoyée à la municipalité par l'Agent municipal.

13. L'administration municipale fera faire, dans ses bureaux, le rôle de la contribution foncière, en indiquant, par des colonnes séparées, 1°. le principal, 2°. les centimes ou sous additionnels, tant du fonds de non-valeur que des dépenses départementales : le rôle présentera en outre une marge suffisante pour les émargemens.

14. Les répartiteurs pourront prendre, pour rédiger la matrice du rôle, un citoyen habitué aux calculs, lequel sera payé à raison d'un décime ou deux sous par article de la matrice, ou à un prix inférieur, s'ils en conviennent; le montant de cette rétribution sera mis au nombre des dépenses communes.

15. Lorsque les répartiteurs n'auront pas envoyé à la municipalité, la matrice de rôle dans les délais ci-dessus prescrits, celle-ci enverra un commissaire pour faire cette matrice; et sa rétribution, réglée suivant l'article précédent, sera aux frais personnels et solidaires des répartiteurs.

16. L'aide pris par les répartiteurs, ou le commissaire envoyé par les municipalités, n'aura point voix délibérative; les répartiteurs régleront seuls, et à la pluralité des voix, les évaluations des revenus ou des facultés de chaque contribuable.

Ils ne pourront arrêter aucune évaluation, sans être au moins les deux tiers de leur nombre, et ils seront tenus de se conformer au mode de classification des terres, ordonné par la loi du premier décembre 1790.

78.

Extrait de la loi relative à la circulation des grains dans l'intérieur de la République. Du 21 Prairial an V.

Art. 1. La circulation des grains sera entièrement libre dans l'intérieur de la République.

2. Toute personne convaincue d'y avoir porté atteinte, sera poursuivie et condamnée, outre la restitution, à une amende de la moitié de la valeur des grains arrêtés, pour le paiement de laquelle il sera donné caution; faute de quoi, la peine de six mois d'emprisonnement sera prononcée.

3. Les Officiers municipaux et autres fonctionnaires publics, soit civils, soit militaires, qui n'auroient pas fait tout ce qui est en leur pouvoir, pour l'exécution de l'article premier, seront soumis aux peines portées par l'article 2.

4. Les marchands de grains et les blatiers ne seront plus assujétis à se munir de bons des municipalités; mais ils seront

tenus de se pourvoir de patentes, conformément à la loi du 9 Frimaire dernier.

5. Les bons ou permis des municipalités, ne seront plus nécessaires aux particuliers pour faire des approvisionnemens, soit dans les marchés, soit ailleurs, sans néanmoins rien innover aux usages des lieux, où les marchands ne peuvent acheter dans les marchés qu'aux heures indiquées : en conséquence, les lois des 4 Nivose et 4 Thermidor an III, et 7 Vendémiaire au IV, sont rapportées.

79.

Extrait de l'arrêté du Directoire Exécutif, concernant les avis à donner de la mort des personnes qui laissent pour héritiers, des pupilles, des mineurs ou des absens. Du 22 Prairial an V.

Art. 1. Dans chaque commune où ne réside pas un Juge de paix, l'Agent municipal, et à son défaut son Adjoint, sont tenus de donner avis, sans aucun délai, au Juge de paix résidant dans le canton, ou, à son défaut, à son assesseur le plus voisin, de la mort de toute personne de son arrondissement, qui laisse pour héritiers, des pupilles, des mineurs ou des absens.

2. Les Agens et Adjoints municipaux qui négligeront cette partie importante de leurs devoirs, seront dénoncés à l'administration centrale de leur département, pour être procédé à leur égard, conformément à l'article 193 de l'acte constitutionnel.

Le présent sera inséré au bulletin des lois, et il en sera adressé un exemplaire séparé à chacun des Agens municipaux des communes de la République.

80.

Extrait de la loi relative à la destruction des loups. Du 10 Messidor an V.

Art. 2. La loi du 11 ventose an III, est abrogée ; et à l'avenir, par forme d'indemnité et d'encouragement, il sera accordé à tout citoyen, une prime de cinquante livres par tête de louve pleine, quarante livres par chaque tête de loup, et vingt livres par chaque tête de louveteau.

3. Lorsqu'il sera constaté qu'un loup, enragé ou non, s'est jeté sur des hommes ou enfans, celui qui le tuera aura une prime de cent cinquante livres.

4. Celui qui aura tué un de ces animaux, et voudra toucher l'une des primes énoncées dans les deux articles précédens, sera tenu de se présenter à l'Agent municipal de la commune la plus voisine de son domicile, et d'y faire constater la mort de l'animal, son âge et son sexe ; si c'est une louve, il sera dit si elle est pleine ou non.

5. La tête de l'animal, et le procès-verbal dressé par l'Agent municipal, seront envoyés à l'administration départementale, qui délivrera un mandat sur le receveur du département, sur les fonds qui seront, à cet effet, mis entre ses mains par ordre du ministre de l'intérieur.

81.

Arrêté du Directoire Exécutif, qui ordonne l'exécution des mesures destinées à prévenir la contagion des maladies épizootiques. Du 27 Messidor, an V.

Paris, le 23 messidor an V de la République française une et indivisible.

Le Ministre de l'Intérieur,

Aux Administrations centrales et municipales de la République.

« Il règne sur les bêtes à cornes des départemens du Nord et de l'Est, une épizootie meurtrière qui s'est annoncée d'abord par des symptômes peu alarmans. Je n'en ai pas plutôt été instruit, que j'ai envoyé de Paris des artistes vétérinaires éclairés pour en prendre connaissance. Des instructions rédigées par eux sur les lieux et à leur retour, ont été publiées et répandues dans tous les pays qu'ils avoient parcourus. La maladie a paru se ralentir pendant quelque temps; mais elle reprend avec plus de force : la rapidité de ses progrès et le nombre effrayant des animaux qu'elle tue, ne permettent plus de douter qu'elle ne soit contagieuse au plus haut dégré. Cet objet étant de la plus grande importance, et les moyens de police étant les seuls capables d'empêcher la communication, j'ai cru qu'il étoit de mon devoir de rappeler l'esprit des lois et réglemens rendus en pareilles circonstances, et qui n'ont point été abrogés; je n'ai eu qu'à concilier les dispositions de ces lois avec l'ordre constitutionnel : j'y ajouterai une courte instruction sur la manière reconnue comme la plus propre à prévenir cette maladie, et à la guérir dans les animaux affectés.

Mesures de police pour arrêter la communication.

« Tout propriétaire ou détenteur de bêtes à cornes, à quelque titre que ce soit, qui aura une ou plusieurs bêtes malades ou suspectes, sera obligé, sous peine de cinq cents francs d'amende, d'en avertir sur-le-champ l'Agent de sa commune, qui les fera visiter par l'expert le plus prochain, ou par celui qui aura été désigné par le département ou le canton. » (*Arrêt du Parlement*, *du* 24 *Mars* 1745 ; *Arrêt du Conseil, du* 19 *Juillet* 1746, *art.* 3; *autre du* 16 *Juillet* 1784, *art.* 1).

« Lorsque, d'après le rapport de l'expert, il sera constaté qu'une ou plusieurs bêtes seront malades, l'Agent veillera à ce que ces animaux soient séparés des autres et ne communiquent avec aucun animal de la commune. Les propriétaires, sous quelque prétexte que ce soit, ne pourront les faire conduire dans les pâturages ni aux abreuvoirs communs, et ils seront tenus de les nourrir dans des lieux renfermés, sous peine de 100 francs d'amende. » (*Arrêt du Conseil*, *du* 19 *Juillet* 1746, *art.* 2).

« L'Agent en informera, dans le jour, le commissaire du directoire exécutif du canton, auquel il indiquera le nom, du propriétaire et le nombre des bêtes malades. Le commissaire du directoire exécutif fera part du tout à l'administration centrale du département. » *Arrêt du Conseil, du* 19 *Juillet* 1746).

« Aussitôt qu'il sera prouvé à l'Agent que l'épizootie existe dans une commune, il en instruira tous les propriétaires de bestiaux de ladite commune, par une affiche posée aux lieux où se placent les actes de l'autorité publique ; laquelle affiche enjoindra auxdits propriétaires de déclarer à l'Agent le nombre de bêtes à cornes qu'ils possèdent : avec désignation d'âge, de taille, de poil, etc. Copie de ces déclarations sera envoyée au commissaire du directoire exécutif près l'administration municipale du canton, et par celui-ci à l'administration centrale du département ». (*Arrêt du Conseil, du* 19 *Juillet* 1746, *art.* 4).

« En même tems l'Agent municipal fera marquer sous ses yeux toutes les bêtes à cornes de sa commune avec un fer chaud représentant la lettre M. Quand l'administration centrale du département sera assurée que l'épizootie n'a plus lieu dans son ressort, elle ordonnera une contre-marque telle qu'elle jugera à propos, afin que les bêtes puissent aller et être vendues partout sans qu'on ait rien à en craindre ». (*Arrêt du Conseil, du* 19 *Juillet* 1746, *et Arrêt du Conseil* 16 *Juillet* 1784).

« Afin d'éviter toute communication des bestiaux de pays infestés avec ceux de pays qui ne le sont pas, il sera fait de tems en tems des visites chez les propriétaires de bestiaux, dans les communes infestées, pour s'assurer qu'aucun animal n'en a été distrait ». (*Arrêt du* 24 *Mars*, 1745, *art.* 1).

« Si, au mépris des dispositions précédentes, quelqu'un se permet de vendre ou d'acheter aucune bête marquée, dans un pays infesté, pour la conduire dans un marché ou une foire, ou même chez un particulier de pays non infesté, il sera puni de cinq cents francs d'amende. Les propriétaires de bêtes qui les feront conduire par leurs domestiques ou autres personnes dans les marchés ou foires, ou chez des particuliers de pays non infesté, seront responsables du fait de ces conducteurs ». (*Art.* 5 *et* 6 *de l'Arrêt du Conseil du* 19 *Juillet* 1746).

« Il est enjoint à tout fontionnaire public qui trouvera sur les chemins, ou dans les foires et marchés, des bêtes à cornes marquées de la lettre M, de les conduire devant le juge de paix, lequel les fera tuer sur-le-champ en sa présence ». (*Art.* 7 *de l'Arrêt du Conseil, du* 19 *Juillet* 1746).

« Pourront néanmoins, les propriétaires de bêtes saines en pays infesté, en faire tuer chez eux ou en vendre aux bouchers de leurs communes, mais aux conditions suivantes :

1°. Il faudra que l'expert ait constaté que ces bêtes ne sont point malades.

2°. Le boucher n'entrera point dans l'étable.

3°. Le boucher tuera les bêtes dans les vingt-quatre heures.

4°. Le propriétaire ne pourra s'en dessaisir, et le boucher les tuer, qu'ils n'en aient la permission par écrit de l'Agent, qui en fera mention sur son état. Toute contravention à cet égard, sera punie de deux cents francs d'amende, le propriétaire et le boucher demeurant solidaires ». (*Art.* 8 *de l'Arrêt du Conseil, du* 19 *Juillet* 1746).

« Il est ordonné de tenir dans les lieux infestés, tous les chiens à l'attache, et de tuer tous ceux qu'on trouveroit divaguans ». (*Loi du* 19 *Juillet* 1791).

« Tout fonctionnaire public qui donnera des certificats et attestations contraires à la vérité, sera condamné en mille francs d'amende, même poursuivi extraordinairement ». (*Art.* 14 *de l'Arrêt du* 24 *Mars* 1745).

« Dans tous les cas où les amendes, pour des objets relatifs à l'épizootie, seront appliquées, aucun juge ne pourra les remettre ni les modérer ; les jugemens qui interviendront en conséquence, seront exécutés par provision, et les délinquans, au surplus, soumis aux lois de la police correctionnelle ». (*Art.* 7 *et* 8 *de l'Arrêt du Parlement de* 1745 ; *art.* 15 *de celui du Conseil de* 1746 ; *et art.* 12 *de celui de* 1784).

« Aussitôt qu'une bête sera morte, au lieu de la traîner, on la transportera à l'endroit où elle doit être enterrée, qui sera, autant que possible, au moins à cinquante toises des habitations ; on la jetera seule dans une fosse de huit pieds de profondeur, avec toute sa peau tailladée en plusieurs parties, et on la recouvrira de toute la terre sortie de la fosse. Dans le cas où le propriétaire n'auroit pas la facilité d'en faire le transport, l'Agent municipal en requerra un autre, et même les manouvriers nécessaires, à peine de cinquante francs contre les refusans. Dans les lieux où il y a des chevaux, on préférera de faire traîner par eux, les voitures chargées de bêtes mortes; lesquelles voitures seront lavées à l'eau chaude après le transport. Il est défendu de les jeter dans les bois, dans les rivières ou à la voirie, et de les enterrer dans les étables, cours et jardins, sous peine de trois cents francs d'amende, et de tous dommages et intérêts. »(*Art. 5 de l'Arrêt du Parlement, de* 1745; *et art. 6 de celui du Conseil, de* 1784).

»Enfin, les corps administratifs, conformément au décret du 28 Septembre 1791, emploieront tous les moyens de prévenir et d'arrêter l'épizootie; et en conséquence, le gouvernement compte sur leur zèle pour faire faire des patrouilles, mettre la plus grande célérité dans l'exécution des lois, et ne rien épargner, soit pour préserver leur pays de la contagion, soit pour en arrêter les progrès. Lorsque l'épizootie sera déclarée dans leur ressort, ils sont chargés d'en informer les administrations des départemens voisins, et je leur recommande très-expressément de m'en faire part sur-le-champ, ainsi que des progrès que pourra faire la maladie.

»Ce n'est qu'en suivant avec une rigueur très-scrupuleuse les mesures que j'ai indiquées, qu'il sera possible de prévenir, dans la plupart des départemens, et d'arrêter, dans ceux qui sont infestés, les effets d'une contagion ruineuse pour l'agriculture en général et pour les propriétaires.

Caractère de la maladie.

» Dans tous les lieux où règne l'épizootie, les hommes de

l'art

l'art qui l'ont observée, s'accordent à la regarder comme une inflammation générale, qui se termine toujours par celle du poumon ou du foie, le plus souvent par la première.

Causes de la maladie.

» L'altération des fourrages par l'effet des pluies qui régnèrent l'année dernière, et occasionnèrent le débordement des ruisseaux et des rivières à l'époque de la récolte des foins, doit sans doute être considérée comme une des causes principales de l'épizootie. C'est sur les bords de la Meuse, de la Moselle, du Rhin, de la Nah, et de quelques autres rivières dont les prairies ont été submergées, qu'elle s'est d'abord déclarée. Averti des effets funestes que devoit produire une submersion aussi générale, je fis répandre, sur les moyens de les prévenir, une instruction dont je ne puis trop recommander la lecture aux cultivateurs qui se trouvent cette année dans le même cas.

Traitement de la maladie.

« Dès qu'une bête à cornes paroît affectée de la maladie régnante, on ne doit point hésiter à soumettre au traitement toutes celles de l'étable, quel qu'en puisse être le nombre.

» L'expérience ayant constamment prouvé que les animaux qui guérissoient sans autre secours que ceux de la nature, devoient leur guérison à une éruption dont leur corps se couvroit, toutes les vues de l'art doivent se diriger vers les moyens d'amener cette éruption ou de la suppléer.

» Ce seroit en vain qu'on attendroit ces effets des cordiaux qu'on emploie presque exclusivement dans ces sortes de maladies. Le vin, l'eau-de-vie, le cidre, la bière, le poivre, la canelle, le girofle, la noix-muscade, le gingembre, l'oviétan, le mithridate, le thériaque, le quinquina, et un grand nombre d'autres médicamens échauffans, ne produisent sur les bêtes à cornes aucun effet à petites doses; à grandes doses, ils augmentent considérablement l'inflammation, et précipitent la perte des animaux.

» Ce n'est que par les applications extérieures qu'on peut se flatter d'obtenir ces dépôts si conformes aux vœux de la nature.

Le séton chargé d'un caustique, remplit parfaitement le double objet d'attirer au dehors l'humeur qui tend à se porter sur le poumon ou le foie, et d'en favoriser l'évacuation.

» Le fanon, que dans quelques lieux on nomme la *lampe, la nappe*, est la partie qu'on doit préférer pour y placer le séton.

» Il doit être placé de manière que les deux ouvertures se répondent de haut en bas, afin que l'humeur puisse s'écouler aisément.

» Pour établir un point d'irritation capable d'attirer brusquement cette humeur au-dehors, on attache sur le milieu du séton un morceau d'ellebore noir; ou l'on fixe, avec un peu de linge, du sublimé ou de l'arsenic en poudre.

» Lorsque l'engorgement a acquis le volume d'une tête humaine, on retourne le séton pour en retirer l'ellébore ou autre caustique dont on l'a chargé.

» Dans le cas où le séton, ainsi préparé, ne produirait pas dans l'espace de quinze à vingt heures un égorgement aussi considérable, on appliquera sur les deux côtés de la poitrine, après avoir rasé le poil, un large cataplasme vésicatoire, composé avec une once de mouches cantharides et une once d'euphorbe, étendues dans une suffisante quantité de levain, qu'on maintiendra avec un bandage, et qu'on entretiendra jusqu'à parfaite guérison.

» On placera tous les jours, une heure le matin, et autant le soir, dans la gueule de l'animal, un billot autour duquel on aura disposé et maintenu avec un linge, de l'ail, du poivre, de l'assafœtida, des racines de poivre d'eau, d'arum ou pied de veau, des feuilles ou des racines de grand raifort, des feuilles de tabac; le tout haché et pillé: une seule de ces substances peut suppléer toutes les autres.

» On donnera, autant qu'il sera possible, des alimens de la meilleure qualité; il sera bon de les asperger d'eau, sur un sceau de laquelle on aura fait dissoudre une poignée de sel.

» Lorsqu'il sera possible de faire boire les animaux à l'étable, on blanchira leur eau avec un peu de son, et on y mettra un verre de vinaigre sur dix pintes ou environ.

Le bouchonnement très-souvent répété, l'évaporation d'eau chaude sous le ventre, les bains de rivière, même lorsque l'eau sera échauffée, favorisent puissamment la transpiration; les lavemens avec l'eau légèrement vinaigrée, produisent aussi de très-bons effets.

» La propreté des étables, le soin de les tenir très-aérées, sont des conditions également essentielles. Lorsqu'il y aura eu des animaux malades, on se gardera bien d'en remettre de sains avant de les avoir purifiées.

Désinfection des étables.

» Les fumigations aromatiques ou autres tant vantées, ainsi que le simple blanchissage avec la chaux, sont des moyens insuffisans pour purifier des étables infectées; c'est de l'eau et du feu, et sur-tout de leur combinaison, qu'on peut attendre cet effet; les murs, les mangeoires, les ratelier seront lavés très-exactement avec de l'eau bouillante, et on les ratissera avec des balais de bruyère, de genet, et mieux encore avec de fortes brosses quand on pourra s'en procurer. On ne blanchira jamais à la chaux qu'après avoir ainsi lavé et ratissé. Si l'étable est pavée, il faudra laver avec l'eau bouillante, et ratisser également les pavés. Si le sol est en terre, on en enlèvera une couche de deux ou trois pouces, qu'on brûlera ou qu'on enfouira dans une fosse, dont la terre qu'on en aura retirée remplacera celle enlevée de l'étable. On aura soin de battre le sol pour l'unir, l'affermir et s'opposer à l'évaporation qui pourroit s'élever des couches inférieures. On tiendra pendant quelque tems les écuries ouvertes jour et nuit, et l'on y remettra des animaux que lorsqu'elles seront parfaitement sèches ».

Le Ministre de l'Intérieur. Signé BENEZECH.

Vu la lettre ci-dessus, écrite par le ministre de l'intérieur aux administrations centrales et municipales, sur les mesures à prendre pour prévenir la contagion des maladies épisootiques, ainsi que l'instruction qui est ensuite, sur le caractère, les causes de l'épizootie et le traitement de la maladie :

Le directoire exécutif arrête que lesdites lettre et instruction seront imprimées au bulletin des lois : charge les administrations de veiller à l'exécution des mesurès et des dispositions contenues dans lesdites lettre et instruction.

82.

Extrait de la loi concernant la répartition et la perception de la contribution personnelle, mobiliaire et somptuaire de l'an V. Du 14 Thermidor an V.

4. Aussitôt que l'état de répartition est définitivement arrêté par l'administration centrale, elle en fera faire deux ex-

péditions; dont l'une sera adressée sans délai à l'administration municipale, et l'autre remise au receveur général du département.

5. L'administration municipale fera sur-le champ expédier, et remettra ou enverra à l'Agent municipal de chaque commune, le mandement qui fixera la quote-part de sa commune en principal et en centimes additionnels.

6. Ce mandement sera aussitôt publié dans la commune, à la diligence de l'Agent municipal, et il en sera affiché une copie à la porte de la maison commune ou autre lieu apparent.

7. Pour procéder à la répartition dans l'intérieur de chaque commune, il sera formé un jury d'équité, composé de sept membres pour les cantons au-dessus de dix mille habitans, et de cinq seulement pour ceux de dix mille et au-dessous.

11. Dans les deux décades qui suivront la publication et affiche du mandement dans l'intérieur de chaque commune, chaque habitant domicilié sera tenu de faire ou faire faire, en présence de l'Agent municipal, une déclaration qui indiquera,

1°. La situation et la valeur annuelle de son habitation;

2°. Son état ou profession; le montant de son traitement, s'il est fonctionnaire public, commis ou employé; le prix de sa ferme, s'il est fermier; et le prix de la patente qu'il aura payée, s'il y est assujéti;

3°. Le nombre d'hommes ou de femmes qu'il a à ses gages;

4°. Celui des chevaux ou mulets de luxe, et des voitures qu'il possède;

5°. Enfin, s'il est célibataire, marié ou veuf, et le nombre et l'âge des enfans qu'il peut avoir à sa charge.

12. L'Agent municipal de chaque commune dressera, d'après ces déclarations, et d'après ses connoissances personnelles ou celles qu'il pourra se procurer, un état de tous le chefs de maison ou individus jouissant de leurs biens, droits et actions, de la commune, ainsi que des individus à leurs gages, et de leurs chevaux et voitures de luxe.

13. Dans la quatrième décade au plus tard, à compter de la publication des mandemens dans les communes, les jurés d'équité s'assembleront en présence de l'Agent municipal du chef-lieu de canton, ou de tout autre membre de l'administration désigné par elle, pour procéder à la répartition entre les habitans de chaque commune, et à la confection des matrices des rôles, qu'ils seront tenus d'achever dans les deux décades suivantes.

14. Pour éclairer et diriger les jurés dans leurs opérations, l'administration municipale leur remettra les états qui auront été dressés par les Agens municipaux, de tous les chefs de maison de leurs communes respectives, ainsi que des individus à leurs gages, et de leurs chevaux et voitures de luxe: elle désignera, en outre, deux citoyens de chaque commune, qui seront appelés par le jury lorsqu'il s'occupera du rôle de leur commune.

23. A mesure que les matrices de rôles seront achevées, elles seront arrêtées et signées tant par les jurés que par le membre de l'administration municipale qui aura assisté à leurs opérations, et remises à l'administration municipale, qui fera expédier les rôles, dans lesquels on distinguera par des colonnes séparées, le principal et les centimes additionnels de la contribution.

83.

Extrait de la loi relative à l'exploitation, à la fabrication, et à la vente des poudres et salpêtres. Du 13 Fructidor, an V.

Art. 2. Les salpêtriers commissionnés en vertu des lois précédentes, ou qui le seront à l'avenir, continueront d'enlever, dans les arrondissemens qui leur sont ou seront déterminés, les matériaux de démolition salpêtrés. A cet effet, les propriétaires qui voudront faire démolir, ou ceux qui en seront chargés par eux, ne le pourront qu'après en avoir prévenu leur municipalité ou l'Agent municipal de leur commune, afin que le salpêtrier puisse en prendre connoissance.

Cet avertissement devra précéder d'une décade au moins la démolition.

24. La fabrication et la vente des poudres continueront d'être interdites à tous les citoyens autres que ceux qui y seront autorisés par une commission spéciale de l'administration nationale des poudres.

Il est également interdit aux citoyens, qui n'y seroient pas autorisés, de conserver chez eux de la poudre au-delà de la quantité de cinq kylogrammes, (environ dix livres un quart).

La surveillance de ces dispositions est confiée aux administrations départementales et municipales, aux Commissaires du Directoire Exécutif près d'elles, et aux Officiers de police.

25. Lorsque l'une de ces autorités, ou les préposés de l'administration des poudres auront connoissance d'une violation du précédent article, ils requerreront la municipalité du lieu de prendre les moyens nécessaires pour constater le délit.

26. La municipalité sera tenue de déférer à cette réquisition. En conséquence, elle fera procéder à une visite dans la maison désignée, si les circonstances du fait l'exigent. Cette visite ne pourra s'exécuter que par deux Officiers municipaux, accompagnés d'un Commissaire de police, en plein jour, et seulement pour l'objet énoncé en la présente loi, conformément à l'article 359 de la constitution.

Dans les communes où il n'y pas de municipalité, cette visite sera faite par l'Agent municipal et son Adjoint, lesquels se feront assister de deux citoyens du voisinage.

Dans le cas de conviction, l'affaire sera renvoyée aux tribunaux, qui feront la poursuite suivant les lois.

84.

Extrait de la loi contenant des mesures de salut-public prises relativement à la conspiration royale. Du 19 Fructidor, an V.

ART. 11. Nul ne sera admis à voter dans les assemblées primaires et électorales, s'il n'a préalablement prêté, devant l'assemblée dont il sera membre, entre les mains du président, le serment individuel de haine à la royauté et à l'anarchie, de fidélité et attachement à la République et à la constitution de l'an III.

25. La loi du 7 Vendémiaire an IV, sur la police des cultes, continuera d'être exécutée à l'égard des ecclésiastiques autorisés à demeurer dans le territoire de la République, sauf qu'au lieu de la déclaration prescrite par l'article 6 de ladite loi, ils seront tenus de prêter le serment de haine à la royauté et à l'anarchie, d'attachement et de fidélité à la République et à la constitution de l'an III.

L'article 26 prononce *deux années de fers contre tout administrateur, officier de police judiciaire qui ne feroit pas exécuter ponctuellement les dispositions ci-dessus ou qui en empêcheroit ou entraveroit l'exécution.*

85.

Extrait de la loi relative aux demandes en divorce pour incompatibilité d'humeur. Du premier jour complémentaire, an V.

ART. 1. Dans toutes les demandes en divorce qui ont été ou seront formées sur simple allégation d'incompatibilité d'humeur et de caractère, l'Officier public ne pourra prononcer le divorce que six mois après la date du dernier des trois actes de non-conciliation exigés par les articles 8, 10 et 11 de la loi du 20 Septembre 1792.

2. A l'égard des demandes en divorce formées pour la cause ci-dessus, après lesquelles les trois actes de non-conciliation auront eu lieu, l'Officier public ne pourra prononcer le divorce que six mois après la publication de la présente.

86.

Extrait de la loi relative aux préposés à la garde des détenus. Du 4 Vendémiaire, an VI.

ART. 5. Tout Officier de police judiciaire, sur la connoissance qu'il aura par bruit public, ou de quelque manière que ce soit, d'une évasion, fera saisir et arrêter ceux qui, par les articles 1 et 2 ci-dessus, en doivent répondre : il les fera conduire devant le directeur du jury, s'il y en a un sur les lieux, ou, à défaut, devant le Juge-de-paix. Un mandat d'arrêt sera lancé contre les prévenus, soit qu'on ait pu les arrêter ou non.

15. Les administrateurs municipaux, et tous autres ayant la police des maisons d'arrêt, de justice et des prisons, ne pourront faire passer dans les hospices de santé, sous prétexte de maladie, les détenus, que du consentement, pour les maisons d'arrêt, du directeur du jury; pour les maisons de justice, du président du tribunal criminel; et pour les prisons, de l'administration centrale du département, si elle siége dans le lieu où se trouvent les prisons : à défaut, l'on prendra l'avis et consentement du commissaire du Pouvoir Exécutif auprès de la municipalité.

16. Dans le cas où la translation dans les hospices de santé sera reconnue nécessaire, il sera pourvu dans les hospices, à la garde des détenus ou prisonniers, à la diligence de ceux qui auront autorisé et consenti la translation.

87.

Extrait de la loi relative aux fonds nécessaires pour les dépenses générales, ordinaires et extraordinaires de l'an VI. Du 9 Vendémiaire, an VI.

TITRE II.

Art. 49. Les secrétaires des administrations municipales et départementales, qui auront négligé de faire enregistrer dans le délai d'un mois, fixé par l'article 13 de la loi du 19 Décembre 1790, des actes émanés desdites administrations, qui sont assujétis à cette formalité, seront soumis à la même peine que celle qui est prononcée contre les notaires par l'article 9 de la même loi, pour les actes passés devant eux.

TITRE III.

Timbre.

Art. 54. A compter du jour de la promulgation de la loi,

la formalité du timbre fixe ou de dimension, établie par la loi du 5 Floréal dernier, est étendue aux pétitions et mémoires présentés, soit aux ministres, soit aux administrations de département et municipalités.

55. Sont exceptés de la formalité du timbre les pétitions et mémoires qui auront pour objets les demandes en avancement, congés absolus ou limités, pensions de retraite, paiemens des arrérages de rentes et pensions, secours et encouragemens, et première demande en réparations de torts occasionnés par une autorité constituée ou un fonctionnaire public.

56. Toutes les affiches autres que celles d'actes émanés d'autorité publique, quelle que soit leur nature ou leur objet, seront assujétis au timbre fixe ou de dimension.

60. Ceux qui auront répandu des journaux ou papiers-nouvelles et autres objets compris dans l'article 56 ci-dessus, et apposé ou fait apposer des affiches sans avoir fait timbrer leur papier, seront condamnés à une amende de cent livres pour chaque contravention; les objets soustraits aux droits seront lacérés.

61. Les auteurs, afficheurs, distributeurs et imprimeurs desdits journaux et affiches, seront solidairement tenus de l'amende, sauf leur recours les uns contre les autres.

88.

Extrait de la loi relative à la délivrance des congés absolus aux volontaires de la première requisition. Du 9 Brumaire, an VI.

Art. 3. Dans le cas où un de ces citoyens seroit atteint d'une maladie ou d'une infirmité assez grave, pour ne pas pouvoir lui permettre de se transporter à l'hospice militaire le plus voisin de son domicile, cette impuissance sera constatée par un certificat de visite, qui sera faite par deux officiers de santé, nommés en vertu de l'arrêté ci-dessus, en présence de l'Agent municipal de la commune et de deux témoins, visé ensuite par l'administration municipale du canton : ce certificat portant déclaration formelle, s'il y a lieu, que le malade ou infirme visité, ne sera jamais en état de porter les armes pour le service de la République, tiendra lieu du certificat exigé dans l'article premier.

89.

Extrait de la loi relative à la surveillance du titre des matières d'or et d'argent. Du 19 Brumaire, an VI.

TITRE VIII.

Art. 101. Lorsque les employés d'un bureau de garantie auront connoissance d'une fabrication illicite de poinçons, le receveur ou le contrôleur, accompagné d'un Officier municipal, se transporteront dans l'endroit ou chez le particulier qui leur aura été indiqué, et y saisiront les faux poinçons, les ouvrages et lingots qui en seroient marqués, ou enfin les ouvrages achevés et dépourvus de marque qui s'y trouveroient. Ils pourront se faire accompagner, au besoin, par l'essayeur ou par un de ses Agens.

103. Les poinçons, ouvrages ou objets saisis, seront mis sous les cachets de l'Officier municipal, des employés de bureau de garantie présens, et de celui chez lequel la saisie aura été faite, pour être déposés, sans délai, au greffe du tribunal de police correctionnelle.

90.

Extrait de la loi portant création d'une agence des contributions directes. Du 22 Brumaire, an VI.

Art. 1. Les administrations départementales et municipales, feront la répartition des contributions foncière et personnelle, entre les cantons et les communes de leur ressort, suivant les formes et dans les délais prescrits par les lois.

2. Les répartiteurs des communes procéderont ensuite à la répartition entre les contribuables, soit par la confection ou la rectification des matrices de rôles, soit par la formation des états des mutations arrivées dans le cours de l'année.

3. Pour tous les travaux préparatoires relatifs aux mêmes contributions, et qui seront développés dans l'instruction dont il sera parlé ci-après, il sera établi, sous l'autorité du ministre des finances, une *agence des contributions directes*, composée, pour chaque département, des commissaires du Directoire Exécutif prés les administrations centrales et municipales, d'un inspecteur et des préposés aux recettes, conformément au tableau annexé à la présente loi.

4. Les commissaires près les administrations municipales, seront chargés d'aider les communes dans la formation ou rectification des matrices de rôles et états des changemens, et de tous les travaux de préparation ou d'expédition relatifs à l'assiette, à la perception et au contentieux des contributions directes.

5. Les préposés aux recettes, seront chargés de recevoir les deniers des mains des percepteurs des communes, et de les verser dans la caisse du receveur du département, et de tout ce qui tient à l'activement des rentrées, à la suite des contraintes et à l'ordre de la comptabilité.

Le receveur général du département est autorisé à exiger un cautionnement de ses préposés aux recettes, dont il est responsable.

6. Il n'y aura pas un plus grand nombre de préposés aux recettes, que ceux établis par la présente loi.

7. L'inspecteur de chaque département, sera chargé d'inspecter tant les préposés aux recettes, que les commissaires près les administrations municipales, de transmettre aux uns et aux autres, les instructions du commissaire près l'administration centrale, et de recevoir d'eux les bordereaux et autres résultats de leurs travaux respectifs.

Il sera, en outre, chargé de toutes les opérations ou contre-vérifications que le commissaire près l'administration centrale, jugera nécessaires.

8. Les commissaires près les administrations centrales de chaque département, seront chargés d'expédier les rôles d'après les matrices faites par les répartiteurs, de les faire approuver et arrêter par l'administration départementale, de fournir également aux corps administratifs, tous les renseignemens propres à préparer leurs décisions sur les contraintes et les réclamations.

9. Les commissaires près les administrations centrales, et les inspecteurs, seront tenus d'envoyer au ministre des finances et à la trésorerie nationale, savoir, les premiers, toutes les décades, un bordereau général de recouvrement de chaque contribution; les inspecteurs, dans la première décade de chaque trimestre, le résultat des procès-verbaux de vérifications faites par eux pendant le trimestre précédent.

10. Les corps administratifs, essentiellement chargés par la constitution de la surveillance des deniers provenant des revenus publics dans leur territoire, enverront aussi, au ministre des

finances, les bordereaux de recouvrement qui leur seront demandés.

11. Le ministre des finances dirigera les commissaires, les inspecteurs et les préposés aux recettes, et leur donnera toutes les instructions nécessaires pour l'exécution prompte et uniforme des lois relatives aux contributions directes.

12. Les divers employés de l'agence, sont de plus chargés, sous la surveillance du ministre des finances, de rassembler tous les renseignemens et matériaux propres à perfectionner l'assiette et la répartition des contributions directes.

13. Toutes les dispositions des lois antérieures, qui autorisoient, soit le Directoire Exécutif et les corps administratifs, à nommer des commissaires spéciaux, pour suppléer aux opérations relatives à l'expédition et à la mise des rôles en recouvrement, soit les répartiteurs à prendre des agens auxiliaires, aux frais des communes, pour la rédaction des matrices de rôles, sont abrogées.

EXTRAITS DE L'INSTRUCTION.

§ Ier.

Fonctions des commissaires près les administrations municipales.

La matrice du rôle est la base de toute répartition individuelle. Cette importante opération, qui, fixant les évaluations des revenus des citoyens, fixe par suite leur cotisation, est faite par les répartiteurs choisis par les contribuables mêmes; mais la rédaction matérielle de cette matrice, les calculs, états et tableaux qu'elle exige, seront rédigées par le commissaire près l'administration municipale.

A cet effet, il se transportera successivement dans chacune des communes de son ressort : il se rendra auprès de l'Agent municipal; et si les répartiteurs ne sont pas nommés; il requerra que cette nomination soit faite sur-le-champ.

Les répartiteurs nommés, il examinera avec eux si l'ancienne matrice du rôle de la contribution foncière peut servir, et si l'on peut se borner à faire un état des mutations arrivées parmi les propriétaires, ou bien s'il faut refaire une nouvelle matrice.

Il rédigera sur-le-champ cette matrice, ou cet état de mutations dans la forme prescrite par les lois; mais, dans tout ce qui concerne les indications des biens ou les évaluations des revenus, il n'aura point voix délibérative, et ne fera que transcrire les indications et les évaluations arrêtées par les seuls répartiteurs à la majorité des voix.

Après s'être ainsi occupé de la contribution foncière, le commissaire près l'administration municipale, rédigera, de même, la matrice du rôle, ou l'état des mutations de la contribution personnelle, avec les répartiteurs choisis pour cette contribution.

Les deux matrices ou états de mutations terminées et signées par les répartiteurs respectifs, seront remises au commissaire près l'administration municipale, sur son récépissé. Celui-ci en prendra une copie, qu'il enverra sur-le-champ au commissaire du département, et il remettra les matrices originales à l'Agent municipal, pour être par lui déposées au greffe de l'administration municipale.

Lorsque le rôle aura été expédié par le commissaire du département, approuvé et arrêté par l'administration départementale, ainsi qu'il sera ci-après expliqué, celui-ci le fera repasser au commissaire près l'administration municipale, qui, après l'avoir fait viser par l'administration municipale, le remettra au percepteur de la commune.

A

A cet effet, le commissaire près l'administration municipale est chargé de veiller à ce qu'il soit procédé à l'adjudication de la perception ou à la nomination du percepteur de chaque commune, dans la forme et les délais prescrits par les lois : il fera les réquisitions nécessaires.

Les adjudications faites ou les percepteurs nommés, le commissaire près l'administration municipale recueillera les dates des adjudications, les noms des percepteurs, les taux des remises, et en formera un tableau qu'il enverra au commissaire du département.

Il suivra et activera la gestion des percepteurs, veillera à ce qu'ils émargent exactement les sommes payées, et à ce qu'ils fassent, dans les délais prescrits, leurs versemens dans les mains des préposés aux recettes.

Dans ses relations avec chaque percepteur, le commissaire près l'administration municipale se fera représenter les rôles des deux contributions, et constatera les contribuables en retard de s'acquitter ; il en dressera un état nominatif, qu'il fera passer au commissaire du département.

Celui-ci fera, sur cet état, expédier des projets de contrainte qu'il présentera à l'administration départementale, pour être par elle examinés, approuvés et rendus exécutoires lorsqu'elle les croira justes. Le commissaire du département les fera alors repasser à celui près l'administration municipale, qui les remettra à cette administration pour être par elle mis à exécution. Celui-ci surveillera cette exécution et toutes les suites qu'elle pourroit avoir.

Lorsque les huissiers ou autres qui auront été chargés des contraintes, auront rédigé leurs bulletins des frais, ils les adresseront à l'administration municipale, qui les communiquera au commissaire établi près d'elle. Celui-ci en donnera son avis : l'administration municipale réglera les frais, et fera passer le tout à l'administration départementale, qui fixera définitivement les frais, sur l'avis du commisaire du département.

La vérification des réclamations présentées par les contribuables contre leurs taxes, est un objet de la plus grande importance; d'abord parce qu'il intéresse la justice distributive, ensuite parce que le prompt jugement des réclamations facilite et accélère le recouvrement, enfin parce que chaque rectification de taxe est un pas vers une répartition plus égale.

Cette partie a été jusqu'à présent une des plus négligées; les formes ont changé plusieurs fois, et leur exécution a encore offert plus de variétés : c'est-là, sur-tout, qu'il importe d'avoir des employés stables, instruits, bien dirigés, qui en concourant à faire rendre justice aux citoyens, s'opposent aux abus de l'ignorance ou de la partialité.

Quelles que soient les formes dans lesquelles les réclamations sur les contributions foncière et personnelle seront vérifiées et jugées, le commissaire près l'administration municipale devra toujours assister à la vérification; il veillera à ce que les formes soient exactement observées.

Ainsi, lorsqu'une requête aura été présentée à l'administration municipale, ou lui aura été renvoyée par l'administration départementale, l'administration municipale la fera enregistrer et y mettra un *soit communiqué à son commissaire*, lequel *soit communiqué* sera daté et signé par elle.

Le commissaire près l'administration municipale se rendra alors sur les lieux; et soit qu'il s'accorde avec les répartiteurs et le réclamant, soit qu'il y ait une vérification en règle, il fera son rapport, donnera son avis, et adressera le tout à l'administration municipale, qui prononcera selon ses lumières et sa conscience, sans être liée par l'avis du commissaire, dont elle sera seulement tenue de faire mention dans le préambule de sa décision.

L'administration municipale fera ensuite passer sa décision à l'administration départementale, qui statuera ce que de droit, après avoir pris l'avis du commissaire du département.

Lorsque l'administration départementale aura définitivement arrêté et signé l'ordonnance de décharge ou de réduction, elle enverra cette ordonnance à l'administration municipale, qui la remettra au commissaire près cette administration, pour la faire parvenir à la partie intéressée.

Le commissaire près l'administration municipale rédigera un état de toutes les ordonnances de décharge ou réduction qui lui parviendront, et enverra tous les mois un double de cet état au commissaire du département.

Il tiendra également un sommaire exact de toutes les diverses opérations qu'il fera dans le cours du mois; et ce mois expiré, il en fera passer au commissaire du département un relevé signé de lui.

Les commissaires près les administrations municipales seront en outre tenus de faire toutes les tournées, vérifications, opérations, etc. que l'administration départementale jugera nécessaires, et qui leur seront prescrites par le commissaire du département; de rendre compte à ce dernier de tout ce qui pourroit intéresser le succès des contributions directes de son arrondissement; et notamment de l'instruire, sans délai, de tous les abus, de quelque nature qu'ils soient, qui pourroient venir à sa connoissance.

91.

Extrait de la loi concernant l'exécution de celles relatives aux déserteurs et réquisitionnaires. Du 24 Brumaire an VI.

Art. I. Tout administrateur de département ou de canton, officier de police judiciaire, accusateur public, juge, commissaire du directoire exécutif, tout individu faisant partie de la gendarmerie nationale, qui n'executera pas ponctuellement, en ce qui le concerne, les lois relatives aux déserteurs, aux fuyards de la réquisition et à leurs complices, ou qui empêchera ou entravera l'exécution, sera puni de deux années d'emprisonnement.

2. Tout fonctionnaire public convaincu d'avoir favorisé la désertion, empêché ou retardé le départ des déserteurs ou des citoyens de la réquisition, soit par des écrits, soit par des discours, sera, outre l'emprisonnement, condamné à une amende qui ne pourra être moindre de 500 francs, ni excéder 2,000 francs.

Il sera, de plus, destitué de ses fonctions.

6. La négligence des administrateurs à cet égard sera punie conformément à l'article Ier.

En cas de connivence pour favoriser la désertion, les peines portées par l'article 2 leur seront appliquées.

92.

Extrait de l'arrêté du directoire exécutif, concernant la résidence des fonctionnaires publics. Du 12 frimaire an VI.

Art. I. Les fonctionnaires publics sont tenus de résider

pendant toute la durée de leurs fonctions dans les lieux où ils les exercent, s'ils n'en sont dispensés pour causes approuvées.

« 2. Les causes ne pourront être approuvées et les dispenses » leur être accordées que par les corps dont ils sont membres, ou par leurs supérieurs s'ils ne tiennent pas à un » corps, ou par les corps administratifs dans les cas spécifiés par la loi.

» 13. Les fonctionnaires publics dont il est parlé dans les » premiers articles ci-dessus, qui contreviendront aux dispositions de ces deux articles, seront censés, par le seul » fait de leur contravention, avoir renoncé sans retour à » leurs fonctions, et devront être remplacés » ;

93.

Extrait de la loi qui établit un mode pour l'imposition et le paiement des dépenses administratives et judiciaires. Du 15 Frimaire, an VI.

TITRE PREMIER.

Art. 8. Les dépenses municipales seront supportées par les habitans ou propriétaires des communes qui forment le ressort de la municipalité.

Enfin les dépenses communales seront supportées par les seuls habitans ou propriétaires de chaque commune.

Les dépenses municipales et communales seront acquittées par les percepteurs des communes.

TITRE II.

Art. 12. L'administration municipale répartira, au marc la livre des contributions foncière et personnelle de toutes les communes de son ressort, la somme fixée pour les dépenses municipales.

Elle répartira ensuite séparément sur chaque commune somme fixée pour les dépenses communales de chacune d'elles.

Les deux sommes réunies ne pourront, pour chaque commune, excéder cinq centimes ou un sou pour livre du principal des deux contributions foncière et personnelle.

13. Tout paiement de contribution foncière ou personnelle est toujours fait en principal et centimes additionnels; ainsi, sur chaque somme que reçoit le percepteur d'une commune, il est autorisé à retenir les centimes additionnels destinés aux dépenses communales et municipales, et doit verser le surplus au receveur ou à son préposé.

14. Les administrations municipales expédieront les mandats nécessaires pour l'acquit des dépenses municipales et communales, telles qu'elles auront été réglées par l'administion départementale; les percepteurs des communes acquitteront ces mandats sur les fonds qu'ils auront retenus d'après l'article précédent, saus pouvoir prendre sur le surplus de leur recette.

TITRE III.

Art. 17. Dans le courant de Vendémiaire de chaque année, l'Agent de chaque commune remettra à l'administration municipale le compte des recettes et dépenses communales faites dans le courant de l'année précédente; ce compte sera examiné, discuté et définitivement apuré par l'administration municipale.

94.

Extrait de l'arrêté du Directoire Exécutif concernant les colporteurs de journaux. Du 15 Frimaire, an VI.

Art. 3. La loi du 5 Nivôse an V, portant défense d'annoncer publiquement les journaux et les actes des autorités constituées, autrement que par leurs titres, sera de nouveau imprimée, affichée et proclamée à son de trompe ou de caisse, dans toutes les rues et carrefours de la commune de Paris ; la proclamation en sera faite par les administrations municipales de cette commune, chacune dans son arrondissement ; et ce, le jour même de la réception du présent arrêté.

4. Les membres du bureau central, les commissaires de police et les commandans de la garde nationale du canton de Paris, sont personnellement responsables de toute contravention ultérieure, qui seroit faite à la loi du 5 Nivôse an V, et dont les auteurs ne seroient pas arrêtés sur-le-champ.

5. Toute administration municipale ou départementale dans l'arrondissement de laquelle la loi du 5 Nivôse an V seroit enfreinte à l'avenir, en répondra pareillement, si elle n'a pris des mesures nécessaires pour faire punir les infracteurs.

6. La disposition des articles précédens est commune aux bureaux centraux de Lyon, Marseille et Bordeaux.

95.

Extrait de la loi contenant le tarif des droits à percevoir sur les grandes routes. Du 3 Nivôse, an VI.

TITRE V.

Contentieux des barrières

ART. 45. Les contestations civiles résultant de l'établissement de la taxe d'entretien, seront jugées par voie administrative.

46. Les contestations qui pourroient s'élever à une barrière sur l'application du tarif et sur la quotité de la taxe exigée par le receveur, seront portées devant l'Agent municipal le plus voisin, et par lui décidées sommairement, sans frais et sans formalité.

47. Néanmoins les préposés à la recette ne pourront être distraits ni déplacés de leur bureau pour suivre lesdites contestations; ils ne seront tenus que d'adresser à l'Agent municipal un exposé sommaire de leur demande, ou de donner pouvoir à un citoyen pour les défendre.

48. L'Agent municipal pourra se transporter au bureau, lorsqu'il le croira nécessaire, pour reconnoître les faits.

46. Les autorités civiles et militaires seront tenues de protéger et de prêter main-forte aux préposés à la perception de la taxe d'entretien, et de poursuivre et de faire poursuivre, suivant la rigueur des lois, les auteurs et complices des violences commises envers eux, et ce, tant sur la clameur publique que sur les procès-verbaux dressés par lesdits préposés, et remis par eux aux brigades de la gendarmerie nationale.

50. Il est en conséquence ordonné à tous gendarmes en

fonctions, de s'arrêter, dans leurs tournées, à chaque barrière qui se trouvera sur leur route, de recevoir les déclarations que les préposés auroient à leur faire, et de se charger des procès-verbaux des délits qui auroient été commis contre eux, pour les déposer au greffe.

L'affirmation du procès-verbal sera différée jusqu'au jour où le préposé comparoîtra devant le tribunal chargé de la poursuite du délit.

96.

Extrait de la lettre circulaire du ministre des finances relative aux contributions directes. Du 17 Nivôse an VI.

Le Commissaire-Agent particulier, connoissant la situation de toutes les communes de son ressort, commencera sa tournée dans celles seulement en retard de fournir leurs matrices.

Arrivé dans la première de ces communes, soit celle du chef-lieu ou un autre, il requerra l'Agent municipal de convoquer sur-le-champ les répartiteurs de la contribution foncière, se rendra auprès d'eux, leur donnera lecture des articles de la loi du 22 Brumaire et de l'instruction y annexée qui les concernent, et ensuite des articles 11, 12, 14, 15 et 16 de la loi du 10 Prairial an V, relatifs à la répartition de la contribution foncière.

Chargé de leur servir d'aide, il examinera avec eux l'ancienne matrice du rôle, et leur demandera les changemens qu'ils veulent y faire, il rédigera l'état de ces changemens, sous leur dictée, les laissant seuls juges de toutes les évaluations, leur expliquant seulement les lois relatives à cette contribution. Cet état de changement terminé, et signé par les répartiteurs, le commissaire-Agent particulier en prendra copie ainsi que de l'ancienne matrice du rôle, et remettra les originaux à l'Agent municipal pour être déposés au greffe de l'administration. Ce commissaire requerra ensuite l'Agent municipal de convoquer le jury d'équité de la commune, chargé de la répartition de la contribution personnelle ; il donnera également aux jurés lecture de la loi du 22 Brumaire dernier et des articles 7 et suivans de la loi du 14 Thermidor an V, relative à la contribution personnelle ; il procédera ensuite, sous leur dictée, à la rédaction de la matrice de rôle, et, lorsqu'elle sera faite et signée des jurés, vous en enverra de même la copie.

Il y a cette différence essentielle entre les deux contributions, que la foncière est pour les principes la même que celle établie par la loi du premier Décembre 1790, et que dès-lors les anciennes matrices peuvent servir avec des états de changemens ; au lieu que la contribution personnelle est une imposition absolument nouvelle, qui a des principes tout différens de la contribution mobiliaire de 1791 et de la somptuaire de l'an III, en sorte qu'il faut nécessairement de nouvelles matrices.

Nota. Il résulte des circulaires du ministre des finances, des 8 Messidor, 8, 12 et 30 Fructidor an V, 1°. Que dans les municipalités, composées de plusieurs communes, le président convoquera 1°. les Agens municipaux ; 2°. un habitant de chaque commune. Ils s'occuperont ensemble de la répartition du contingent du canton entre toutes les communes.

2°. Qu'ils commenceront d'abord à répartir la somme qui leur aura été assignée en cote personnelle ;

3°. Qu'à la réception de l'arrêté de l'administration centrale qui approuvera ou modifiera la répartition et du tableau qui y sera joint, l'administration municipale, connoissant définitivement le contingent de chaque commune, adressera à l'Agent municipal de chacune d'elles, un mandement qui lui fera connoître le contingent de la commune, etc...;

4°. Que ce mandement devra être publié et affiché à la porte de la maison commune ou autre lieu apparent.

(*Ces lettres circulaires et les lois relatives aux contributions directes forment un code complet des contributions, format in-4°., qui se vend au dépôt des lois. Prix trois francs, franc de port par la poste.*)

97.

Extrait de la loi relative aux arbres de la liberté. Du 24 Nivôse, an VI.

Art. 1. Tous les arbres de la liberté qui ont été abattus, ou qui ont péri naturellement, seront remplacés, s'ils ne l'ont déjà été, aux frais des communes.

2. La plantation des arbres de remplacement se fera le 2 Pluviôse prochain, (21 Janvier, v. st.) dans les communes où la présente loi seroit promulguée, et le décadi suivant dans les autres.

3. A l'avenir toute commune dans l'arrondissement de laquelle un arbre de liberté aura été abattu, ou aura péri naturellement, sera tenue de le remplacer dans la décade, sauf à renouveller cette plantation, s'il y a lieu, par un arbre vivace, dans la saison convenable, aux termes de la loi du 5 pluviôse an II.

4. Tout individu qui sera convaincu d'avoir mutilé, ou tenté d'abattre ou mutiler un arbre de la liberté, sera puni de quatre années de détention.

98.

Extrait de la loi contenant des dispositions pénales, pour la répression des vols et des attentats sur les grandes routes, etc., et le rétablissement de la sûreté publique. Du 29 Nivôse an VI.

Art. 1. Les vols commis à force ouverte ou par violence, sur les routes et voies publiques, ceux commis dans les maisons habitées, avec effraction extérieure ou escalade, seront, à dater de la publication de la présente loi, punis de mort.

2. Ceux qui seront convaincus d'avoir attaqué, sur les routes et voies publiques, soit les voitures publiques de terre ou d'eau, soit les courriers de la poste ou leurs malles, soit les courriers porteurs des dépêches du gouvernement, ou des ministres, ou des autorités constituées, ou des généraux, soit les voyageurs, seront punis de la même peine, lorsqu'il apparoîtra par les circonstances du fait, que ces attaques ont eu lieu dans le dessein d'assassiner, ou de voler, ou d'enlever les lettres, papiers ou dépêches, lors même que l'assassinat, le vol ou l'enlèvement n'auront pas été consommés.

3. Ceux qui seront convaincus de s'être introduits dans des maisons habitées, à l'aide d'effraction extérieure ou d'escalade, seront aussi punis de mort, lorsqu'il apparoîtra par les circonstances du fait, qu'ils avoient le dessein d'assassiner ou de voler, lors même que ces derniers crimes n'auroient pas été consommés.

4. Les cas prévus par les articles précédens, restent soumis à la compétence des juges ordinaires; mais lorsque les délits mentionnés dans les mêmes articles, auront été commis par un rassemblement de plus de deux personnes, les prévenus, leurs

complices, fauteurs et instigateurs, seront traduits par-devant un conseil de guerre, et jugés par lui.

9. Pour tous les délits mentionnés dans la présente loi, les mandats d'amener pourront être décernés par celui des fonctionnaires publics ci-après désignés, qui, le premier, aura été informé du crime; savoir :

Le directeur du jury,

Le juge de paix,

Le commissaire de police,

L'Agent municipal dans les communes au-dessous de cinq mille habitans, ou son Adjoint,

Les officiers de gendarmerie nationale, sans qu'ils aient besoin, à cet égard, d'aucune réquisition du directeur du jury; à l'effet de quoi il est dérogé aux articles 145 et 146 du code des délits et des peines.

10. Les Agens militaires, et ceux des fonctionnaires publics qui, n'ayant pas le droit de décerner des mandats d'arrêt, ont été autorisés par l'article précédent, à lancer des mandats d'amener, seront tenus, sous les peines portées contre les détentions arbitraires, de traduire, sans délai, les individus qu'ils auront fait saisir, par-devant l'un des fonctionnaires publics compétens, pour décerner les mandats d'arrêt.

99.

Extrait de l'arrêté du directoire exécutif, concernant la surveillance des écoles particulières, maisons d'éducation et pensionnats. Du 17 Pluviose an VI.

Art. 1. Toutes les écoles particulières, maisons d'education et pensionnats, sont et demeurent sous la surveillance spéciale des administrations municipales de chaque canton.

En conséquence, chaque administration municipale sera tenue de faire, au moins une fois par chaque mois, et à des époques imprévues, la visite desdites maisons qui se trouvent dans son arrondissement, à l'effet de constater,

1°. Si les maîtres particuliers ont soin de mettre entre les mains de leurs élèves, comme base de la première instruction, les droits de l'homme, la constitution, et les livres élémentaires qui ont été adoptés par la convention;

2°. Si l'on observe les décadis; si l'on y célèbre les fêtes républicaines, et si l'on s'y honore du nom de citoyen;

3°. Si l'on donne à la santé des enfans, tous les soins qu'exige la foiblesse de leur âge; si la nourriture est propre et saine; si les moyens de discipline intérieure ne présentent rien qui tende à avilir et à dégrader le caractère; si les exercices enfin y sont combinés de manière à développer le plus heureusement possible les facultés physiques et morales.

2. Les membres des administrations municipales choisis et nommés par elles, pour procéder à ces visites dans leurs arrondissemens respectifs, s'adjoindront un membre au moins du jury d'instruction publique; et ils seront toujours accompagnés du commissaire du directoire exécutif, près chaque administration municipale de canton.

3. Les administrations municipales dresseront procès-verbal de ces visites, et en transmettront copie aux administrations centrales de leurs départemens: celles-ci en rendront compte au ministre de l'intérieur.

Cependant elles pourront provisoirement prendre telle mesure qu'elles jugeront, pour arrêter ou prévenir les abus, même en ordonnant la suspension ou la clôture de ces écoles, maisons d'éducation ou pensionnats.

100.

Extrait de l'arrêté du directoire exécutif, contenant des mesures pour prévenir les incendies dans les forêts nationales. Du 25 Pluviôse an VI.

Art. 1. Lorsqu'un incendie se manifestera dans la forêt d'Orléans, toutes les communes riveraines seront tenues, à la première réquisition des gardes forestiers, de leur aider à y porter secours, et à arrêter les effets du feu.

2. Celles qui s'y refuseroient, même les particuliers qui, sans raison valable, s'en dispenseroient, seront notés, et privés de l'exercice du droit de pâturage dans la forêt.

3. Les dispositions de l'article 32 du titre 27 de l'ordonnance de 1669, qui défendent de porter ou d'allumer du feu dans les forêts, continueront d'être exécutées selon leur forme et teneur.

4. Les Agens forestiers et les municipalités riveraines, sont chargés de prévenir les délits de cette espèce, d'en rechercher, dénoncer les auteurs, et de les poursuivre suivant la rigueur des lois.

101.

Extrait de la loi relative aux élections. Du 28 Pluviôse an VI.

Art. 1. Les séances des assemblées primaires, communales et électorales, s'ouvriront à neuf heures du matin, et pourront se continuer jusqu'à sept heures du soir.

2. Dans toute élection, après le premier appel nominal des citoyens ayant droit de voter, il y aura un réappel.

3. Chaque votant sera appelé nominativement, par le secré-

taire ou par l'un des scrutateurs, et écrira son bulletin d'élection sur le bureau ; et s'il ne sait pas écrire, un des membres du bureau, écrira le bulletin sous la dictée du votant et sous l'inspection des autres membres du bureau.

4. Les dispositions de la loi du 25 fructidor an III, et de l'instruction du 5 ventôse an V, contraires à la présente, sont rapportées.

102.

Extrait de la loi qui détermine un mode pour procéder aux élections. Du 28 Pluviôse an VI.

Art. 1. Le scrutin de réduction ou de rejet, est aboli.

2. Toute élection se fera à la majorité absolue ou relative, par la voie des scrutins individuels, de ballotage ou de liste, conformément à la loi du 22 décembre 1789, et à l'instruction du 8 janvier 1790 (*vieux style*).

3. L'application des deux modes de scrutin ci-dessus aux différentes élections, sera déterminée par une nouvelle instruction. (Cette instruction est du 18 ventôse an VI, et se trouve dans le bulletin des lois, n°. 188).

4. Les dispositions de la loi du 25 fructidor an III, et de l'instruction du 5 ventôse an V, contraires à la présente, sont rapportées.

103.

Extrait de la loi contenant instruction sur la tenue des assemblées primaires et communales. Du 18 Ventôse, an VI.

Les assemblées communales sont celles qui se tiennent dans les communes au-dessous de cinq mille habitans, pour la nomination des Agens municipaux et de leurs Adjoints.

CHAPITRE I.

CHAPITRE PREMIER.

§. III.

Comment les corps administratifs doivent indiquer le nombre des élections à faire, chaque année, en chaque assemblée communale et primaire.

Art. I. Les assemblées communales n'élisent que l'Agent municipal de la commune, et son Adjoint.

Tous les Agens municipaux et Adjoints qui auront exercé leurs fonctions durant deux années, sont renouvellés de plein droit.

Chaque année l'administration municipale doit en donner avis aux communes qui auront à procéder à ces renouvellemens.

Dans le cas où une place d'Agent municipal ou d'Adjoint viendroit à vaquer, les membres restans de l'administration nommeront un remplaçant provisoire, qui reste en exercice jusqu'à l'époque ordinaire des élections: alors l'assemblée communale nomme un remplaçant définitif pour une année seulement, s'il restoit encore un an d'exercice au remplacé; pour deux ans, si la mission du remplacé devoit expirer à l'époque même où l'assemblée procède à son remplacement.

Il faut observer 1°. que les Agens municipaux et Adjoints dont la mission finira au premier germinal prochain, pourront être réélus immédiatement; 2°. que nul ne pourra jamais être Agent municipal ni Adjoint pendant plus de quatre années consécutives; 3°. qu'après avoir été, durant quatre années consécutives, deux ans Adjoint et deux ans municipal, on ne peut plus être ni Agent municipal ni Adjoint qu'après un intervalle de deux années.

En conséquence de ces règles, toutes les fois qu'une assemblée communale sera convoquée, l'administration municipale aura soin d'indiquer si l'Agent ou l'Adjoint à renouveller peut ou ne peut pas être réélu.

CHAPITRE III.

Du mode des scrutins à suivre dans les assemblées primaires et communales, pour les élections des fonctionnaires publics.

Nous rappelerons d'abord les dispositions de la loi du 28 pluviôse, qui détermine le mode des scrutins conformément à celle du 22 décembre 1789 ; et nous ferons ensuite l'application des deux modes de scrutin aux différentes élections à faire dans les assemblées primaires et communales.

Nous répéterons seulement ici que l'article premier de la loi du 28 pluviôse a aboli le scrutin de réduction ou de rejet, et rapporté sur ce point les dispositions de la loi du 25 fructidor an III, et de l'instruction du 5 ventôse an V, en ce qui seroit contraire aux formes que nous allons exposer.

Il ne doit donc plus être question de scrutin de rejet.

PREMIER.

Exposition des modes de scrutin.

Avant de procéder à une élection, on commence toujours par un premier appel nominal de tous les citoyens qui ont droit de voter ; et pour faciliter à chacun l'exercice de ce droit, qu'il n'est permis à personne de négliger, on fait un réappel, c'est-à-dire que l'on appele de nouveau ceux qui n'ont point répondu au premier appel.

Alors chaque votant, appelé nominativement par le secrétaire ou l'un des scrutateurs, écrit sur le bureau son bulletin d'élection, s'il sait écrire : s'il ne le sait pas, un des membres du bureau écrit sous la dictée du votant et sous l'inspection des autres membres du bureau.

Il n'y a que deux modes de scrutin, le scrutin individuel, le scrutin de ballotage ou de liste : la loi du 28 pluviôse n'a réservé que ces deux modes, et l'expérience à dû prouver et démontrera qu'ils sont suffisans.

Le scrutin individuel s'applique au cas où il ne s'agit que de l'élection d'un seul fonctionnaire public, sur lequel on vote séparément, et qui ne peut jamais être élu qu'à la majorité absolue des suffrages, c'est-à-dire, par la moitié plus un.

Si ce premier tour de scrutin n'a pas fourni cette majorité, et que l'on ait été obligé de passer à un second qui n'aura pas produit cette pluralité, alors on fait un troisième tour, mais pour voter seulement entre les deux citoyens qui auront réuni le plus de suffrages par le second tour de scrutin.

Le scrutin de ballotage ou de liste s'applique à l'élection de plusieurs candidats, conformément à ce qui a été prescrit par le chapitre II de la présente instruction, et le résultat se proclame par le président.

§. II.

Application de ces deux modes de scrutin aux élections à faire dans les assemblées communales

Dans une assemblée communale, après l'élection des président, secrétaire et scrutateurs, il ne peut jamais y avoir plus de deux élections à faire, savoir, celle de l'Agent municipal et celle de son Adjoint.

L'élection de l'Agent municipal doit se faire au scrutin individuel et à la majorité absolue des suffrages.

Alors il se fait un appel nominal et un réappel ; chaque votant dépose dans le vase un billet qui ne contient qu'un seul nom.

L'appel et le réappel finis, le scrutin déclaré fermé par le président, les scrutateurs l'ouvrent en présence de l'assemblée, et procèdent au dépouillement des bulletins.

Le président en proclame le résultat. Si la majorité absolue n'est pas acquise, on fait un second tour dans la même forme ; et si ce second tour ne la produit pas, on en fait un troisième, qui ne porte que sur les deux candidats qui sont déclarés avoir réuni le plus de suffrages au second tour.

S'ils obtenoient chacun un nombre égal de voix, ce seroit le plus âgé qui seroit proclamé Agent municipal.

L'élection de l'Adjoint se fait au scrutin individuel, à la pluralité relative des suffrages, c'est-à-dire que celui qui, comparativement aux autres, aura réuni le plus de suffrages, sera proclamé l'Adjoint.

Si une assemblée communale étoit divisée en plusieurs bureaux, chaque bureau feroit ses recensemens partiels, et les porteroit au bureau général, qui proclameroit les résultats des élections, par l'organe du président de l'assemblée. Il est aisé de sentir que nul candidat ne peut être élu par la majorité absolue ou relative des votans attachés à un bureau particulier. On ne peut être élu qu'en conséquence du recensement général.

On conçoit aussi sur le scrutin de liste ou ballotage, que, si deux candidats avoient réuni un nombre égal de suffrages, le plus âgé seroit préféré.

Observations générales.

On a élevé la question de savoir si les militaires sans congé ont le droit de voter dans les assemblées primaires et communales. Par un argument tiré de l'article 275 de la constitution, il est clair que ces militaires font partie d'un corps armé : telle est la condition des jeunes gens de la première réquisition ; et tous les militaires qui n'ont pas rejoint leurs drapeaux, ou qui les ont quitté sans congé, ou qui ne les ont pas rejoints après l'expiration de leurs congés, ou dont les congés ont été annullés, ne sont point dégagés de l'obligation du service militaire ; d'où il suit qu'ils n'ont pas droit de voter dans les assemblées primaires et communales.

Au commencement de chaque séance d'une assemblée primaire et communale, le secrétaire fait lecture du procés-verbal de la séance de la veille ; et après que l'assemblée a terminé toutes les élections qui formoient l'objet de sa convocation, le secrétaire lit le procès-verbal de la dernière séance seulement.

Immédiatement après cette lecture, et lorsque la rédaction en a été adoptée par la majorité des membres présens, le président déclare que l'assemblée est dissoute.

Les présidens, secrétaires et scrutateurs des assemblées primaires et communales, déposeront les procès-verbaux de ces nominations aux archives des administrations municipales. (Voyez l'instruction, n°. 183 du bulletin des lois).

104.

Extrait de l'arrêté du directoire exécutif qui prescrit des mesures pour la stricte exécution du calendrier républicain. Du 14 germinal an VI.

Art. I. Les administrations municipales tant des cantons

ruraux que des communes de cinq mille habitans et au-dessus, sont tenues de regler leurs séances sur la décade.

Elle peuvent les tenir les décadis.

Les commissaires du directoire exécutif sont tenus de dénoncer celles qui régleroient leurs séances sur les dimanches et fêtes de l'ancien calendrier.

III. Les administrations municipales fixeront à des jours déterminés de chaque décade, les marchés de leurs arrondissemens respectifs, sans qu'en aucun cas l'ordre qu'elles auront établi puisse être interverti sous prétexte que les marchés tomberoient à des jours ci-devant fériés.

Elles s'attacheront spécialement à rompre tout rapport des marchés au poisson avec les jours d'abstinence désignés par l'ancien calendrier.

IV. Les arrêtés qu'elles prendront en conséquence de l'article précédent, seront proclamés à son de trompe ou de caisse; et tout individu qui étalera ses denrées ou marchandises dans les marchés hors des jours fixés par ces arrêtés, sera poursuivi devant le tribunal de police comme ayant embarrassé la voie publique, pour être puni conformément à l'article 605 du code des délits et des peines.

XV. Les administrations municipales veilleront à ce que le calendrier républicain soit ponctuellement et uniquement observé dans les affiches de toute espèce et dans les écriteaux annonçant des maisons à louer.

Elles feront arracher les affiches et enlever les écriteaux dans lesquels il auroit été contrevenu au présent article.

En cas de négligence de leur part, elles seront dénoncées au ministre de la police générale.

XVII. Les administrations municipales des cantons ruraux où

l'ouverture des moissons, des vendanges et de la fauchaison est fixée soit par l'autorité publique, soit par les cultivateurs assemblés, veilleront à ce que les époques ne soient désisignées que dans les termes du calendrier républicain : les contraventions qu'elles tolèreroient, seront dénoncées au ministre de la police générale.

105.

Extrait de la loi relative à l'organisation de la gendarmerie nationale. Du 28 Germinal an VI.

TITRE IX.

Des fonctions de la gendarmerie nationale; de ses rapports avec les autorités civiles, la garde nationale en activité, et la garde nationale sédentaire.

§. PREMIER.

Fonctions ordinaires de la gendarmerie.

Art. 125. Les fonctions essentielles et ordinaires de la gendarmerie nationale, sont :

1°. De faire des marches, etc. (*Voyez le texte de la loi ci-dessus, page* 113 *et suivantes du Manuel*).

131. La maison de chaque citoyen étant un asyle inviolable pendant la nuit, la gendarmerie nationale ne pourra y entrer que dans les cas d'incendie, d'inondation, ou de réclamation venant de l'intérieur de la maison.

Elle pourra, pendant le jour, dans les cas et formes prévus par les lois, exécuter les ordres des autorités constituées.

Elle ne pourra faire aucune visite dans la maison d'un citoyen, où elle soupçonneroit qu'un coupable s'est réfugié, sans un mandat spécial de perquisition, décerné, soit par le directeur du jury, dans le cas où il instruit comme officier de police judiciaire, soit par le juge de paix, soit par le commissaire de police, soit par l'Agent ou Adjoint municipal, faisant les fonctions de commissaire de police; mais elle pourra investir la maison ou la garder à vue, en attendant l'expédition du mandat.

132. Tous procès-verbaux de corps de délit, de capture, d'arrestation, seront envoyés, dans les vingt-quatre heures, au juge de paix, ou à tout autre officier de police judiciaire, dans l'arrondissement duquel les crimes ou délits auront été commis ou les prévenus arrêtés.

140. En toutes occasions, les officiers, sous-officiers et gendarmes de la gendarmerie nationale, prêteront sur-le-champ la main-forte qui leur sera demandée par réquisitions légales; ils exécuteront et feront exécuter les réquisitions qui leur seront adressées par les administrations centrales, municipales, par les commissaires du directoire exécutif près d'elles, pour le maintien ou le rétablissement de la tranquillité publique; et par les commissaires du directoire près les tribunaux, seulement lorsqu'il s'agira d'exécuter les jugemens et ordonnances de justice.

143. La gendarmerie nationale ne pourra être requise par les administrations centrales, municipales, et par les commissaires du directoire près ces administrations, que dans l'étendue de leur territoire.

145. Les capitaines et les lieutenans de la gendarmerie nationale, pourront, sur l'invitation d'une administration municipale, ou du commissaire du directoire exécutif près d'elle, porter une ou plusieurs brigades de leurs compagnies et lieutenances, aux foires, marchés, fêtes et cérémonies publiques, où ils apprendront qu'il doit y avoir un grand concours de

citoyens. Il sera fait mention de ce rassemblement, sur le journal habituel ; et les brigades qui auront été rassemblées, rentreront, dans le jour même, à leurs résidences respectives, à moins d'une réquisition de l'administration municipale, ou du commissaire : dans ce dernier cas, l'administration ou le commissaire, sont tenus de prévenir sur-le-champ l'administration centrale.

147. Les autorités civiles qui requerront les commandans de gendarmerie nationale, dans les cas prévus par la loi, ne pourront le faire autrement que par écrit. Les réquisitions énonceront la loi, l'arrêté du directoire, ou de l'administration, ou de toute autre autorité constituée, en vertu desquels la gendarmerie devra agir, elles seront adressées aux commandans de la gendarmerie des arrondissemens respectifs. Défenses sont faites auxdits commandans, de mettre à exécution celles qui ne seroient pas revêtues de ces formalités, sous peine d'être poursuivis comme coupables d'actes illégaux et arbitraires.

232. Dans le cas d'émeute populaire, la résistance ne pourra être vaincue par la force des armes, qu'en vertu d'un arrêté d'une administration centrale ou municipale, et qu'avec l'assistance d'un des administrateurs, qui sera tenu de remplir les formalités suivantes :

L'administrateur présent prononcera à haute voix ces mots :

« Obéissance à la loi : on va faire usage de la force ; que les » bons citoyens se retirent ».

Après cette sommation trois fois réitérée, si la résistance continue, et si les personnes attroupées ne se retirent pas paisiblement, la force des armes sera à l'instant déployée contre les séditieux, sans aucune responsabilité des événemens ; et ceux qui pourroient être saisis ensuite, seront livrés aux officiers de police, pour être jugés et punis suivant la rigueur des lois.

233. Les chefs de la gendarmerie nationale, les commandans de brigade, et les gendarmes qui refuseront d'exécuter les réquisitions qui leur seront faites par les autorités civiles, dans les cas prévus par la loi, seront destitués de leurs fonctions.

106.

Arrêté du directoire exécutif, concernant la police du droit de pêche. Du 28 Messidor an VI (1).

107.

Extrait de la loi portant que les cousins-germains peuvent être simultanément membres d'une même administration. Du 14 Thermidor an VI.

Art. 1. La loi contenant instruction sur la tenue des assemblées électorales, du 6 germinal an VI, est rectifiée en ce qu'elle suppose que les cousins-germains ne peuvent être membres simultanément de la même administration.

108.

Extrait de la loi contenant des mesures pour coordonner les jours de repos avec le calendrier républicain. Du 17 Thermidor an VI.

Art. 1. Les décadis et les jours de fêtes nationales, sont des jours de repos dans la république.

2. Les autorités constituées, leurs employés et ceux des

---

(1) Le texte de cet arrêté est rapporté dans l'article *pêche*, ci-dessus page 160 et suiv.

bureaux au service public, vaquent les jours énoncés, sauf les cas de nécessité et l'expédition des affaires criminelles.

3. Les écoles publiques vaquent les mêmes jours, ainsi que les écoles particulières et pensionnats des deux sexes. Les administrations feront fermer les établissemens d'instruction, où l'on ne se conformeroit pas aux dispositions du présent article.

4. Les écoles publiques, ainsi que les établissemens particuliers d'instruction pour les deux sexes, ne pourront vaquer aucun autre jour de la décade, que le quintidi, sous les peines portées en l'article 3.

5. Les significations, saisies, contraintes par corps, ventes et exécutions judiciaires, n'ont pas lieu les jours affectés au repos des citoyens, à peine de nullité.

Demeurent toutefois exceptés, les actes de procédure qui, par des lois particulières, ont été renvoyés au décadi, en remplacement des jours ci-devant fériés.

6. Les ventes à l'encan ou cri public, n'ont pas lieu les mêmes jours, à peine d'une amende qui ne peut être moindre de 25 francs, ni excéder 300 francs.

7. Il ne se fait aucune exécution criminelle, les décadis et jours de fêtes nationales; en conséquence, il est dérogé, en cette partie seulement, à l'article 443 du code des délits et des peines,

8. Durant les mêmes jours, les boutiques, magasins et atteliers seront fermés, sous les peines portées en l'article 605 du code des délits et des peines; sans préjudice, néanmoins, des ventes ordinaires de comestibles et objets de pharmacie.

En cas de récidive, il y aura lieu à l'amende portée en l'article 6, et à un emprisonnement qui ne pourra excéder une décade.

9. Pourront cependant, les administrations municipales, autoriser les étalages portatifs d'objets propres à l'embellissement des fêtes.

10. Tous travaux dans les lieux et voies publiques, ou en vue des lieux et des voies publiques, sont interdits durant les mêmes jours, sous les peines portées en l'article 8; sauf les travaux urgens spécialement autorisés par les corps administratifs, et les exceptions pour les travaux de la campagne, pendant le tems des semailles et des récoltes, conformément à l'article 2 de la section 5 de la loi du 6 octobre 1791.

109.

Extrait de l'arrêté du directoire exécutif, sur l'execution des lois relatives aux réquisitionnaires et aux déserteurs. Du 3 fructidor an VI.

Art. 1. L'exécution des lois et arrêtés relatifs aux militaires, réquisitionnaires et déserteurs, qui doivent être renvoyés à l'armée, est confiée directement à la gendarmerie, sous la surveillance des généraux divisionnaires, des administrations centrales et municipales, et des commissaires près d'elles.

2. Les administrations centrales et municipales, les commissaires du directoire exécutif près d'elles, et les Agens municipaux de commune, seront tenus, sous leur responsabilité personnelle, de coopérer de tout leur pouvoir, à assurer l'effet des mesures qui seront prises par la gendarmerie, pour l'arrestation des militaires, réquisitionnaires et déserteurs, soit en fournissant la liste de ceux qui se trouveront dans leurs ressorts respectifs, soit en prêtant main-forte, en cas de besoin, conformément à la loi du 4 frimaire an IV, sous les peines portées par cette loi, et celle du 24 brumaire dernier.

9. Les dispositions des lois et arrêtés relatifs à la désertion et

à la réquisition, continueront à être exécutées, et il est enjoint à toutes les autorités civiles et militaires, sous les peines portées par la loi, de dénoncer, poursuivre et faire punir tous déserteurs, tous porteurs de faux congés, tous fauteurs de désertion et officiers de santé prévaricateurs.

110.

Extrait de la loi relative à la célébration des décadis. Du 13 Fructidor an VI.

Art. 1. Chaque décadi, l'administration municipale avec le commissaire du pouvoir exécutif et le secrétaire, se rendent en costume, au lieu destiné à la réunion des citoyens, et y donnent lecture des lois et actes de l'autorité publique adressés à l'administration pendant la décade précédente.

2. Le directoire exécutif donnera les ordres nécessaires pour la publication et l'envoi à chaque administration municipale, d'un bulletin décadaire des affaires générales de la république.

Ce bulletin fera connoître en même-tems les traits de bravoure et les actions propres à inspirer le civisme et la vertu;

Il contiendra de plus un article instructif sur l'agriculture et les arts mécaniques.

Il en sera donné lecture à la suite de celle des lois.

3. La célébration des mariages n'a lieu que le décadi, dans le local destiné à la réunion des citoyens, au chef-lieu du canton, ou dans les municipalités particulières, des cantons divisés en plusieurs municipalités.

4. A compter du premier vendémiaire de l'an VII, le président de chaque administration municipale de canton, ou

celui qui le remplacera fera les fonctions d'Officier civil quant à la célébration des mariages:

A cet effet, il sera ouvert un double registre de mariages dans chaque administration municipale.

Les actes de mariage soit des différentes communes de canton, soit de l'arrondissement municipal, seront inscrits sur ce registre, et signés par le président de l'administration municipale, ou par celui qui en remplit les fonctions, et par le secrétaire de la municipalité; sans préjudice des autres formalités prescrites par les lois existantes.

A compter de la même époque, les Officiers publics et les Agens municipaux qui en exercent les fonctions cesseront de recevoir lesdits actes de mariage, à peine de nullité et dommages-intérêts des parties.

5. Le décadi, il est donné connoissance aux citoyens des naissances et décès, ainsi que des actes ou jugemens portant reconnoissance d'enfans nés hors mariage, des actes d'adoption et des divorces qui auront eu lieu durant la décade.

A cet effet, chaque Agent municipal ou Officier public remettra ou fera parvenir au président de l'administration municipale, la notice des actes ci-dessus énoncés qu'il aura reçus pendant la décade. Le secrétaire en donnera récépissé.

6. Les instituteurs et institutrices d'écoles soit publiques, soit particulières, sont tenus de conduire leurs élèves, chaque jour de décadi ou de fête nationale, au lieu de la réunion des citoyens.

III.

Extrait de la loi relative à la formation de l'armée de terre. Du 19 Fructidor an VI.

TITRE II.

Des enrôlemens volontaires.

Art. 6. Les français qui, depuis l'âge de dix-huit ans accomplis, jusqu'à ce qu'ils aient trente ans révolus, desirent s'enrôler volontairement pour servir dans l'armée de terre, se font inscrire sur un registre particulier, tenu à cet effet par les administrations municipales, qui dressent verbal de cette inscription; ce verbal indique les noms, prénoms, l'âge, la taille, le domicile des enrôlés, et contient leur signalement.

Ces administrarions n'inscrivent que les citoyens porteurs d'un certificat de bonne conduite, signé de l'Agent municipal de leur commune et du juge de paix de leur canton, ou de l'administration municipale et du juge de paix de leur commune.

TITRE III.

De la conscription militaire.

Art. 15. La conscription militaire comprend tous les français depuis l'âge de vingt ans accomplis jusqu'à celui de vingt-cinq ans révolus.

16. Ne sont pas compris dans la conscription militaire :

1°. Les français de l'âge déterminé par l'article précédent, qui appartiennent actuellement à l'armée de terre.

2°. Ceux du même âge, qui étoient mariés avant le 23 Nivôse dernier.

3°. Ceux du même âge, qui ayant été mariés avant la même époque, seroient devenu veufs ou auroient divorcé, pourvu qu'ils aient des enfans.

4°. Ceux du même âge qui étoient officiers ou sous-officiers, et qui ont été renvoyés comme surnuméraires, mais ils restent dans l'obligation de rejoindre, jusqu'à ce qu'ils aient quatre années de service effectif, ou qu'ils aient dépassé l'âge de la conscription ; le tems qu'ils passent dans leurs foyers compte comme service effectif ; et, lorsqu'ils sont rappelés, ils ne peuvent être contraints à servir que dans le grade qu'ils avoient déjà.

5°. Ceux du même âge qui sont porteurs de congés absolus. Ceux qui n'auroient obtenu des congés absolus que comme ayant été indument forcés de prendre les armes avant l'âge de la réquisition, ne sont pas dispensés de la conscription militaire ; ils doivent au contraire y être compris d'après leur âge ; mais le tems du service qu'ils auroient déjà fait, leur sera précompté.

6°. Ceux du même âge, qui sont, d'après les lois, destinés ou employés au service de la marine, inscrits, immatriculés ou brevetés comme tels ; mais ceux qui cesseroient d'appartenir au service de la marine avant l'âge de vingt-cinq ans révolus, rentreront et seront compris dans la conscription militaire pour l'armée de terre.

17. Les défenseurs conscrits sont divisés en cinq classes : chaque classe ne comprend que les conscrits d'une même année ; la première classe se compose des français qui, au premier vendémiaire de chaque année, ont terminé leur vingtième année ;

La seconde classe se compose de ceux qui, à la même époque, ont terminé leur vingt-unième année ;

La

La troisième classe comprend ceux qui, à la même époque, ont terminé leur vingt-deuxième année, ainsi de suite, classe par classe, année par année.

18. Il n'est apporté, dans le cours de l'année, aucun changement dans la division des classes, de manière que le français qui a terminé sa vingtième année n'est compris dans la conscription militaire que le premier vendémiaire suivant; et que celui qui a terminé sa vingt-cinquième année, y reste compris jusqu'à la même époque.

TITRE IV.

Mode d'exécution.

Art. 24. Dans le mois de la publication de la présente loi, il sera formé par les administrations municipales de commune et de canton, des tableaux, sur lesquels seront inscrits tous les français de leur arrondissement, qui, en vertu des titres précédens, sont compris dans la conscription militaire pour l'armée de terre.

Ces tableaux seront faits séparément, classe par classe; et chacun d'eux ne comprendra que les conscrits d'une même classe; ils indiqueront les nom, prénoms, l'an, le mois, le jour de naissance, la taille, la profession et la commune du domicile du conscrit.

25. Avant l'expiration du même mois, les administrations municipales adresseront aux administrations centrales de département, des copies certifiées de ces tableaux.

27. A l'avenir, chaque année, dans la première décade de vendémiaire, les administrations municipales dresseront, dans la même forme, le tableau des français de leur arrrondissemens respectifs, qui, dans le courant de l'année précédente, auront terminé leur vingtième année; après quoi elles délivre-

ront des congés absolus à ceux des conscrits qui n'étant point en activité de service, auront, à cette époque, terminé leur vingt-cinquième année.

28. Dans le courant de vendémiaire de chaque année, les administrations municipales adresseront aux administrations centrales de leurs départemens respectifs, des copies certifiées du tableau prescrit par l'article précédent.

30. Si les administrations municipales ou de département négligeoient de former et d'envoyer les tableaux de conscription, dans les délais et formes indiqués par la présente loi, il sera nommé des commissaires extraordinaires pour la confection de ces tableaux; ces commissaires seront payés, et les frais en seront supportés personnellement par les administrateurs de communes, cantons ou départemens en retard.

Ces commissaires extraordinaires seront nommés, et leur paiement sera réglé et ordonné par voie administrative; savoir par les administrations centrales, contre les administrations municipales, et par le ministre de la guerre, contre les administrations centrales.

33. Les tableaux particuliers de cantons et de communes resteront publics au sécrétariat des administrations municipales, tout citoyen aura le droit d'en prendre communication, et de réclamer contre les omissions.

112.

Extrait de la loi contenant des dispositions nouvelles pour l'exacte observation de l'annuaire de la République. Du 23 fructidor an VI.

Art. I. Il est défendu d'employer dans tous les actes ou conventions, soit publiques, soit privées, aucune autre date ni indication que celle tirée de l'annuaire de la République, ainsi que d'y rappeler l'ère ancienne avec la nouvelle, à peine d'une amende de dix francs contre tout signataire particulier, et de cinquante francs contre tous fonctionnaires publics, notaires et employés de la République, en contravention.

4. Il est défendu d'employer ou de rappeler aucune autre date ou indication que celle de l'annuaire de la République, dans tous ouvrages périodiques, affiches ou écriteaux, quels qu'ils soient, à peine, contre les auteurs ou imprimeurs, de l'amende portée en l'article premier contre les fonctionnaires publics.

Dans tous les cas les autorités chargées de la police tiendront la main à ce que les affiches ou écriteaux en contravention soient enlevés.

6. Dans les communes où il y a des marchés ou étalages particuliers de comestibles ou autres objets, à des jours périodiques de l'ère ancienne, les administrations municipales, les bureaux centraux, replaceront pareillement lesdits marchés et étalages à des jours périodiques de la décade; et lesdits marchés et étalages n'auront lieu que les jours indiqués, sous la peine d'une amende de trois journées de travail et au-dessous, ou d'un emprisonnement qui n'excédera pas trois jours.

7. Les jours indiqués dans l'article précédent et ceux mentionnés dans l'article 5, les marchands seront obligés de tenir leurs boutiques ouvertes, sous les peines portées en l'article précédent, sauf les empêchemens dont les administrations municipales jugeront la légitimité.

8. Dans les communes où il y a des jours ou époques en usage par les congés, ouverture ou expiration de locations rurales et autres, les administrations municipales les remplaceront pareillement à des jours fixes de l'annuaire de la République, et la nouvelle fixation servira de règle aux tribunaux.

113.

Extrait de la loi relative à la contribution personnelle, mobiliaire et somptuaire, des années V et VI. Du 7 vendémiaire an VII.

Art. I. Tout contribuable cotisé pour l'an V et l'an VI à une cote mobiliaire, excédant en principal le vingtième de son revenu mobilier, sera admis à réclamation dans le mois qui suivra la publication de la présente loi, en joignant à sa pétition ;

1°. Un certificat de paiement du tiers de sa contribution personnelle et mobiliaire, et de la totalité de sa contribution somptuaire, tant en principal que centimes additionnels ;

2°. La déclaration prescrite par l'art. 11 de la loi du 14 thermidor an V.

Le paiement provisoire n'est pas exigible pour les demandes motivées pour doubles emplois et erreurs de noms, certifiées dans les campagnes par l'Agent de la commune, ou par l'administration municipale de commune ou d'arrondissement.

2. Les revenus mobiliers, assis sur le trésor national, les traitemens et salaires publics, imposés à une cote mobiliaire excédant en principal le quarantième de leur montant, seront dégrévés dans cette même proportion, en justifiant par le réclamant, des paiemens provisoires ordonnés par l'article premier; les administrations centrales et municipales prendront en considération la nature des paiemens faits aux rentiers et pensionnaires.

5. Les administrations municipales, dans la première décade du second mois de la publication de la présente loi, adresseront à l'administration centrale l'état nominatif de

tous les réclamans, avec le montant de leur contribution, tant en principal que centimes additionnels.

7. Les administrations municipales communiqueront toutes les demandes en modération ou décharge aux commissaires du directoire exécutif, Agens particuliers des contributions directes. Ces derniers assisteront à toutes les vérifications qui seront ordonnées; ils feront leur rapport conformément à la loi du 22 brumaire an VI, et à l'instruction qui y est annexée.

8. L'administration municipale, si le contribuable a rempli toutes les formalités prescrites par l'article premier, statuera, dans les trois mois qui suivront la publication de la présente loi, sur toutes les demandes en décharge ou réduction de la contribution personnelle, mobiliaire et somptuaire des années V et VI, après s'être procuré tous les renseignemens locaux qui peuvent assurer la justice de ses décisions.

9. Les décisions des administrations municipales ne seront exécutées qu'après avoir été soumises au *visa* de l'administration centrale, qui pourra les admettre, les rejeter ou les modifier.

114.

Extrait de la loi sur les patentes pour l'an VII. Du premier brumaire an VII (1).

4. Les patentes seront prises dans les trois premiers mois de l'année, pour l'année entière, sans qu'elles puissent être bornées à une partie de l'année, ceux qui entreprendront, dans le courant de l'année, un commerce, une profession, une industrie, sujet à patente, ne devront le droit qu'au *pro-rata* de l'année, calculée par trimestre, et sans qu'un trimestre

(1) L'article premier de cette loi abroge les lois des 6 fructidor an IV, 9 frimaire, 9 pluviôse an V, et 7 brumaire an VI.

puisse être divisé. Ils seront tenus de payer le *prorata* dans le premier mois de leur établissement. Aucune patente ne sera délivrée au *prorata*, que sur le vu du certificat de l'administration municipale du canton, d'après le rapport de l'Agent municipal ou de son Adjoint, de la commune du requérant. Ce certificat constatera que le requérant n'a point encore exercé aucun état sujet à patente. Dans les communes où la population excède cinq mille ames, ces certificats seront délivrés par les Officiers municipaux ; ils seront présentés au receveur de l'enregistrement, lors du paiement, et rapportés avec la quittance aux administrateurs chargés de délivrer la patente.

9. Dans le mois de la publication de la présente, les Agens de chaque commune, seront tenus de dresser un tableau de tous ceux qui y exercent les commerce, industrie, métiers ou professions désignés par le tarif. Ce tableau contiendra, par colonnes, les noms, demeures, professions et loyers de ceux qui y sont compris. Une cinquième colonne sera réservée en blanc. Ils remettront ce tableau, avant l'expiration du même mois, au commissaire du directoire exécutif, près l'administration municipale du canton.

10. Le commissaire présentera le tableau mentionné en l'article ci-dessus, à l'administration municipale du canton, dans la séance qui suivra immédiatement la remise, pour faire remplir la colonne restée en blanc, de la somme due, suivant le tarif, et faire arrêter, par les administrateurs, le montant des sommes fixées dans le tableau de chaque commune. Il pourra faire, lors de ladite opération, toutes observations et réquisitions qu'il jugera convenables.

11. Lorsque les tableaux, fournis par l'Agent de chaque commune, auront été arrêtés par l'administration municipale du canton, le commissaire du directoire exécutif, près cette

administration, réunira, avec le même ordre, et en laissant une sixième colonne en blanc, dans un tableau général, tous les tableaux de chaque commune de canton, et l'enverra au commissaire du directoire exécutif près l'administration centrale. Il remettra ensuite à chaque Agent, le tableau particulier de la commune.

38. Tout citoyen qui expose des marchandises en vente, dans quelque lieu que ce soit, est tenu d'exhiber sa patente toutes les fois qu'il en est requis par les juges de paix, commissaires de police, administrateurs, Agens ou Adjoints municipaux, et commissaires du pouvoir exécutif.

Si celui qui n'est point pourvu de patente ou qui ne la représente point, vend hors de son domicile, les objets exposés en vente seront saisis ou séquestrés aux frais du vendeur jusqu'à la représentation d'une patente convenable. S'il vend à son domicile, il sera dressé un procès-verbal qui sera envoyé au commissaire du directoire exécutif près l'administration municipale, pour faire poursuivre le contrevenant conformément à la présente loi.

115.

Extrait de la loi relative à la taxe d'entretien des routes. Du 14 Brumaire an VII.

Art. 21. Tout voyageur qui aura encouru une taxe fixe prononcée par les lois sur la taxe d'entretien, ou qui aura contesté la quotité du droit à lui demandé, aura la faculté de consigner le droit contesté avec la taxe fixe, encourue, soit au greffier du juge de paix du canton, soit à l'Agent de la commune, soit au receveur de la barrière.

Le voyageur sera dispensé de la consignation en fournissant une caution solvable, reçue, soit par le juge de paix du canton, ou par l'un de ses assesseurs, soit par l'Agent de la commune ou par son Adjoint.

La caution pourra être contestée par le receveur de la barrière.

29. Les décisions rendues administrativement par l'Agent municipal, ou son Adjoint, dans les cas prévus par les articles 45, 46, 47 et 48 de la loi du 3 nivôse, seront exécutées sans recours. (*Voyez ci-dessus page 408*).

Fin du Manuel des Agens municipaux.

www.ingramcontent.com/pod-product-compliance
Lightning Source LLC
Chambersburg PA
CBHW060526220326
41599CB00022B/3437

* 9 7 8 2 0 1 6 1 3 7 2 5 3 *